作者简介

保罗·戈斯汀，全球享有盛誉的知识产权法专家，美国著作权法领域的权威之一。1985年起任教于斯坦福大学法学院，现为该校讲席教授。他曾担任美国技术评估办公室的电子与信息时代知识产权顾问团主席，并在著作权相关议题的国际间政府会议上多次受邀担任专家。

戈斯汀教授学术著作丰富，且具有广泛的学术影响力，包括：《美国著作权法》（五卷本）、《国际著作权法》等专著，以及多部知识产权法教材；另撰有小说五部，其中《哈瓦那安魂曲》(*Havana Requiem*)荣获2013年哈珀·李法律小说奖(Harper Lee Prize for Legal Fiction)。

译者简介

金海军，华盛顿大学知识产权法学硕士、中国人民大学民商法学博士。现为中国人民大学法学院教授，中国知识产权法学研究会常务理事、中国知识产权研究会理事。主要研究领域为知识产权法、私法理论。

知识产权名著译丛

COPYRIGHT'S HIGHWAY
FROM THE PRINTING PRESS
TO THE CLOUD

著作权之道
——从印刷机到数字云

〔美〕保罗·戈斯汀 著
金海军 译

商务印书馆
The Commercial Press

Paul Goldstein

COPYRIGHT'S HIGHWAY

From the Printing Press to the Cloud

Second Edition

published in English by Stanford University Press

©2019 by the Board of Trustees of the Leland Stanford Junior University

All rights reserved.

This translation is published by arrangement with Stanford University Press.

中译本根据斯坦福大学出版社 2019 年版译出

知识产权名著译丛
编委会

顾问 刘春田 许 超 裘安曼

主编 金海军

编委会成员（以姓氏笔画为序）

万 勇 马 腾 王玉凯 王海波 卢纯昕

李 琛 余 俊 宋慧献 陈贤凯 赵一洲

献给林恩·安德森，满怀感激
TO LYNNE ANDERSON, WITH ABOUNDING GRATITUDE

目录

致谢　/ 1

第 1 章　著作权的形而上学　/ 3

第 2 章　著作权思想史　/ 39

第 3 章　花五十块钱收十块　/ 83

第 4 章　私人复制　/ 136

第 5 章　两种著作权文化　/ 172

第 6 章　"技术问题要由技术来解决"　/ 206

第 7 章　左右为难　/ 233

第 8 章　与免费进行竞争　/ 263

注释　/ 310

索引　/ 345

译者后记　/ 371

致　谢

本书在很大程度上得益于斯坦福大学法学院提供的舒心宜人的研究与写作环境。我在写作第一、二版的时期，正是分别由保罗·布雷斯特（Paul Brest）与伊丽莎白·E. 马吉尔（M. Elizabeth Magill）担任院长。

一如既往，我仍颇多倚重于罗伯特·克朗法学图书馆（Robert Crown Law Library）工作人员提供的优质服务，在此特别感谢马里恩·米勒（Marion Miller）、索尼娅·莫斯（Sonia Moss）、里奇·波特（Richie Porter）、莎拉·里斯（Sarah Reis）、塞尔吉奥·斯通（Sergio Stone）、乔治·威尔逊（George Wilson）和亚历克斯·张（Alex Zhang）。汤姆·鲁宾（Tom Rubin）为本书新添加的最后一章提供了有益的评论，而林恩·安德森（Lynne Anderson）在金伯利·多斯特（Kimberly Dorst）的及时协助之下，对我那些看似没完没了的手稿重新打字，其热忱有加，远超于任何的工作职位描述或者义务要求，令人备感温暖，我对他们深表感谢。对于米歇尔·D. 琼斯（Michele D. Jones）这样细致、优雅的文字编辑，我只能说夫复何求。

本书的早期工作受到约翰与玛丽·R. 梅克尔基金（John and Mary R. Markle Foundation）的慷慨资助。我也感谢斯坦福大学约翰·M. 奥林法和经济学研究项目（John M. Olin Program in Law and Economics）、乔治·R. 罗伯茨法律、企业与公司治理研究项目（George R. Roberts Program in Law, Business, and Corporate Governance）以及克莱尔与迈克尔·布朗遗产基金会（Claire and Michael Brown Estate）为作者的学术研究与游历提供的补充资助。

第 1 章　著作权的形而上学

1990年春末，美国一家重要的音乐出版商与一支流行音乐演唱组合陷入了一场争斗，祸起于几句歌词和几个小节的音乐。就在25年前，世界最大的乡村音乐出版商阿库夫-罗斯音乐公司（Acuff-Rose Music）[①]从词曲作者兼流行音乐著名歌星罗伊·奥比逊（Roy Orbison）与威廉·迪斯（William Dees）的手里，购买了歌曲《哦，漂亮女人》（Oh, Pretty Woman）的著作权。奥比逊为这首歌曲灌制的唱片，成为他最后的也是最热门的作品。现在，一支充满争议的说唱乐队"2 Live Crew"未经阿库夫-罗斯公司的同意，将这首歌曲制作成他们自己的版本，并且将它与另外两首单曲"Me So Horny"和"My Seven Bizzos"一起灌录到他们的最新专辑当中。1990年6月18日，阿库夫-罗斯公司以其著作权受到侵犯为由，向位于田纳西州纳什维尔市（Nashville）的联邦地区法院提起诉讼。

什么是著作权（copyright）呢？自三个多世纪前始有著作权法以来，这个术语的意思就如同其名所示：指禁止他人未经许可而复制（making copies）某一特定作品的权利。最初的著作权法，所

[①] 总部位于田纳西州首府纳什维尔的一家美国音乐出版企业，其创办人为美国乡村音乐表演家罗伊·阿库夫（Roy Acuff）和弗雷德·罗斯（Fred Rose），故名。（本书作者注释按原书体例为书后注，页下注均为译者注，特此说明，后不赘述。——译者）

针对的仅仅是对已印制作品的原样重制。出版了18世纪诗人詹姆斯·汤姆森（James Thomson）的《四季》(The Seasons)的出版商们，就经常起诉那些未经许可而印制或者盗版这部流行诗集的印刷商，正是由于前者控制着从汤姆森那里取得的著作权。自19世纪中叶开始，著作权的范围得到扩张。随着法律的发展，著作权所有人不仅可以禁止出版作品的原样重制版本，而且能够禁止出版作品的模仿与改编版本，例如：将哈丽雅特·比彻·斯托（Harriet Beecher Stowe）①的畅销小说《汤姆叔叔的小屋》翻译成德文版；把某一故事改编为舞台剧本；为12卷本的《乔治·华盛顿传记》制作一个节选本。

接下来，什么是对一篇充满伤感的流行音乐歌词进行说唱版的滑稽模仿（parody）呢？著作权法中最令人伤脑筋的一个问题就是，作者可以从他人那里借用多少而又不会侵犯著作权。在一篇题为"文学之窃"（Literary Larceny）的文章中，英国著作权学者、出庭律师奥古斯丁·比勒尔（Augustine Birrell）评论道："要说一条羊腿是属于我的，这很容易证明或者加以否定，但是我的书中有多少是属于我的，这却是一个大难题。"对此问题做出准确回答，却是意义重大，因为对于一位作者而言，利用他人作品来创作自己的创造性作品，这是很自然的事情。如果把侵犯著作权的范围划得过窄，就无法令原始的创作者获得其该得的利益，反之，如果失之过宽，又会让其他作者难以创作出他们的作品。

那么，2 Live Crew乐队在借用奥比逊和迪斯的歌曲时，是否越

---

① 即斯托夫人，一译"斯陀夫人"。

过了界线呢？一审法院认定，虽然该乐队复制了歌曲《哦，漂亮女人》的一些歌词和音乐，但其呈现形式殊为不同。2 Live Crew 乐队的这首歌曲，尽管"开头部分与原创歌曲的歌词相同"，但是，法院补充道："它很快就蜕变为玩弄字眼，以一些触目惊心的文字来替代平庸无奇的歌词。"罗伊·奥比逊幻想的是他在街上邂逅一位美丽的女子，而在 2 Live Crew 脑子里的，则是另外一些稀奇古怪的幻想：一个"浑身长毛的大女人"、一个"秃头女人"和一个"脚踏两只船"的女人。

2 Live Crew 乐队的代理律师认识到，在运用传统的著作权规则来判断其客户的行为时，所依据的并不是他们对奥比逊和迪斯的原创作品增加了多少东西，而是他们从该原创作品中拿了多少东西。事实上，律师之间有效地达成了共识，即 2 Live Crew 乐队确实侵犯了著作权，因而想要排除侵权，除非基于这样一个事实：该乐队的歌曲并非单纯的模仿，而是一种滑稽模仿，同时，相比于纯粹的模仿，滑稽模仿允许借用的东西应当更多。毕竟，如果不能将之与原始作品联系起来，滑稽模仿者该如何表达其观点呢？若不能复制其中的部分内容，又何以将之与原始作品联系起来呢？

1991 年 1 月 14 日，一审法院作出判决。该判决支持了 2 Live Crew 乐队的主张，即滑稽模仿应当得到施展的空间，这不仅是因为滑稽模仿这种艺术形式必然需要对原作品进行某种程度的复制，而且因为它是服务于一个更高的文化目标——打破文化偶像。老牌的民谣歌唱家奥斯卡·布兰德（Oscar Brand）曾经为 2 Live Crew 乐队作证，他认为美国黑人音乐通常就是用新词替代的手法,"来取笑'白人中产阶级'的原创作品和他们那套体制"。法院对此予以认可:"2 Live Crew是一支反正统的说唱乐队,这首歌曲就是以讽刺手法表明,奥比逊的歌曲在他们看来是多么的平庸无奇。"

3 阿库夫-罗斯公司与2 Live Crew乐队之间的争议,只是1990年在美国法院起诉的几百件著作权案中的一例。著作权案件遍布于流行文化的全部领域,从歌曲、小说和电影,到新的故事、广告、照片与建筑,等等。但是,著作权也不限于艺术领域。有些案件还涉及诸如说明性资料、科学和学术文献、食谱,甚至是计算机程序。它们当中的有些案件揭橥内容宏大的原则,就像"2 Live Crew"案所揭示的那样。另一些案件则是要求对错综复杂的法律规则作出解释。绝大部分案件要求回答以下两个问题:其一,被告是否进行了复制?其二,被告的复制是否过度?所有著作权案件的共同之处在于:通过告诉作者他可以从既有作品中合法借用的程度,以及他自己必须创作的程度,著作权法就为其所涵盖的作品带来了不可磨灭的影响,无论它们是新的故事、股市报告、学术论文、电影、杂志文章,还是流行音乐唱片。

像"*Pretty Woman*"案这样能够上头版头条的著作权诉讼案件,当然对于作者及其作品产生了某种明显的影响。不过,此类案件对于法庭以外的机构,例如公司的法务部门和私人律师事务所,通常具有更为深远的影响,因为出版社、唱片公司、电影制片公司以及广告代理机构的经理们常常会向其寻求法律意见:他们可以利用某一享有著作权的作品到何种程度,而不会逾越法律上的"禁止侵入"(No Trespassing)这条界线。即使是保险公司,因其要签发"错误与疏漏"（errors and omissions）[①]保单，以便保护出版商和电影制片公司免受对之不利的著作权裁决的影响，故而，它们在决定要出版或者不能出版哪个作品上具有发言权。

所有这些决定，不论是法院判决、立法机关的决议，还是律师事务所的决策，都只有一个结果：若将著作权交由某一人控制，就等于在某种程度上剥夺了其他人的模仿自由。对于这个法律上的强制性交换，应当如何解释其正当性呢？艺术家与作家通常提出来的一个正当性解释是，这是为了他们的隐私，即他们需要这种法律上的强制性隔绝，来保护其早期的手稿甚至其通信往来免受公众观瞻。1986年，隐居作家J. D. 塞林格（J. D. Salinger）寻求并最终获得了一项针对其著作权的禁令，以阻止一位传记作家发表从其私人信件中所作的摘录，这批信件现被保存于一些研究型图书馆。作者们也希望通过著作权来保护其作品的完整性。1976年，巨蟒喜剧演出团（Monty Python comedy troupe）[②]提起诉讼，希望通过著作权来阻止美国广播公司（ABC）电视网播出他们的三个节目，理由是播出方为便于插播商业广告和应对电视网审查，对这些节目进行了剪接。

著作权同样涉及并且经常涉及的还是金钱上的问题。构思、

[①] 指对于由被保险人的错误或者疏漏所造成的损失给予赔偿的协议，但并不针对因被保险人故意的不法行为所导致的损失，简称"E & O insurance"。本书作者戈斯汀教授曾以此作为标题创作过一部小说：Paul Goldstein, *Errors and Omissions*, New York: Doubleday, 2006。

[②] 英国六人喜剧团体，成立于20世纪60年代后期，其电视喜剧系列《飞行的马戏团》(*Monty Python and the Flying Circus*) 在BBC播出，于70年代风靡全球。

创作、制作和推广一部具有创意的作品，可能需要花费大笔的钱财。有权禁止他人复制作品，就意味着有权允许他人——以某一价格——复制该作品，而潜在的著作权所有人通常就依赖于最终的著作权收益来收回其最初的投资。例如，词曲作者将其在某一歌曲上的著作权转让给音乐出版商，以换取按已售复制件或者表演次数所支付的作品使用费。同样，音乐出版商把利用该音乐作品于某一电影声道的权利出售给电影公司，以换取在预期利润中的分成。只有市场才能决定某一作品是否具有商业价值。但是，如果这个作品确实具有商业价值的话，那么，著作权的目的，至少就部分而言，就是让它的一些价值能够落入词曲作者的口袋。

著作权所考虑的并非原件而是作品的复制件；并且，它只是针对那些想要分享某一作品的人，通常按每一复制件向他们收取一小笔金额来计价，而不是让某人支付一大笔价钱从而拥有某一件独一无二（one-of-a-kind）的作品。假如某样东西的价值取决于其唯一性与真实性，例如一幅画作或者作家亲笔撰写的原始手稿，那么，著作权之于这样东西的市场价值而言，其实影响甚微。但是，一部小说却能够让出版社支付50万美元的预付金作为作家的收入，因为作家从成百上千乃至上万的读者购买此书而应得的版税，至少就抵得上这个数。贾斯珀·约翰斯（Jasper Johns）[①]的一幅画可以按几百万美元出售，并不是因为存在着一个该作品复制件的市场，而是相反，因为只有这一件原作。话虽如此，著作权还是在保护艺术家

[①] 贾斯珀·约翰斯（1930— ），美国当代艺术家，标志性作品油画《旗帜》（*Flag*）的最新拍卖价格已高达三千万美元。

利益的，因为它使得艺术家能够禁止销售或者制作那些可能损害其作品独特性的复制件，比如海报图片、日历画册，等等。

今天的著作权人运用作品的经济控制权，宛如外科医生运用手术刀那般灵巧。一家出版社对其初版的精装本小说的定价，就比同一部小说在数月或数年之后推出的简装本定价来得高，之所以定价这么高，并不是因为精装本的制作成本很高——尽管也确实有这方面的因素——而是因为出版社明白，有一部分读者乐意多付一些钱，以便在小说甫一出版，就能先睹为快；而另一些读者则宁可舍此快意享受，就等着出版社在之后推出的低价简装本。根据不同消费者的口味来调整价格，出版社就能从这两类读者那里都赚到利润，从而让自己和作者获利。要是没有著作权，这种价格歧视的做法就无从实现。

律师们一般将著作权归为某种知识产权法。但事实上，著作权与其他更加世俗的财产种类也是相关的。作者有权禁止他人未经许可而复制其作品，这与屋主有权禁止他人擅自闯入其土地何其相似。但是，既谓之"知识"，就表示其具有一种不同的特性：著作权并非针对诸如一片土地或者一条羊腿之类的有体财产而给予保护。著作权所保护的，乃是人的思想成果，这些思想与表达有时可能在书籍篇章中找着，有时又可能存在于一首歌曲或者一部电影之中。对这种捉摸不定的"财产"还真是难以确定其界限。一个半世纪以前，约瑟夫·斯托里（Joseph Story）大法官就曾经评论过这一特征："相比其他各类在法庭上争论的案件，著作权更加接近于所谓的法律的形而上学，其特性至少看起来可能是如此的微妙与精巧，并且有时几乎是转瞬即逝的。"

理解著作权法的第一步，就是将它与其他知识产权规则区别开来。艾伦·莱特曼（Alan Latman）律师参与过影响美国著作权法历史的关键篇章，他在1970年曾对一群知识产权专家们提到："许多人并不明白专利、商标与著作权之间的区别。我们的客户和其他律师是这样，有时甚至连法官也会对此产生误解。当我告诉一位一般执业律师，说我是一名著作权律师时，他立即纠正我说：'你指的是专利！'然后他还说：'当然，你作为一名专利律师，可以为我的名字去注册一个著作权，对吧？'"（这个圈内的笑话在于，用以保护名字的，其实是商标法，而不是著作权法。）

专利法的调整范围是技术与发明，包括各种被创造出来的新产品，不管是拖拉机、化学药品，还是电动启罐器。美国《专利法》对于发明人或者受让其发明的公司赋予权利，禁止他人未经专利权人许可而制造、销售、使用其发明。与美国《著作权法》一样，专利法也可以追溯到同一宪法渊源——《美国宪法》中的一项条款，授权国会通过授予发明人和作者对其"发现"与"作品"享有"专有权"，从而促进发明与创作。专利与著作权之所以容易让人混淆，原因之一在于，国会对"作品"（writings）持广义的理解，它所制定的著作权法既保护诗歌、小说和剧本，也保护诸如电话号码簿、会计账册表格和计算机程序之类的实用对象。

如果说著作权是作者的法律，专利是有关发明的法律，那么，商标就是事关消费市场的法律。法院保护像"可口可乐""麦当劳""柯达"这样的词语，禁止他人模仿或者未经许可而使用，这并不是因为这些词语显示出思想上的创造性或者发明进步，而是因为它们标志着某一产品的特定来源，以及对消费者而言的该产品具有某种稳定的质量水平。商标法的宗旨在于,确保游客在进入任何一家带有熟悉的金色拱门的快餐店时,不管他地处缅因州的波特兰还是加利福尼亚州的圣地亚哥,都能够买到跟其他任何麦当劳餐厅所提供的相同的食物。如同著作权可能与专利权存在重叠,它与商标权也会发生重叠。华特迪士尼公司可以从法院获得一纸裁决,禁止他人销售未经许可的带有米老鼠形象的胶带,这不仅是因为米老鼠是一个表示该产品来源于迪士尼公司的商标,也是因为迪士尼公司对米老鼠形象享有著作权。

在美国,提供知识产权保护的不只是国会与联邦法院。保护商业秘密——诸如可口可乐糖浆这样具有传奇色彩的秘密配方和保密技术——使之免遭工业间谍和不忠雇员的窃取,就是通过州法,而不是联邦法律。而由各州法院执行的反不正当竞争法其实类似于联邦商标法,只是形式不同而已。假设可口可乐公司未能在地处华盛顿的专利商标局(Patent and Trademark Office)获得"可口可乐"(Coca-Cola)商标注册,它仍然可以转而利用各州的反不正当竞争法来获得保护,以阻止他人在软饮料上仿冒可口可乐或者销售贴有假冒可口可乐标签的软饮料。这些由州法或者联邦法律所确定的知识产权种类,都不是完全僵硬、一成不变的。包括著作权在内,对所有这些知识产权给予支撑的是这样一种直觉:人们应当能够获取他们所创造的价值,即"谁播种谁收获"(to reap where they have sown)。当某一项知识产权规则从其传统的表面内容看,不符合这种直觉认识时,法院就会扩张该规则的外延,从而给予创作者以其所应当获得的东西。假如有人提供一件以著名的可口可乐标志作为纹饰的T恤,并没有人会把它与购买某种软饮料想到一块去。但是，可口可乐公司在该商标上经年累月积聚起来的价值——法院称之为"商誉"（good will）——却会导致一种可预期的结果：法院将禁止销售这样的T恤，以及其他任何未经该公司同意而带有其标志的东西。

有时，法院无法用某一项现有的知识产权规则来延伸保护新的商业价值来源。20世纪60年代，一些著名运动员开始把他们的名字借给体育装备公司使用，为其做代言人，而摇滚明星们也开始将他们的肖像放到宣传海报上，因此，这些新一代的文体名人希望能够确定，使用其照片的权利就是属于他们的权利。法院试图将这种新的权利主张——未经许可使用其肖像则构成侵权——放入传统的反不正当竞争法与商标法中；但是，当这些既有规则被证明不够充分时，法院以及随后的立法机关就建立了一套新的规则即公开权（right of publicity），以体现人们关于其自身形象的商业价值的一种新观念。一家移动卫生洁具的生产商从约翰尼·卡森（Johnny Carson）主持的"今夜秀"（Tonight Show）节目中截取著名的片头语，并且为它的产品采用了一个新的商业口号——"约翰尼来了"（Here's Johnny）（"世上第一流产品"）——对此，联邦上诉法院在判决中认定，该产品的销售侵犯了卡森的公开权。

许多人通常认为，剽窃与著作权相关，但事实上，剽窃甚至都不是一项法律规则。真正的剽窃其实是一种道德败坏的行为，而非违法行为，因此，它不应当由法院而是应当交由学术机构来处理。当某个人——比如一名仓促完成作业的学生、一位粗心大意的教授，或者一个不择手段的无良作家——将他人的文字错误地宣称为自己的文字时，不管该文字有无著作权，均构成剽窃。当然，如果被剽窃的作品是受著作权保护的,则未经授权而复制作品的行为同时也侵犯了著作权。

所有这些规则的核心,当然也就是著作权的核心之处,是一张由公共利益与私人利益错综交织的网。要分清它们的界限范围,还真不是件容易的事。一位新闻记者突然碰到一桩具有新闻价值的事件,他能阻止他人报道他所发现的事实吗?或者,该事件非常具有新闻价值,是否意味着公众应当对此免费获取?关于该新闻究竟由一名路人告知他的朋友而得到的,抑或是花钱从竞争对手报纸的订阅者那里转过来的,这样的问题应当由法律回答吗?任何人如果公开发行某一电影的未经授权的录像带,那肯定侵犯著作权了,但是如果一位大学生在宿舍的私密空间里用笔记本电脑下载这部电影呢?

当法院被要求就新型的复制行为而确立新的法律规则时,知识产权上公共利益与私人利益的冲突就变得尤为明显。因为没有指导性先例可循,法官们就必须回到最初的原则,对于当事人在法院争讼的利益作出独立评价。1918年,最高法院就面临这样一起案件的裁判:美联社(Associated Press / AP)起诉其竞争对手国际新闻社(International News Service / INS),理由是后者复制和出售了从美联社的新闻公告栏以及美联社成员报纸的早间版中所获取的美联社新闻报道。马伦·皮特尼(Mahlon Pitney)大法官代表最高法院撰写判决书,他将本案的基础问题设定为:"在新闻上是否存在任何的财产权"——亦即,在公共事件上能否存在私权。

皮特尼大法官承认,著作权并不保护新闻。"宪法制定者授权国会'通过保障作者与发明人在有限时间内对其作品或者发现享有专有权,以促进科学与实用技术的进步',但是,并不能假定他们意图授予可能碰巧最先报道了历史事件的人以专有权,使之在任何时候都能传播这项知识。"不过他认为,让一位竞争对手"不劳而获"是不公正的,于是他创设了一项新的知识产权规则——非法挪用(misappropriation)——来保护美联社。"一份报纸的购买人,出于任何合法目的,并不会不合理地妨碍原告将报纸内容进行商品化的权利,因此,他有权无偿传播所获知的该报纸内容,这是受到允许的;但是,为商业用途而传播新闻,从而与原告形成竞争关系——这正是被告所为并试图寻求正当化的事情——则是另一回事。"然而,即便如此,皮特尼仍然认为有必要加以限制,并且暗示道,除非"其对于美联社及其全部订户而言,作为新闻的商业价值已经不复存在",否则,应当禁止国际新闻社挪用美联社的新闻。

路易斯·布兰代斯(Louis Brandeis)大法官发表了反对意见。在其长篇意见中,他检索了知识产权法中所有可能的角角落落,仍然无法找到任何先例来支持皮特尼大法官新发明出来的非法挪用规则。他认为,假如一项新的知识产权规则可能侵占公共领域,那么,这项规则就必须出自经由民主选举所形成的国会,而不是由总统任命所产生的司法机关。美联社主张其为收集新闻而付出了实质性投资,但是,这一点仍然无法动摇布兰代斯的观点。"思想产品确实花费了生产者的财力与物力,并且具有某种让他人愿意为之付钱的价值,但是,这一事实并不足以确保它具有财产权的法律特征。法律的一般规则就是,人类最宝贵的产品——知识,确证的事实、观念以及思想——在自愿传播给他人之后,就变得像空气一样,人人可以免费使用。"

知识产权法在私人财产权与公共领域之间所作的划分，是一种法律上的人为设定，并非某种自然现象。这条界线，不仅因特定法官的观点而异，也随着不同国家以及文化态度而发生变动。多年以来美国法律规定，作品享有的著作权期限为28年，并且可以选择续展一次，续展的保护期限同样是28年。1976年，国会将保护期计算方式改为作者有生之年加死后50年，并且在1998年再次延长，即著作权在作者死后70年才消灭，这就与许多欧洲国家的规定相同（2003年，美国最高法院支持这一期限延长，从而否定了这样的指控，认为对现有作品再增加20年的保护期限违反了美国《宪法》关于著作权在"有限时间内"受到保护的限制）。非洲国家领导了一场运动，旨在使那些往往已经历经数百年之久的本土的民间文学艺术获得著作权保护，以反对来自工业化国家的作者与出版商加以挪用。一位美国著作权专家对埃及的一位民间文学艺术保护倡导者提出质疑——"毫无疑问，民间文学艺术是属于公共领域的东西"，对此，这位埃及人冷冷地回答道，"公共领域是一个完全西方的概念"。

著作权的形而上学（metaphysics）之所以如此捉摸不定，原因之一在于，作为其形而下的对象（physics）是非常不稳定的。美国的其他法律往往由某个唯一的、具有广泛共识的宗旨所引领，但是，著作权的基础理论却因为如下争论而存在分裂。在法学界，争论的其中一方主张，著作权的根本在于自然正义，它赋予作者以权利，使之能够对那些为获取其作品复制件而愿意付费的人收取每一分钱。这一方属于著作权的乐观派：如果把著作权比喻为一个装着水的杯子的话，那么，他们就只是盯着著作权水杯中已经注水的那一半,并且还等着进一步把它加满。争论的另一方是著作权的悲观派,他们把著作权水杯看作是半空的:他们同意著作权所有人应当有某些措施来控制作品的复制件,以便为创造性作品的生产带来一种激励,但是,他们只愿意将著作权保护扩展至为该激励所必需的程度,并且,任何超越此限度者,均被视为侵占了任何人随心所欲地发表言论和进行写作的一般自由。

如果是由一位著作权乐观派起草法律,来为小说家玛格丽特·米歇尔(Margaret Mitchell)的那部大获成功的通俗小说《飘》(Gone with the Wind)给予奖励回报,那么,它相比于由著作权悲观派所起草的法律,必定持有完全不同的看法。著作权乐观派制定的法律,将会授权米歇尔及其出版商占据该小说市场的每一个角落:精装本、简装本图书的销售;从任何根据该小说拍摄的电影中获得收入;戏剧表演、电视广播、录音录像带的销售与出租;将该小说或者电影翻译为其他语种;出版其续集(续集之一《斯嘉丽》[Scarlett]就为米歇尔遗产基金会赢得了449万美元的版税预付金)。

若由著作权悲观派来起草一部法律,它的基础就将建立在对这个问题的回答上:得付多少钱才能让玛格丽特·米歇尔坐到打字机前来写出小说《飘》,并且能够让出版商将之出版发行?根据这种观点,一位后来的作者就能够自由地将自己的小说冠名为《风已飘逝》(The Wind Done Gone),并且自由地利用《飘》当中的人物、背景以及故事情节。2001年,有一家联邦巡回上诉法院就是这样判决的,至少是在该作者的写作目的是为了"对《飘》当中的奴隶制度与黑人、白人关系的描述做出某种特定的批评与回应"的情况下。

在一篇针对"*Pretty Woman*"案的评论中,《纽约时报》评论员乔恩·佩雷利斯（Jon Pareles）写道："任何歌曲，倘若足够为人所知从而值得作一番滑稽模仿的话，往往它们已经从唱片销售、许可协议、活页乐谱出售等途径获得了大量利润。有时我都禁不住要提出这样的建议，任何销量已经过一百万（或者也许是两百万或五百万）份复制件的歌曲，就应当直接进入公共领域，如同这首歌曲的爱好者们已经把它从著作权人那里给赎出来了。"全国音乐出版商协会（National Music Publishers' Association）主席爱德华·墨菲（Edward Murphy）对这种挖苦式的建议不敢掉以轻心。他致函《纽约时报》编辑，声称"这种令人吃惊的倒退态度，已经被世界上几乎所有国家的政府所否定"。为了竭力阐明其观点，他补充道，著作权保护"就是《纽约时报》的基石，从而得以在全世界保护其在知识产品上的财产权益"。这个独特的现象，也为这场著作权争论火上浇油：在人类活动的少数领域中存在着这样一种现象，即当一个人"使用"某一物品时却并不会削减任何其他人使用该物品的能力，而著作权就位列其中。一片面包，一旦被人吃了，也就没有了。但是,《哦，漂亮女人》这首歌曲一旦由人演唱或者被人欣赏，其他任何人却仍然可以来演唱或者欣赏。无数的歌迷都能够欣赏这首歌曲，事实上他们就是在复制这首歌曲，但是，这丝毫没有减少这首歌曲提供给任何想要演唱、欣赏或者复制它的人的能力。

对于这一现象的意义，著作权争论的各方发生分歧。著作权乐观派认为，既然娱乐或者信息产品能够被无限"使用"而不会消耗殆尽,那么,将著作权扩张至任何具有经济价值的使用方式,将之注入著作权水杯,就不会带来任何损害,因为总还有半杯是空着的,还可以注入更多的水。既然作品的所有价值是由作者创造的,那么他就有权收获全部的回报。著作权悲观派则以更加怀疑的眼光看待同样的现象。复制一份在朋友电脑上的空白表格程序,摘抄一份喜欢的食谱;将在互联网上的一部电影录下来——谁因此受到损害了呢?如果一件享有著作权的作品可以如此容易地让人观看或者复制,而不会引起任何人的明显的不快,那么,对这些增加的使用而免予承担著作权责任,尤其是,当著作权所有人无论如何都会继续创作出新的作品时,这又何来损害呢?

在这场论战中,各方通常都引用某种更为宏大的真理来支持其理由——支持乐观派的是"自然权利",而支持悲观派的则是"个人自由"。不过,立法者与法官提出的争议解决方案,也只是法律上的结论而已,并没有对真理提出任何独立的主张。地处纳什维尔市的联邦地区法院作出判决,认定 2 Live Crew 乐队可以自由地录制其滑稽模仿之作,该判决由此而成为一项美国法律,除非上诉法院作出不同的判决——第六巡回上诉法院确实在 1992 年 8 月作出判决,认为《哦,漂亮女人》的 2 Live Crew 乐队版本具有"极其明显的商业目的",从而并不符合滑稽模仿这一抗辩理由。此后美国最高法院又改变了此项法律——1993 年 3 月,最高法院同意审理此案——当然,假如国会不同意最高法院判决结果的话,它还可以改变法律。

著作权保护是为创造性活动提供某种激励所必需的吗?著作权乐观派之所以如此坚决地抵制悲观派的主张,原因之一在于他们知道，如果要求提供严格的实证性证据，他们是几乎无法对这个关键问题作出肯定性回答的。一审法院判决，2 Live Crew 乐队的滑稽模仿不可能影响到原创歌曲的市场，这就等于是向原告阿库夫－罗斯公司提出了一项在根本上无法完成的任务，即证明奥比逊和迪斯在写作这首歌曲时，就已经在事实上认为他们将控制滑稽模仿的市场。上诉法院的判决推翻一审判决，也只是因为其接受了这样的信念，即滑稽模仿将会干涉奥比逊和迪斯的原创作品的市场；并且把同样困难的事实举证责任转移给 2 Live Crew 乐队，即证明奥比逊和迪斯无需通过对滑稽模仿市场的控制亦能激励其投入创作。

至少在美国，每一次针对著作权的重大冲突，说到底就是认为著作权水杯是半满的观点与认为它有一半是空着的观点之间的冲突。有时，著作权乐观派占据了上峰：哪怕是非常随意作出的表达——甚至是一张随便划拉出来的购物清单——也能自动获得完整期限的著作权保护，即便谁也不需要把著作权作为写出这份购买清单的一种激励。私人信件是得到著作权保护的（在导致斯托里大法官阐发有关形而上学观点的那起案件中，法院判决被告撰写的传记侵犯了乔治·华盛顿信件的著作权）。即使是人们之间的交谈也受著作权保护（欧内斯特·海明威［Ernest Hemingway］的遗孀不能就海明威传记的作者 A. E. 霍奇纳［A. E. Hotchner］引用海明威与之交谈时所发表的评论而对他提起著作权诉讼主张，不过，这其中原因倒是在于，海明威已经默示地同意这位传记作者利用其评论言词了）。

在另外的时候，则是著作权悲观派占据优势。在 20 世纪初之前，当时的规则都还要求作者必须遵行某些形式上的步骤，才能确保其享有作品的著作权：包括要向版权局（Copyright Office）登记，交存作品复制件，并且在每一个已经出版的作品复制件上标注一种等同于"禁止侵入"（No Trespassing）标志的著作权声明——比如"有著作权，1926年，欧内斯特·海明威"（Copyright, 1926, Ernest Hemingway）字样。立法者认为，这些形式要件是证明作者有意为其作品寻求著作权保护的试金石（购物清单的制作人就极少会自寻烦恼地遵守这些形式要件）。不过，自1909年开始，著作权乐观派就成功地删减了这些要件，而在今天，这些要件不再是确保著作权的必要条件了。一封信函、一次对话、一份购物清单，自其被记录下来之时起即获得完全的著作权保护，既不需要登记、交存复制件、标注著作权声明，也不必在版权局接受审查。

争论双方在下面这个重大问题上倒是意见一致：著作权所保护的仅仅是某一作品中的表达（expression），而不是作为其基础的思想（idea）。这项原则常常令大批雄心勃勃的影视策划人感到意外与不满，他们每周向电视台和电影公司发出新的电视连续剧或者电影的创意，却只是收到这样的回函——如果他们最终能收到什么回复的话——告知他们，创意是没有著作权的。只要电视台或者电影公司没有采用与投稿者表达其思想所采用的相同词句，它们就能自由地利用该思想本身（通常，这些公司已经考虑过并且拒绝了来自其他渠道的相同创意）。

著作权乐观派之所以不反对在思想与表达之间的区分，原因之一在于他们知道，思想——甚至在它们被特定词句确定之前——是所有创造力的根源。例如，能够被人想出来的故事情节已经少之又少；假如有人用著作权来保护故事情节，那就实际上几乎阻止所有的人再来写小说或者拍电影。法院注意到了由老奥利弗·温德尔·霍姆斯提出的这段充满睿智的评论："文学上充满了如此这般的巧合，这对有些人来说宁愿相信它是剽窃的结果。思想总是在四处流传，要想避开它们，可比恰巧遇到它们更让人伤脑筋。"这位霍姆斯先生，本身就是出了名的著作权诉讼案件当事人，也是后来出任最高法院大法官的霍姆斯的父亲。

创作者可以合法借用他人的思想，这一规则解释了为什么著作权并不像专利那般令人生畏，因为专利确实是保护思想的。有人可能会想到，一部通俗小说的出版商可以向购买该书的读者收取昂贵的价格，就像某一专利药物的所有人要求那些每天依靠服用此药活命的病人支付高额药费那样。但其实没有一个娱乐产品或者信息产品能够像专利药品那样做到全面垄断。既然作家能够自由地利用他人创造出来的思想、主题或者故事情节，那么，当出版商还在傻乎乎地对一部通俗小说定价75美元时，他就会发现，自己小说的大部分爱好者已经蜂拥到模仿最厉害的作者那里去了，因为此类模仿小说，其精装本也不过25.95美元，简装本则更是低至7.99美元。

著作权悲观派还成功地安装了其他的安全阀。其中一个是强制许可的概念。根据美国《著作权法》中少数几项严格划定范围的强制许可条款，任何人在支付一笔由制定法所规定的费用之后，就能够无须联系作者而自行使用其作品。例如，一首歌曲在经由作者同意而被首次录制为唱片之后，任何他人都可以按照自己的版本来录制该歌曲，只要他按照规定以每一复制件8美分的价格支付作品的使用费。这也可以解释为什么流行歌曲会有那么多的由不同艺家演唱的版本，他们称之为"翻唱版"（covers）。①事实上，2 Live Crew 乐队正是寻求《著作权法》的强制许可条款作为掩护，并且已经为复制《哦，漂亮女人》而交存了 13867.56 美元。但是，该乐队最终没有沿着这条思路进行抗辩——也许是因为强制许可条款并不包含对原始作品的嘲讽或者滑稽模仿。

另一个安全阀是合理使用。《著作权法》允许对那些享有著作权的材料进行复制，只要该复制行为出于某种有益之目的——例如用于新闻报道、教学、评论——并且符合法律规定的其他条件。隐居的亿万富翁霍华德·休斯（Howard Hughes）为了对付将来有人企图撰写其传记，遏制他人利用可能的事实资料，就干脆买断了市面上所有关于他的杂志文章的著作权，不过法院的判决却是，由于受到合理使用制度的保障，任何人仍可以引用这些文章。再举另外的一个例子，《生活》杂志获得了业余摄影师亚伯拉罕·扎普鲁德（Abraham Zapruder）所拍的关于刺杀肯尼迪总统的胶片的著作权，但是，当他请求禁止将该影片的画面复制并放入一本关于刺杀肯尼迪的书中时，法院却判决这种复制属于合理使用。在"Pretty Woman"案中，2 Live Crew 乐队正是依据合理使用原则而提出滑稽模仿的抗辩。

这些和其他那些安全阀，就为著作权在被控违反宪法第一修正案所保证之言论自由及出版自由时，起到了缓冲作用。1984 年，《国家》（Nation）杂志在美国最高法院主张，其根据宪法第一修

---

① 也称翻唱版，指不同于歌曲或者音乐的原创录制版本，而由其他歌手或者乐手表演录制的版本。

正案，有权从杰拉德·福特（Gerald Ford）撰写的尚待出版的回忆录中，引用涉及其特赦理查德·M.尼克松（Richard M. Nixon）的关键性段落。最高法院的回答是，第一修正案所提供的保护"已经体现在《著作权法》的规定当中，它在可受著作权保护的表达（copyrightable expression）与不受著作权保护的事实和思想（uncopyrightable facts and ideas）之间作出区分，并且在传统上将学术与评论范围内的使用归为合理使用"。"在我们急急忙忙散播新闻时"，桑德拉·戴·奥康纳（Sandra Day O'Connor）大法官写道，"可不要忘了，宪法制定者的意图就是让著作权本身成为自由表达的发动机（Framers intended copyright itself to be the engine of free expression）"。

在著作权适当范围问题上的持续争议，以及法院和国会在解决该问题上的不可预测性，可能产生一些让人痛苦的意外结果。其中一个结果就是，侵犯著作权的行为有可能构成犯罪——这一点肯定让格劳乔·马克斯（Groucho Marx）感到意外。1938年，地处加利福尼亚的第九巡回上诉法院维持了一审对马克斯的有罪判决，原因是后者广播了一部滑稽短剧，该剧系根据一部享有著作权的电影剧本《迪布尔与达布尔先生好莱坞冒险记》（*The Hollywood Adventures of Mr. Dibble and Mr. Dabble*）制作而成，而该电影剧本的作者虽然在早先曾向马克斯提交了剧本，但这位喜剧表演家却最终未获得著作权许可。1992年，为了更有效地遏制盗版犯罪行为，国会将侵犯著作权的犯罪由轻罪（misdemeanor）上升为重罪（felony），其处罚最高可达5年监禁。

尽管著作权乐观派与悲观派双方在著作权保护的适当范围上可能存在不同意见，然而他们在这一点上却意见相同，即某种程度的保护,对于激励人们创作与传播那些他人意图复制的创造性作品来说是必需的。但是,假如能够表明,著作权作为一种激励在事实上并不是必需的,那么情况又将如何呢?当时32岁的哈佛大学法学院助理教授斯蒂芬·布雷耶(Stephen Breyer)正在着手研究这一根本性问题,其研究结果成为他的第一篇主要论文,标题为"著作权的难题"(The Uneasy Case for Copyright),发表于著名的《哈佛法律评论》。这篇论文是为布雷耶赢得哈佛大学终身教职的"终身职论文",其研究目的是为了推翻作为美国两百年来著作权法之基础的道德与经济主张(23年之后,经过一系列职业变迁,布雷耶成为美国最高法院第108位大法官)。

布雷耶教授的这篇论文,恰好赶上一个关键时刻,其时国会与法院正在准备开辟著作权的新战场:著作权是否包含因为诸如复印机、家庭录音机和录像机以及电脑等新技术而带来的复制。如果说这篇论文的标题还会让人对其之于著作权即将面临的技术破坏力的意义尚存任何怀疑的话,那么其副标题"一项关于图书、照相复印与计算机程序的著作权的研究"(A Study of Copyright in Books, Photocopies, and Computer Programs),就完全消除了人们的这种疑虑。

在论文的第一部分,布雷耶抨击了著作权乐观派经常引以为据的著作权自然权利论。与那种认为作者应当根据其作品对于社会的价值而获得回报的主张相反,布雷耶评论道,"极少有工人所获得的工资接近于其所生产的全部价值"。他接着写道,既然由工人创造的价值与其所获得工资之间的差额,是以一种较低价格出售商品的方式传递给了消费者,那么,这里就不存在任何天然不道德的东西。布雷耶因此驳斥了那种认为作品即为作者财产的"未经分析的直觉感受"。"一般来说，我们并不仅仅依据所付出的劳动而产生或者改变财产权，甚至并不因此而获得报偿。"

布雷耶论文的核心部分显然是在后面所提供的数据与分析上，在全文70页的篇幅中，这些部分就占60页之多，作者在其中挑战了美国著作权法在经济学上的根本前提：著作权作为创作与传播创造性作品的一种激励是必需的。在他的经济学主张中，有两点非常突出：其一，即使没有著作权，正版的出版商仍然能够通过威胁发行一种定价比盗版本的价格还要低的"对抗版"（fighting edition），来阻遏他人未经授权复制发行某一文字作品；其二，尽管盗版者出版一本书的成本低于正版出版商，但后者具有一种时间领先（lead-time）的优势，能够让其收回成本。按照布雷耶的估计，"当复制者选定某一本图书、完成印刷、向零售商发行，他在时间上会落后6到8周，而凭借这段时间，最初那个出版商就已经向零售商供应了相当数量的存货。如果两个版本之间的价格差别小于1美元，就不可能让许多零售商和顾客会因此等着某个便宜的版本，因为愿意购买精装本图书的顾客，看起来并不会因为价格较低而有所心动。毕竟，他们并不愿意一直等到后来才推出的较为便宜的简装本"。布雷耶的论文在著作权界引起了轩然大波。从历史上看，立法者在内心已经接受了著作权的必要性，他们的问题只是在于要把法律责任这条线划在哪里。现在，由于手头有这份布雷耶的宣言，国会的那些委员会就可能发起让人人免费使用作品的立法行动，从而为著作权带来不确定的后果。法院则可能在那些临近判决的著作权案件上，将天平的砝码朝着有利于被告的这一方倾斜。最令人不安的是，布雷耶发出挑战的逻辑并不只限于图书的著作权。在电影、录音与杂志等领域，著作权是否也不是必需的？著作权应当禁止对电影与唱片的家庭式复制吗？图书馆对印刷物进行照相式复印呢？整整一个季节，从纽约到洛杉矶，著作权法学界主要讨论的就是这个问题：我们该如何回应斯蒂芬·布雷耶的挑战？谁来对此作出回答？

这一任务最终落在加州大学洛杉矶分校法学院的一名三年级学生巴里·泰尔曼（Barry Tyerman）的身上，他在该法学院的法律评论上发表了一篇文章。布雷耶的主张是，最初的出版商能够通过威胁发行"对抗版"的方式来防止盗版者，然而，泰尔曼对事情的实际感受与这种主张相背。"出版商为了消除盗版而以大大低于成本的方式进行销售，并且在财务上仍然保持正常，这样的事情能够做几次？即便说一个出版商能够用他在其他选题上的额外利润来补贴因这些'对抗版'带来的生产成本亏损，但这并不说明任何问题。"在泰尔曼看来，图书市场的准入门槛较低，任何可能获得高额利润的选题，都会招来竞争。"并不存在这样的避风港，能使得最初的出版商在某一个选题上不受竞争地推出一本书，然后用它产生的利润来补贴在其他选题上因生产与销售'对抗版'所带来的亏损。"

泰尔曼还必须回应布雷耶提出的这个主张：在一个没有著作权的世界里，即使竞争者制作某一图书的复制件的成本低于正版出版商的制作成本，但后者具有某种时间领先的优势，从而仍然能够收回其生产成本。泰尔曼再次给出了简单而实际的回答：为什么应当假定盗版者推出的版本就一定是简装本，而不是价格更贵的精装本？并且无论如何，竞争性、非法盗版的版本都将比合法授权的便宜版本而更快地推向市场，因为正版出版商总是意图延迟推出这些便宜版本。"争论所提及的图书消费者的价格敏感性，在很大程度上可能与问题并不相干，因为在相当大的程度上，实际决定大多数图书的零售市场特点的，并不是公众，而是图书发行商（他们作为一个团体趋向于更具有价格意识）。"

布雷耶的分析还招来了另一种批评。他的注意力集中在若无著作权仍能生产出来的图书数量上，但忽视了假如取消著作权将对图书质量所带来的影响。如有可能，出版商总想着让他们发行的图书都能获得巨大的商业成功。但是，因为他们没有充分的先见之明，所以只能将投资广泛地分布在一批作品上，期望用某些作品的高销售额来弥补其他销量较低的作品。在一个没有著作权的世界里，复制者则享有一种信号优势：他们可以只挑选复制那些热销的作品，从而削弱了正版出版商用这些热销作品的收入来弥补那些发行并不成功的选题的能力。

这场争论以布雷耶作出的一个简要回应而告终，其中，布雷耶也很快地从他最初的大胆质问中退了回来："这场重要的争论，正如泰尔曼的确承认的那样，并不在于是否应当取消著作权，而在于是否应当改变著作权的约束，以及如何改变。"布雷耶显然已经离开激进阵营，加入到了著作权悲观派当中。将近五十年之后，当这场争论转移到互联网时，布雷耶朝著作权乐观派的方向转了几度，因为在最高法院审理的一起案件中，有三位大法官持反对意见，而他撰写的多数派意见则认为，被告是公开而非私人播放电视节目，从而受到著作权的约束。

布雷耶最初的论文以及对它的回应，对于美国之外的大多数国家的著作权法专家来讲，只会被当作奇谈怪论而让人感到惊讶。欧洲、亚洲以及拉丁美洲国家也有著作权法，而且从许多方面来讲，它们的形式、作用也都与美国著作权法相似。但是，与美国、英国以及前大英帝国殖民地国家的著作权法不同的是，这些国家的著作权法所明确依赖的，正是被布雷耶视为"未经分析的直觉感受"从而拒绝接受的自然权利哲学，认为作品就是作者的财产。在这些国家，作者的作品不仅是其财产，而且正是其人格的体现。这些国家如此坚定地相信，在道德层面而言，作者有权控制他的劳动成果，所以，立法者甚至都不会对美国的著作权乐观派与悲观派之争产生什么兴趣。

17　　美国著作权法与世界上其他大多数国家的著作权法相比，在著作权保护的前提条件以及操作细节上存在差异，有时会让美国的著作权所有人在向海外出售其作品时变得行动复杂化。著作权是地域性的。如果一个美国人的作品在德国被复制了，那么，决定该复制行为是否侵犯著作权，以及著作权人是否有权获得赔偿的都是德国法，而非美国法。由于德国著作权法有别于美国著作权法，因此，美国著作权人也许能够在德国控制对其作品的使用，但在美国却不能控制，或者反之亦然。

世界各国试图通过多边条约的安排，来磨平不同国家法律制度的粗糙棱角。但是，对于没有签字加入这些条约或者拒绝执行其条约义务的国家，这些著作权条约并不能为外国作者提供任何帮助。自1986年以来，据报道在俄罗斯已经出售了超过5000万册的

第1章 著作权的形而上学

阿加莎·克里斯蒂（Agatha Christie）[①]推理小说的翻译本，其中大多数并没有向作者的继承人或者出版商支付任何版税。而俄罗斯一家名为文学艺术社（Khudozhestvennaya Literatura）的出版社为获得小说《飘》的合法续集《斯嘉丽》的俄文版授权，向玛格丽特·米歇尔的继承人支付了一大笔版税预付金，显然，它并未预见在圣彼德堡、哈巴罗夫斯克和新西伯利亚等城市会迅速出现盗版本；而盗版确实出现了。

国际著作权是一条"百衲被"（patchwork quilt），上面已经布满了一个多世纪以来形成的复杂的著作权实践，而新的信息和娱乐技术上持续不断的大爆发，则将带来更大的混乱。作品的数字存储与传输技术，将为某些市场带来剧变，而其他市场则保持不变（尽管有专家经常预言图书的消亡，但未来也许仍将证明他们是错的；在过去的50年间，书店和图书出版的数量都增加到4倍之多）。著作权在过去那么长时间里担当作者与读者之间的桥梁，但它能够承受由于新的信息和娱乐环境所带来的挑战吗？

著作权从一开始就是技术之子。在印刷机之前，并无任何著作权保护的必要。但是，随着活字印刷使得人人都能接触文字，并且随着一些王室、贵族或者富人的赞助偏好被大众消费者越来越集中的需求所取代，就有必要采用一种法律机制，为作者、出版者与读者之间形成商业上的联系。答案就是著作权。几个世纪之后，照

[①] 阿加莎·克里斯蒂（1890—1976年），英国著名侦探小说作家。从20世纪20年代到70年代，她都是世界上最为著名的推理小说家，据说在全世界销售了超过10亿本书。她最著名的作品有《东方快车谋杀案》《尼罗河上的惨案》等。

片、唱片、电影、录像机、CD、DVD与计算机已经极大地拓展了对娱乐产品与信息进行机械复制的市场，并且增强了著作权在调整这些市场时的作用。但是在今天，那些与之非常相似的技术，挟互联网之力，正在考验着著作权是否还有能力发挥其作用。

已经来到人们眼前的是一种利用娱乐产品与信息产品的非凡的新方式：数字点播机（celestial jukebox）。无论它采用的是一种距地面几千英里的卫星轨道上通过技术压缩的传输方式，还是完全在地面，通过电缆、光纤和电话线相连接的方式，数字点播机都将使百万上亿的人接触到各种各样的电影、录音和文字资料，只等用户发出电子指令，要求它显现在电视或者电脑屏幕上。现在是凌晨两点，一位在爱达荷州的用户想要看电影《海角惊魂》(*Cape Fear*)。他想要看哪个版本呢？1962年出品的电影是由罗伯特·米彻姆（Robert Mitchum）、格雷戈里·佩克（Gregory Peck）和波利·伯根（Polly Bergen）主演的；1991年的电影版本则由罗伯特·德尼罗（Robert De Niro）、尼克·诺尔蒂（Nick Nolte）与杰西卡·兰格（Jessica Lange）主演。在他确定选择了这个或者那个版本之后，电影的声音、图像就会显现在其视频监视器中，效果清晰，栩栩如生。

这些都不是免费的。数字点播机可以采用包月付费方式，就像电话公司那样向用户寄送账单，或者，如果它与用户的银行账户相连接，则可以直接从其账户扣款。当然，定价也会更加精确化。电话公司是根据通话距离与时长计价的，而数字点播机也能够根据所传输作品的价值来定价。它可以根据观众的需求，对电影《海角惊魂》1962年版本的收费定价为2美元，而对1991年版本则收费5美元。如果该服务追踪用户的娱乐欣赏品味，那么它不仅可以利用这

第1章 著作权的形而上学

一信息来提示用户注意新推出的作品,而且针对用户已经表明付费意愿的内容进行收费。

从20世纪60年代开始,高速复印机、廉价的家用录音机和录像机之类的设备已经威胁到了著作权的为作品生产者回收价值的能力。向图书馆借来学术期刊免费复印论文,替代了该杂志本身的订阅;用家庭录音带或者录像带把广播电视中的节目或者电影录下来,就可能意味着顾客减少了去唱片商店、录像出租店或者电影院的次数。到了20世纪末,互联网技术成了主要的威胁,同时,由一名18岁少年发明的文件共享软件纳普斯特(Napster),则代表了著作权所有人对于失去其作品控制力的最深的担忧。在21世纪的头20年当中,盗版仍然猖獗,但同时还有诸如维基百科之类的完全合法的做法,因此,对于拥有著作权的公司而言,关乎其生存的挑战则是如何与免费进行竞争。

至少,对于著作权乐观派来说,数字点播的优点之一在于,它能够挽回他们所看到的著作权人在今天所遭受的损失,即由于未经许可而被复制电影或者录音制品所带来的损失:数字点播机针对用户每次使用这些事先录制提供的作品——电影、音乐、图书、报刊文章——是采用电子方式进行收费,就能按照作品被选中的次数而为著作权所有人带来收入。随着读者数量的增加与发行成本的降低,这些作品的使用价格就会大幅降低,低于同类产品所收取的价格,因此,当人们知道能够随时从数字点播机那里获得他们想要的任何作品时,就可能不会再费力地从广播节目或者甚至从互联网上去复制作品了。

不过从历史上看，国会与法院在面对将著作权扩展至家庭内盗版这一问题时，一直犹豫不决。如果坚持这种公—私划分，而且并不因为数字点播技术作出相应调整的话，那么就可能威胁到著作权适用的一致性。任何人如果只是在聚会时演唱流行歌曲，他会因为知道著作权所禁止的只是该歌曲的公共表演而松一口气，因此，如果聚会是在家中举行，属于"家庭成员与亲朋好友的通常圈子"之内，那就不会发生侵犯著作权。但是，用数字点播方式来欣赏表演的情形也会在家庭私人场合发生。那么，难道法院可以说，这些表演若未经许可就侵犯著作权了吗？而如果不算侵权，著作权所有人就会失去其中一大部分的作品价值。

即使著作权被扩展至私人使用，仍然不能确定跟得上有效的执法措施。可以理解，图书和音乐的出版商，以及电影和唱片的制作人对于著作权在这种新的数字环境下确保其投资的能力是有所警惕。将他们的产品放到网上，就意味着会有新的收入，但是，这样的新收入就等同于其他替代它们的收入吗？（广受欢迎的流媒体服务商奈飞[Netflix]可以让某个用户在一个月内使用成千上万部电影和电视节目，而它所收取的费用，却不如电影院向观众收取的一张电影票的钱）而且，把产品放在数字环境中，是否会将它们置于著作权控制之外？然而，若不将作品放在网上，又可能面临着这样的风险，把这么重要的一个市场拱手让给了竞争对手。

其他的数字技术也在挑战著作权，甚至挑战作者概念本身。数字取样技术（Digital sampling technology）通过将声音转换为数字化电脑编码，就能将其分解为小到单独一个音符的许多部分。这样，保罗·麦卡特尼（Paul McCartney）的声音就可以从早期甲壳虫乐队（Beatle）的录音中提取出来，并且毫不费力地把他的那部分利用起来，让他唱一段歌剧《弄臣》(*Rigoletto*)[①]中的咏叹调（在前述案件的审理过程中，阿库夫－罗斯公司的一位专家证人就曾指出，2 Live Crew 乐队可能对奥比逊的《哦，漂亮女人》的录音进行了部分的数字取样）。对于汉弗莱·博加特（Humphrey Bogart）、詹姆斯·卡格尼（James Cagney）与格劳乔·马克斯（Groucho Marx）这些栩栩如生的电影明星形象，时过 50 年还可以从旧的黑白胶片中被提取出来，做成彩色版，然后将其无缝插入已经拍好的广告片中，在 50 年之后再来推广他们的影视产品。在这个细碎化、随时变化的环境中，著作权所有人的权利从哪里开始，又在何处结束呢？

计算机有能力将一部作品分解成数字碎片，再将这些碎片与其他作品以及数据库中的零星碎片重新组合起来，这意味着，当作者允许将其作品放入某一数据库时，就等于不可恢复地将它暴露在这种状态，从而受到某种无法确定程度的取样、重排与重组。今天的电影导演在抱怨电影公司将他们的黑白影片制作为彩色版，而广播电视公司采用的"平称与扫描"[②]（pan and scan）方法，则将电影

[①] 意大利歌剧作曲家威尔第（1813—1901 年）写于 1851 年的作品。
[②] 把电影院移植到家庭意味着将宽银幕挤压到普通电视机屏幕上，由于宽银幕的宽度是高度的 2.35 倍，电视机是 1.33 倍，完成这项转换工作需要后期制作设备，这个被称为家用发行的准备过程被称为 "pan & scan"。技术人员关注的是动作或对话发生时的画面，把不适合电视屏幕的画面剪切掉。导演和影迷并不热衷于 "pan & scan"，因为它严重地改变了拍摄时的画面结构，观众看到的已不是导演的真正意图。

图像压缩为适于家用电视屏幕的不同的高宽比例,或者将之编辑、缩减,以适应电视台预定的播放时长要求。然而当数字取样技术将他们的作品分解为零星碎片,以供使用者自由组合为完全不同的形式时,情况又将变得如何呢?

还有一个离得更远的前沿领域,计算机软件终有一天会替代自然人作者,创作出某些信息和娱乐产品,而这样的场景不仅可能在电视或者电脑屏幕上,也可能是在模拟的虚拟世界中。今天可由计算机制作天气预报图与商业计划摘要书,在将来某一天就可能与更加精致的产品相结合,而所有这些的制作成本,无非是为运行计算机程序所需支付的电费。就像数字环境下其他的许多产品那样,计算机创作的作品(computer-created works)对传统的著作权假定发出了挑战。在加州硅谷举行的一次国际会议上,当讨论到由人工智能所引起的著作权问题时,世界知识产权组织总干事就一再追问,"何谓作品而谁又是作者?"

数字点播机将使得著作权所有人能够区分付费用户与未付费用户,这在著作权乐观派看来,似乎是一件好事。但是,这也可能变成社会的一个梦魇。今天的公众"免费"或者至少不用花多少钱,就能通过商业电视、电台、报纸、杂志,以及越来越多地通过互联网平台来获得他们的绝大部分日常信息或者娱乐内容,而这些媒体则是从商业广告中获得主要的收入来源。然而有了数字点播机,对于那些有能力也乐意付费的人来讲,他们获得娱乐与信息的数量毫无疑问会有所增加,但是对于那些没有能力或者不愿付费的人来讲,这种数量则可能减少。广告业主还会到那些只有较穷——并且数量趋于缩减——的受众才会收听、收看的广播电视时段或者网络位置去投放广告吗？

随着技术变革的加速，国会根据技术变化而调整著作权法的能力却似乎变得越来越小。自第一部美国著作权法通过以来的两个世纪当中，国会一直扮演着追逐新技术的角色——首先是摄影术，然后是录音、电影、收音机、广播电视和有线电视——通常而言，与新技术大约有二十年的代差。随着更新的技术——磁带录音机与录像机、个人电脑、CD刻录机以及今天的互联网——在美国遍地流传开来，将它们纳入著作权控制范围的想法就变得不合政治口味了。在对其所称的"舆论铁律"（iron law of consensus）作出评论之后，参议院著作权小组委员会的一位前工作人员就曾经提出警告，假如任何提案中所施加的著作权责任可能阻断已经确立的消费习惯，那就别指望国会能帮忙。1984年，美国版权局与相关的国会众、参两院小组委员会的主席们共同组织了一场有关著作权与新技术的研讨会，有一位演讲者这样评论道，"当你就要切到技术的边沿时，首要问题就是你得站在刀刃的后边"，而一年之后，这个观点就被众议院知识产权小组委员会（House intellectual property subcommittee）主席欣然接受了。

著作权所有人通常寄希望于联邦法院尤其是美国最高法院，以保护其免受新技术所带来的威胁。如果说国会得花上20年时间，才能将一种由新技术所带来的作品使用方式纳入著作权的控制范围，那么，说服最高法院在解释现有的著作权法时将新的作品使用方式纳入其中，也许就能更快地达到目的。但是，除了极少数的例外——最著名的要算几十年前由小奥利弗·温德尔·霍姆斯大法官所撰写的判决意见——最高法院的态度总是将著作权看作是半空而非半满的水杯。

当最高法院同意审理"Pretty Woman"案的上诉时,许多最高法院的观察家们对此感到惊讶。最高法院几乎不可能在一年之内受理一件以上的著作权上诉案件,而且阿库夫-罗斯音乐公司与 2 Live Crew 乐队之间的争议看起来并未提出任何通常由最高法院准备讨论的那些问题。但是很显然,大法官们看到,在"Me So Horny"与"My Seven Bizzos"这两首歌曲之间隐藏着某个大问题。①

1994 年 3 月,最高法院作出了一致意见的判决,撤销上诉法院作的支持阿库夫-罗斯公司的判决。戴维·苏特(David Souter)大法官在代表最高法院撰写的判决意见中,明确否定这样的观念,即 2 Live Crew 唱片专辑的商业成功就排除了它以合理使用作为抗辩理由。毕竟,商业主义是著作权的信条;而合理使用的传统情形——新闻报道、评论、批评——通常也是追求利润的。更重要的是,滑稽模仿是一种"转换性使用"(transformative use),它通过改变原始作品而产生出一个新的作品。"著作权的目标即促进科学和技术的进步,一般是因为转换性作品的创作而得以实现。"实质上,苏特大法官寻求的是将著作权原则与好的文艺实践结合起来。作为 18 世纪的作曲家与音乐理论家,约翰·马特森(Johann Mattheson)曾经就旋律的发明发表如下评论:"借用行为是可以被容许的;但借用人必须连本带利还回来,也就是说,他必须对模仿

---

① 涉案歌曲"Pretty Woman"被收录在 2 Live Crew 乐队的黑胶唱片专辑"As Clean as They Wanna Be"中,它的位置正是在文中提到的这两首歌曲之间,故此表述;文中所指的大问题即指著作权的合理使用。

的内容进行编排加工，使之具有一种比借用对象更美并且更好的形式。"

一个半世纪以前，斯托里大法官在面对一起涉及乔治·华盛顿信件的案件时，曾经引发对著作权法律的形而上学思考，与那时相比，现在著作权所涉及的世界已经发生了巨大的变化。除了那些只是对整本书逐字照抄的盗版者，还有较具创造性的复制者——这些作者有其自身的权利——也加入其中，后者往往在他人的作品上添加自己的创造性工作，例如把小说从英文翻译为俄文、根据小说故事改编拍摄电影、将流行歌曲录制为滑稽嘲讽之作、从数字化数据库中截取片段。印刷机技术之外，再加上令人难以置信的复制、存储以及操作文字、图片和声音的新机器，这些装备足以让每个人都变成作家、导演、出版商或者电影制片人。

但是，著作权的形而上学之谜仍然保持不变：在相互竞争的创造性作品之间，著作权的界线划在哪里？而著作权形而下的利益也时常倾来斜去的，仍然难以对付：立法机关与法院应当将著作权水杯看成是半满的，还是半空的？

著作权有意地冲破这些来自国内与国际的逆浪，尽管有时会遭到拍打，但它在近乎三个世纪的时间里，充当着一股调整信息与娱乐市场的平稳的力量。其他一些更为人熟悉的法律体系——合同法、侵权法与刑法——尽管具有更加古老的历史，但它们在调整一国的文化方面，无论该文化是高还是低，以及在帮助保持作者自治方面，却没有一个能够像著作权那样占据如此特殊的位置。著作权是独一无二的。在供给与需求、创作者与消费者、作者与读者等的连接方面，著作权都为作品的生产者提供了必要的法律工具，以使其向消费者提供作品。

本书讨论的是著作权；关于它所维系的信息与娱乐世界；关于预示着将激烈地改变这种环境的新技术，它随着老技术而产生，并与创造精神通力合作；关于在美国以及全世界所必须作出的决定，以确定能否继续创造繁荣。著作权能够胜任这个使命吗？

历史提供了某种线索。

第 2 章 著作权思想史

　　每当著作权遭遇某种新技术时，无论从印刷机到数字点播机，都是向立法者提出了一个全新的选择：扩张著作权，从而作者与出版商能够获得作品在市场上的全部价值；或者抑制著作权，以使人们在这种新的情形中免费使用作品的复制件。著作权究竟是作者的权利（author's right），从而作品的原创者对于消费者愿意为该作品复制件付费的每一个市场均得主张权利？抑或，它是使用者的权利（user's right），使用者得免费享用作品的复制件，除非其作者或者出版商能够表明，若无经济回报他们就将失去任何创作与出版新作品的激励？

　　虽然历经将近三个世纪的立法活动、司法判决与学术思考，这些根本问题依然悬而未决。有时，美国国会欢迎新的信息技术发明，将之看作一个契机，用那些尚未被立法规定的权利来填满著作权水杯。在其他时候，国会又可能拒绝将一个新的市场纳入著作权法的范围。法官们同样是自相矛盾的。当国会的立法意图不明确时，一些法官就对《著作权法》作扩张解释，将新技术纳入其中；另一些法官则严格遵守旧法中的用语。法学教授们也各有偏袒，一些人参加"高水平保护派"，另一些人则加入"低水平保护派"（这些术语可都是蔑称，并非褒奖之词；学界人士往往将这些标签贴到对手身上，却从不用在自己身上）。

　　著作权直接触及文化、经济以及政治价值上的冲突：诸如文学艺术的愿景，自由市场的承诺，以及言论自由的传统。在著作权法的发展过程中，吸引参与争论的远不止文学思想家：约翰·弥尔顿（John Milton）在《论出版自由》（*Areopagitica*）中对政府审查行为提出了严厉责难，但他对著作权表示支持；埃德蒙·柏克（Edmund Burke）[①]与奥利弗·哥德史密斯（Oliver Goldsmith）[②]抽空参加了英国上议院就第一起涉及著作权保护范围的重大案件的辩论；约翰·赫西（John Hersey）针对一份提议将计算机程序纳入著作权范围的美国政府委员会报告，提交了言辞激烈的反对意见书。著作权冲突也为那些伟大的法官激发灵感，他们发表了人生中一些至为深刻的评论：曼斯菲尔德勋爵（Lord Mansfield）主张支持一种强有力的著作权；霍姆斯大法官则撰写了一系列著名的判决意见，从而将19世纪守旧而僵硬的著作权转向一套开放、灵活的原则，使之能够适应由20世纪技术所引发的紧张关系。

历史的回应具有一种悠久的渊源。著作权扩张主义的背后是一种道德感，即剥夺作者就其劳动所获得的回报以及允许后来者不劳而获，都是非正义的。但是，低水平保护派也从正义的角度提出一种主张。他们问道，为什么作者应当获得比让他们伏案写作所必需之金额更多的金钱？超过这一必需金额的，就是一种意外所得

[①] 埃德蒙·柏克（1729—1797年），爱尔兰政治家、作家、学说家和哲学家，在英国下议院担任辉格党议员，被称为英美保守主义的奠基者，同时出版许多与美学相关的著作。

[②] 奥利弗·哥德史密斯（1730—1774年），英国诗人、剧作家、小说家，约翰逊博士文学俱乐部成员，主要作品有小说《威克菲尔德的牧师》、长诗《荒村》、喜剧《委曲求全》等。

（windfall），而更好的处理办法就是采取更低价格的方式让读者分享。而且，他们补充道，任何作者无一例外是从早期作者以及传统中获取养料的；既然他们也是从他人那里借用的，就应当将其所得的一部分与后代的作者共享。

远早于著作权之前，有关保护作者的道德力量即已存在。罗马诗人马提雅尔（Martial）①将未经其同意朗诵作品的行为痛斥为"*plagium*"——意谓"绑架"，这一用语无疑表达了他关于作者与作品之间存在关联的思想（即使在今天，法院有时也将侵犯著作权的行为归为剽窃[plagiarism]，但严格说来，这一术语只包含马提雅尔所指的意思，亦即作者错误地将他人作品称作自己的作品）。根据传说，六世纪有一位修道士科伦巴（Columba）②秘密抄录了属于修道院院长菲尼安（Finian）的一则诗篇，迪尔米德（Diarmid）国王裁定将这份未经许可的抄本交与菲尼安："牛犊属于母牛，抄本属于原书。"

在印刷机出现之前，极少有人提出这样的道德主张。盗版者以手抄方式复制某一作家的手稿，其付出的体力劳动跟作者或者誊录原始手稿的抄写员相同；盗版复制本的成本优势几乎等于零。但是，印刷机以及此后在印刷技术上的改进，极大地改变了作者身份

---

① 马提雅尔，生卒不详（40？—104？年），古罗马诗人，生于西班牙，主要作品为警句诗1500余首，其作品常为后人引用和模仿，成为现代警句诗的鼻祖。参见陆谷孙主编，《英汉大词典》，第2019页。
② 又称圣科伦巴（Saint Columba，521—597年），爱尔兰基督教教士，563年与12名信徒去爱奥纳岛建立教堂和隐修院，向苏格兰传教，使苏格兰信奉基督教，遂被尊为圣徒。参见陆谷孙主编，《英汉大词典》，第2019页。

的经济意义。复制件越便宜,就意味着读者越多,而更多的读者,则带来了在总体上获得更大收入的前景。随着印刷成本的降低,每一复制件所承载的文字内容的相对价值就提高了。这是历史上第一次,作者天才创作的价值得以超过抄写员所付出劳动的成本。这道算术题非常直观:只要从公众愿意为某一复制件而支付的价格中,减去该复制件的制作与发行成本;所得的余额,即为作者贡献的价值。

印刷机不可逆转地改变了作者的作品在道德主张与经济主张上的平衡。它也提出了著作权法的核心问题。谁应当有权分享这个新打开的文学价值的宝库:是创作了作品文本的作者?抑或是提供资本的出版商,因为这些出版商面临着由于读者数量不足而无法收回制作发行该作品复制件的成本的风险?或者是公众,他们在作者与出版商获得报偿之后,可以因为复制件的较低价格而从中获益?而对于发明了印刷机这个机械的天才们,他们首先释放出这些价值的,又将如何处之?(从16世纪末期开始,英国王室对诸如印刷机之类的机械产品授予专利,从而有效地给予发明家们以从其创造发明中分享价值的机会)

在英格兰,将近两个世纪当中,这些竞争性权利由英国王室基于政治和经济方面的原因而严格进行分配。文学作品与政治文章若不加控制地任由传播,可能引发叛乱;而且,印刷业与其他新兴行业一道,为英国王室开辟了新的财政与审批来源。通过授予某个书商一种对特定文学、法律或者教学作品进行印刷的独占权(exclusive right)——它就被称作专利(patent)——英国政府就能获得源源不断的忠心与收入。

第 2 章 著作权思想史

无论印刷专利对于其所有人来说多么重要，但它们对于整个国家的经济而言，结果甚微。毫无疑问，由于它们的无足轻重，就帮助其免于像其他的王室专利那样，在16世纪末17世纪初的议会与司法上遭受大规模的抨击，比如在食盐、淀粉与醋上的专利（而在技术发明上的专利也经受住了这些冲击；它们成为现代专利法的先驱）。印刷专利之所以被容忍下来还有另一个原因，英国王室与出版商公会（Stationers' Company）之间的精明合作，使得印刷垄断权多延长了百年之久。

在印刷术传到英格兰之前的很长时间里，出版商公会就已经在伦敦开张，成为一个由抄写员、装订工和书商组成的行会。历经多年，它变成了一个紧密结合、力量强大的联合体，而它唯一的目标就是维持其在出版行业的秩序与利润。自16世纪中叶以来，印刷商替代抄写员进入公会成员名录，而公会本身亦替代王室成为授权图书印刷、装订与销售的直接权力来源。出版商公会只受到英国王室终极权力的节制，除此之外，它在英格兰出版行业中的权力是绝对的。若无出版商公会的同意，任何成员——并且几乎所有的英国印刷商都有意成为其成员——均不得出版任何作品。出版商公会并有权检查、没收与销毁违禁作品。

出版商对作品的权利是永久的，一代传一代。作者在出版商公会没有一席之地，无法通过主张其手稿的权利来反对盗版。出版商通常向作者一次性付款，买断关于印刷与发行某一作品的权利；因为只有出版商才被允许印刷图书，因此，作者落实在合同条款上的唯一权利，就是控制其作品文本的首次出版。由法律学者丽贝卡·肖夫·柯廷（Rebecca Schoff Curtin）所作的一项关于17世纪图书合同的研究表明,这些条款可能就跟 21 世纪为一位畅销书作者准备的出版合同一样的复杂。当约翰·弥尔顿同意出版《失乐园》(*Paradise Lost*)时,他就这样承诺:"将题为《失乐园》的长诗手稿、图书及其复制件给予、授予和让与前述萨姆·西蒙斯(Sam Symons)及其遗产继承人与受让人……现准予在今后印刷。"

现准予在今后印刷(Now lately licensed to be printed)。这是政府持续控制政治异议者的关键。印刷商享有并且实行出版垄断。但是,根据《许可法》(Licensing Act)以及此后的法令、命令与政令,出版商只能出版由政府许可的图书。根据《许可法》,政府有权决定哪些作品可以出版;出版商则根据被授予的印刷专利而遏制交易对象,不仅针对已获政府许可出版但未经授权的复制件,也包括那些未获政府许可出版的作品。出版商获得了垄断的经济报偿;作为回报,政府就让出版商变成了一个无情而高效的书报审查执行官。《论出版自由》是少有的未经政府许可或者未在出版商公会登记而出版的一部作品,当弥尔顿写下这一作品时,他就在政府的政治议题与出版商公会的商业目标之间划了一道明显的界线,因为他既抨击了书报审查,但也承认了该条例中关于财产权益的那部分规定,它确保了"每个人正当地保留其若干复制件(反对它是天理不容的)"。①

《许可法》于 1694 年失效,随之终结的还有用以支持出版商公会垄断的主要制裁手段(从 1695 年开始,英国王室寻求通过对煽动性诽谤行为施以刑事指控的手段来控制异见分子)。尽管出版商

---

① 参见弥尔顿,《论出版自由》,吴之椿译,商务印书馆 1958 年版,第 52 页。

公会仍然对出版行业保持着名义上的控制权，但已经丧失了它最有力的武器——有权对违禁作品和出版社进行扣押、销毁和罚款。留给出版商的唯一的制裁手段，就是向法院提起金钱损害赔偿之诉。他们抱怨称，对于一个出版商而言，"要证明他所遭受损害的1/10乃至1/100都是不可能的，因为会有1000份假冒盗版的复制件分散到许多人手里，遍布英国全境，但他甚至都无法证明被销售的复制件超过10份"。

历经数年努力，出版商们在扩张其审查权方面仍然徒劳无功，于是他们开始转向立法策略。现在他们不再声称自己的利润受损，而是将作者与读者的利益推向前台。从1706年开始，出版商们就向议会提出请愿书，声称若不能保障其获得一种易于被法律实施的财产权的话，作者将无以为继，撰述新作。经过3年密集的立法游说，世界上第一部著作权法《安妮法》(*Statute of Anne*) 终于诞生，全名为"在所规定时间内将已印刷图书之复制件授予作者或者该复制件购买者以鼓励学术之法律"(An Act for the Encouragement of Learning, by vesting the Copies of Printed Books in the Authors or Purchasers of such Copies, during the Times therein mentioned)。这部制定法极大地改变了作者、出版商与读者之间的权利配置。该法将文学财产权的法律实施跟出版商的垄断相分离，从而释放出一个文学和思想的自由市场。

《安妮法》确认出版商的著作权，并且赋予其所寻求的具有强制力的法律救济。反过来，该法将出版商早先享有的一些额外补贴，重新分配予公众与作者。与以往的永久性垄断权不同，著作权的保护期限在作品出版后28年即告终止；过了28年，任何人均可以复制该作品,并且当然可以将之出售给公众。议会还将28年的著作权期限分为各含14年的两段保护期,所以,即便作者已经将某一作品的全部著作权转让给出版商,该法律亦在第一段14年期限届满之后将著作权返还给作者,使作者得以享有第二段14年的保护期。《安妮法》的这个伟大变革,目的是要把著作权与出版商公会的成员资格分开。在这个王国境内的任何人,无论作者还是出版商,只要将某一作品在出版商公会的登记簿中进行登记,即可拥有该作品的著作权。

对于出版商提出的在其拥有著作权的作品上保持永久性垄断的请求,议会作出了一个有节制的让步,即在前述法律通过之前出版商已经首次出版的作品,授予其一次性的为期28年的著作权。18世纪20年代后期,随着这批图书的保护期结束日益临近,书商们再次向议会请愿,企图重新享有永久性垄断。此举遭到议会的断然拒绝,他们转而求助于英国法院,提出了一项精心设计的法律主张,由此在英格兰引发了关于著作权保护期限的争议,甚至对日后直至当下的美国带来影响。

正如此前在议会所表现的那样,出版商在法庭上还是将他们的理由定调为作者的道德性主张——他们声称,不能因为《安妮法》关于保护期限的规定而限制其主张。英格兰普通法给予农场主在不动产上的永久性权利,其理论依据是他们已经将其劳动与土地混合在一起了。出版商们争辩道,难道普通法也不应当对作者赋予永久性权利吗?因为后者的劳动与体现其思想的作品也是永久地结合在一起了。当作者将其手稿售与某一出版商时,他出售的不仅仅是作为有体物的手稿,还有一个关于出版该手稿之内容的独立的、永久的权利——这是一种受到道德强制约束的自然权利,具有一种完全脱离于《安妮法》的生命。

出版商们可不止有一套理论,他们也有具体策略。这个策略就是,由其中一位出版商到衡平法院(Chancery)提起诉讼,主张其普通法著作权(common law copyright)受到了侵犯,而这家英国司法机关的武器就是它有权授予禁制令。出版商主张,其经由作者转让而拥有某一作品的普通法著作权,并且声称,被告未经许可出版了该作品的复制件,故此侵犯了这项完全独立于《安妮法》的权利。如果这一策略获得成功,衡平法院将临时性禁止被告的行为,并等待最终确定本案的事实与适用的法律。假如衡平法院的法官对于可适用的法律存有任何怀疑——而他当然会有怀疑,因为出版商的主张充其量只能说是创新尝试——他就会将案件移交普通法法院(common law courts)。

衡平法院一开始授予了临时救济,这正是伦敦的出版商们所需要的。由于被临时性禁止印刷未经授权的版本,并且缺乏在普通法法院起诉该案的法律渊源,那些未获授权的印刷商就退出了市场。但是,出版商们知道,这只是一个时间问题,因为一定会有一位财大气粗的印刷商到普通法法院提起这个问题,所以,出版商们所主张的永久性权利的命运如何,还远未确定。而且之后还不可避免地会向上议院提出上诉。不过,从出版商的角度看,无论如何也必须要避开上议院。前已述及,出版商们在立法机关费尽周折,想要扩张由《安妮法》所确定的保护期限,但都被这些议员一再地拒绝了,因此,出版商们对于他们所提出的永久性权利的新主张,根本没有理由指望会在那里获得一种更为热情的司法支持。

30　　　为了预先排除向上议院提出上诉的可能性，出版商们采用了一种充满危险的战术，搞了一场合谋诉讼的把戏。他们当中一位名叫汤森（Tonson）的书商，针对一位乐于为之提供方便的非经授权的印刷商柯林斯（Collins），向法官即曼斯菲尔德勋爵提起诉讼，而曼斯菲尔德勋爵对于永久性著作权案子是抱有同情的，这一点从其早先曾担任书商代理人的这一点上即已经为公众所熟知。争议双方代理律师的费用其实都由书商掏钱，他们将就永久性普通法权利存在与否，分别提出支持与反对的主张，而柯林斯一方的律师也许就得表现比汤森的律师稍逊一筹。该案将作出对盗版者不利的判决，然后根据事先的安排，这位盗版者在败诉之后将选择放弃向上议院提起上诉。这样一来，由下级法院所作的汤森诉柯林斯案（*Tonson v. Collins*）判决就确证了著作权系永久性权利，这一规则也将成为英格兰的法律。

只是有一个细节搞砸了这出把戏。在经过连续两轮律师辩论之后，曼斯菲尔德勋爵裁定将该案提交全体法官面前进行辩论。然而，在该案得到重新辩论之前，法官们都已经获悉——有人怀疑这些法官是怎么获悉实情的——该场诉讼是串通好了的，因此他们驳回了诉讼。

10年之后，伦敦出版商们在米勒诉泰勒案（*Millar v. Taylor*）中得到了他们在汤森诉柯林斯案想要得到的判决。涉讼作品叫作《四季》（*Seasons*），这是詹姆斯·汤姆森（James Thomson）所著的一部脍炙人口的史诗，作者于1729年将其著作权出售给一位伦敦书商安德鲁·米勒（Andrew Millar）。1767年，该诗在制定法上的著作权（statutory copyright）已经过期，罗伯特·泰勒（Robert

Taylor）遂发行了一个更便宜的竞争性版本，但这位书商并非出版商公会的成员。米勒于是提起诉讼，主张汤姆森出售给他的所谓的永久性普通法权利遭到了侵犯。该案在王座法院（Court of King's Bench）审理，争议问题直指著作权的核心：社会是否应当给予作者对其作品的专有权？如果是，作者的权利应当是永久性的吗？还是应当维持足够长的时间，以使作者获得足够的收入，激励其继续致力于文学创作，但是，一旦著作权期限结束，则允许公众无限次地享用该作品？

王座法院的法官们对于有关永久性著作权的主张并不陌生。曼斯菲尔德勋爵在当出庭律师时，就曾经在伦敦书商早先的两起衡平法院案件中为之担任代理律师；他也曾是汤森诉柯林斯案的首席法官。曼斯菲尔德凭着雄辩之才与出众的法律头脑，是王座法院中最威严的法官；在任职该法院的12年当中，尚无法官敢与其观点相左。约瑟夫·耶茨（Joseph Yates）法官或许同样才干出众却较少张扬，他曾经作为一名出庭律师，代理被指控为盗版者的柯林斯一方，并且在曼斯菲尔德勋爵面前就汤森诉柯林斯案发表了第二轮辩论意见。

因为是首席法官，所以，曼斯菲尔德最后一个发表意见。不出众人所料，他同意阿斯顿（Aston）与威尔斯（Willes）法官这一派的观点，即普通法中存在着一种永久性著作权，《安妮法》既未将之取代，也没有对它的保护期作出限制。曼斯菲尔德的观点建立在自然权利理论之上，而这正是动产与不动产的基础。

作者应当从其自身天才与劳动上获取金钱收益，这是正当的（just）。他人未经同意不得使用其名字，这也是正当的。应当由他来判断何时出版，或者甚至是否出版，这是恰当的（fit）。他不仅应当选择出版的时间，而且应当选择出版的方式、数量、规格、印刷内容等，这也是恰当的。他应当选择他信得过的人来确保印刷的正确无误，并选择他所信赖的诚实人而不致发生增删内容之情形，这同样是恰当的。

对于曼斯菲尔德而言，未出版的文字作品之所以享有某种财产权的理由，其效力同样适用于诸如《四季》之类已出版的作品；他断然拒绝了关于《安妮法》已经取代普通法的主张。

耶茨法官提出异议，花了3个小时来详细阐述其观点，他也是有史以来第一个敢于对曼斯菲尔德首席法官的观点持不同意见的法官。耶茨主张的核心是，这个所有权所涉及的对象是如此的短暂易逝、完全外在于权利人的实际控制，因为作为一个文学作品——即一个表达或一种情感——它一旦释放出来，就可以为任何人所获得。普通法权利或许可以通过一块土地或者几页手稿而获得保障。但是，既然在手稿中所表达的思想是没有物理范围的，他们就既不能被占有，也不能获得普通法权利的保障。作者可以选择不发表其作品。但是，一旦发表，他的作品就变得像空气一样自由。"他能够因为自己自觉自愿地放飞了小鸟而来抱怨自己的小鸟丢了吗？"为什么作者对于其思想，就应当享有比发明人对于其发明所享有的更大的权利呢？耶茨说道，任何人都会同意，像印刷机之类的发明，在专利法的范围之外是不受保护的。

耶茨并未对米勒所主张权利的核心内容提出争议。"作者对于其劳动当然有权获得回报；但是，并不能因此认为他的回报就是无限的，并且永无止境。"议会已经通过法律，确定了作者的财产权范围，因此，"在作者享受了28年的垄断，并且手稿仍然属于其财产"的情况下，就没有什么理由再来抱怨不公正了。耶茨接下来推翻了曼斯菲尔德的自然权利主张。难道作者的永久性权利就不会侵占公众的自然权利吗？"从事一桩合法的行业来养家糊口，这是任何人的自然权利。图书的印刷和销售就是合法行业。因此，任何侵害这些合法行业的垄断，就是对国民自由施加的一种负担。"

1770年，衡平法院遵循王座法院所作的支持米勒的判决，禁止了泰勒的复制件。泰勒向上议院提出上诉，但是，书商们迅即与他达成和解，了结此案。米勒并没能活着看到他最终的胜利，1769年，他的遗产继承人把在《四季》上新确立的永久性权利出售给了一群出版商；转而，这些出版商很快就投入了一场战斗。

亚历山大·唐纳森（Alexander Donaldson）是一位生意兴隆的苏格兰书商，但他已两度遭到英格兰书商的起诉。现在，唐纳森并未因为王座法院与衡平法院的判决而气馁，他期待着上议院作出一项权威性判决，并且他也有智谋获得此判决，于是，他出版了《四季》的非授权版本。托马斯·贝克特（Thomas Becket）是《四季》的授权出版商，他向衡平法院寻求救济；由于米勒诉泰勒案已经确立了永久性的普通法权利，衡平法院大法官巴瑟斯特（Bathurst）遂发布了一项禁令。唐纳森于是向上议院提起上诉。这才是出版商最为害怕的法庭，也是他们从一开始形成诉讼策略时就已经考虑到的结局。上议院从1774年2月4日开始，花了整整3个星期来听取唐纳森诉贝克特案（*Donaldson v. Becket*）的辩论，整个诉讼过程引起巨大的反响。《晨间纪事报》（*Morning Chronicle*）2月5日当期的报道称："议院的围栏下边……极度拥挤"，"埃德蒙·柏克先生、哥德史密斯博士、大卫·加里克（David Garrick）绅士以及其他文艺界名流都跻身于听众席当中。"

尽管上议院的议员们可以在唐纳森诉贝克特案中自主作出裁决，但依照惯例，当他们受理司法案件上诉时，还得听取12位主要的普通法法官的咨询性意见。议员们向这些法官提出5个问题，其中一个是核心问题：如果英格兰普通法给予作者一种在文学作品上的专有权，并且如果并不因为作品发表而使作者丧失该权利，那么，《安妮法》通过之后是否就取消了该权利，并且将作者限定在该法律所规定的救济、条件与期限范围之内？

法官们在这个问题上发生分歧，6位法官认为这项制定法优先于普通法，而5位法官则反对这种意见。曼斯菲尔德勋爵本来可能让投票结果出现平局的，但他拒绝发表意见，"由一位上议院的议员在一件向上议院提起的上诉案件中，支持他自己曾经作出的判决，此事（若加以深思熟虑）就变得很奇怪了"。判决报道人可能把法官投票结果算错了，因为有某种证据表明，大法官们实际上是6比5，或者甚至是7比4的投票结果，多数人认为普通法著作权在《安妮法》之后继续存在。不管怎样，该投票结果只具有参考意义。最终，上议院是以22比11的投票结果支持唐纳森，而曼斯菲尔德再次有意回避表决，于是这一投票结果就成为该案的终审判决，最终推翻了衡平法院的禁令。

在上议院判决之后一周内，出版商们转向议会寻求救济。既然在有关永久性著作权的问题上已经作出了对他们不利的判决,出版商们就提出了一项更加孤注一掷的主张。他们声称,出版商为了从作者以及其他书商那里获得著作权,支付了大笔钱财,而该交易的假定前提是,被转让的著作权将会永久有效。但现在他们的权利被限定为28年,这就让他们丧失了当初交易的利润。一项有利于出版商的法案虽然在下议院获得通过,但在上议院却未获成功。曼斯菲尔德勋爵对此并没有参加。

出版商公会策略的最后结局,假如约瑟夫·耶茨地下有知,无疑会感到欣慰,因为他在米勒诉泰勒案判决之后不到一年就辞职,另行任职于一家下级法院,并且在几个月之后去世了。他也可能会欣慰于曼斯菲尔德法官有关著作权的最后评述,暗示着这位自然权利的竭力鼓吹者已经转变了自己的观点,转而认为著作权在事实上要求在私人利益与公共利益之间保持一种微妙的平衡。"我们必须注意",曼斯菲尔德勋爵这样写道,"对以下两个方面采取极端态度俱为有害,均应保持警惕:其一,那些富有才识之人,耗时费力为社会服务,因此不应当剥夺他们的正当价值以及因其才智与劳动而获得的回报;其二,世界不应当被剥夺发展的机会,也不应当阻碍艺术的进步"。

美国早期著作权的发展与英格兰非常相似,表现在两个方面:美国著作权法是以《安妮法》为样板的,而且,最高法院的一起案件也涉及同样的问题,即一种自然的、普通法权利在有了制定法之后是否继续存在。但是,毕竟是不同的力量塑造了美国著作权法。引导美国著作权法发展方向的是作者，而非书商。并且，尽管殖民地的印刷业受制于英国王室的经营特许，但是，这些殖民地却没有任何机构曾经具备过像英国出版商那样的对图书行业的垄断。最后，主导美国著作权早期争议的，是国家与地方的权力冲突，而非伦敦的垄断者与边远地区的盗版者之间的冲突。

诺厄·韦伯斯特①（Noah Webster）时为年轻的小学校长，他在向州立法机关要求保护著作权的运动中呼声最高。因为担心盗版者会攫取其在《英语语法原理》（*Grammatical Institute of the English Language*）——该书最终销售超过7000万册——上的利润，韦伯斯特向各州立法机关逐一提出申请，要求对他的图书授予著作权，要么通过一部像《安妮法》那样的一般性著作权法律，涵盖所有美国作者的作品，要么至少通过一部专门法律，对《英语语法原理》一书授予著作权。其他的著作权倡导者，包括托马斯·潘恩（Thomas Paine）以及韦伯斯特的耶鲁同学乔尔·巴洛（Joel Barlow），也向立法机关游说通过一部一般性的著作权法。康涅狄格州在1783年率先通过法律，一部关于"鼓励文学与天才创作"（for the Encouragement of Literature and Genius）的制定法。到1786年，在13个州当中已有12个——特拉华州是唯一的例外——通过了著作权法，均采用将全部作品包含其中的一般性立法形式。

随着制宪会议的临近，包括詹姆斯·麦迪逊（James Madison）

---

① 诺厄·韦伯斯特（1758—1843年），美国词典编纂家、作家，以编纂《蓝脊拼音课本》(《英语语法原理》第一部分）和《美国英语词典》闻名，曾参与创建阿默斯特学院。

在内的很多人都清楚地认识到，为了国家利益，需要一部全国性的著作权法。痛感于邦联"在共同利益所必需的事务上缺乏和谐"，麦迪逊撰写评论，将有关在文学财产法律上缺乏一致性作为"不合时宜"的一个例子。包括乔治·华盛顿在内的许多代表已经参加过各州关于著作权立法的辩论，因此，制宪会议就没有必要再讨论有关著作权必要性的问题了。

1787年9月5日，离制宪会议结束不到两周的时候，新泽西州的代表戴维·贝莱尔（David Brearly）向初稿起草委员会（Committee of Detail）[①]提议，在宪法中增设一条，授权国会制定一部全国性的著作权法。该条款显然未经辩论即获得一致通过，它将著作权与专利合在一起加以规定："国会应当有权……通过确保作者与发明人在有限时间内对其各自之作品和发现享有专有权，从而促进科学与实用技术的进步。"（根据当时的用法，"科学"是著作权的对象，"实用技术"是专利的对象）。1790年5月17日，国会运用该宪法条款的授权，通过了一部《鼓励学习法》（An Act for the Encouragement of Learning），反映了这个新成立的共和国所面临的非常实际的关切，那时它的地理范围看起来尚未确定。因此，该法律所赋予的为期14年的著作权保护，不仅针对"书籍"，还包括地图和海图。法案由华盛顿总统于1790年5月31日签署，正式成为法律。

《宪法》授权国会仅仅在"有限时间内"给予著作权，这看起

[①] 美国制宪会议过程中设立的一个委员会，于1787年7月24日委任5名代表组成，任务是准备一份宪法草案，写入各项由会议代表达成一致意见的内容。该委员会的成果就是宪法8月6日草稿（August 6 Draft）。

来回答了英国法院在更早时候所面临的那个大问题,即作者是否享有一种普通法上的永久性权利。但是,宪法条款只对国会有约束力,并非针对各州,而且在美国,普通法存在于各州政府,并不是在联邦的国家政府。因此,当有一起案件首次提出关于普通法著作权在联邦制定法之后是否继续存在这样的问题时,所争执的其实是州权力与联邦政府权力之间的关系。这起案件就是惠顿诉彼得斯案(*Wheaton v. Peters*)。亨利·惠顿(Henry Wheaton)是美国最高法院判决的第三位报告人;理查德·彼得斯(Richard Peters)是第四位报告人。案件判决报告人的职责是根据最高法院的任命,对该法院的判决意见进行记录、制作索引、写出摘要和评论,并予编排以供出版。在殚精竭虑又无经济回报的情况下,惠顿花了整整12年,改进了最高法院判例汇编的精确性与及时性,并且自始至终在判例报道中添加了他自己的学术性注释。后来由于他想要获得一项司法任命的努力未获成功,他最终选择辞职,远赴丹麦出任外交官(外交职位的薪水远比他做最高法院判例报道工作时多。在做判例报告人时,惠顿每年的收入从未超过1800美元;他现在的职位则达到年薪4500美元)。

惠顿的继任者就是彼得斯,他在惠顿的前任出版商的帮助下,积极谋求获得判例报告人的工作。尽管彼得斯缺乏惠顿的学术癖好,但他具有作为一位年轻编辑的更有价值的东西,那是一股强烈的企业家天分。对所报道的案件进行学术探讨,需要耗费昂贵的纸张和油墨;彼得斯知道,惠顿的判例报道按每卷7.5美元出售,超出了许多律师的承受范围。他也明白,业务繁忙的律师更喜欢看简短的摘要与综述,而不是学术性注释。他的设想就是缩小判例报道的规模，这样就能降低价格，增加销量。

把现行判例报道做成缩写版，就能够卖出更多的复制件，而同样的做法，也能有助于销售以往的判例报道。彼得斯着手将其前任的24卷判例报道压缩成6卷本，并冠以标题《美国最高法院判例报道缩写版，含最高法院自创立始至1827年1月由彼得斯报道期间的全部系列》(*Condensed Reports of Cases in the Supreme Court of the United States, Containing the Whole Series of the Decisions of the Court from its Organization to the Commencement of Peters' Reports at January Term 1827*)。他对缩写本的定价大约比惠顿版本的价格降低75%。

《缩写版判例报道》获得了巨大的商业成功。但是，彼得斯的利润却是惠顿的损失，所以，眼看着自己版本的销售市场越来越小，惠顿求助于以前的法律合伙人伊莱贾·佩因（Elijah Paine），对彼得斯提起诉讼。该诉讼指控彼得斯侵犯著作权，要求获得禁令，并返还其所得利润。案件在法院的两名法官之间僵持了两年之后，开始变得对惠顿不利。惠顿而后马上通过佩因，聘请其老朋友丹尼尔·韦伯斯特（Daniel Webster）来为该案上诉进行辩护。1833年9月底，惠顿从利物浦坐船返抵美国，襄助该案。

惠顿在起诉状中主张权利，既按照《著作权法》，也是根据普通法。尽管制定法对于《惠顿判例报道》(*Wheaton's Reports*)的著作权保护期尚未届满，但他还是将普通法上的权利请求列于其中，以防法院判定其未能遵守《著作权法》规定的为获得著作权保护所必需的全部形式要件，包括在出版后6个月之内必须向国务卿交存其判例报道的复制件。严格来说，最高法院无须就普通法上的诉讼请求作出处理，但是大法官们发现，在米勒案与唐纳森案中已经被犁过的土地上再来耙耘一番，如此前景真是诱人，岂可因小小的技术性原因而错过机会。

最高法院于1834年3月19日对该案作出判决。《彼得斯判例报道》（Peters' Reports）第8卷对此判决则恪尽职守地给予了报道，其中，最高法院判定，一旦图书出版，即由《著作权法》取代普通法而成为已出版作品享有权利的唯一法律渊源。在代表多数派意见撰写的判决当中，约翰·麦克莱恩（John McLean）大法官顺应了耶茨法官在米勒诉泰勒案中所抱持的反对意见，他认为："与社会其他成员一样，文学作品的作者对于其劳动成果也享有权利，这一观点无可争辩。而答案就在于，他实现劳动成果的方式是通过将手稿转让，或者在作品首次出版时销售其作品。"史密斯·汤普森（Smith Thompson）大法官则持不同意见，他引用了曼斯菲尔德法官的话："任何人应当享有其劳动之回报，其耕种之收获，或者栽种之树木……。"无论该案与英国人的表述何其相似，但惠顿诉彼得斯案（Wheaton v. Peters）说到底还是一个独具特色的美国判例，它反映了联邦权力对州权力的一种胜利。

惠顿诉彼得斯案最终因一个技术性细节而得以了结。一审法院认为，《著作权法》有关交存版本的要求是强制性的，惠顿未能及时向当地的地区法院交存其判例报道，从而丧失了该作品的著作权。惠顿在事实上并未遵守有关交存版本的要求，有关这一点对于最高法院大法官来讲并不清楚，因此，他们驳回了一审法院的判决，将该案发回，重新审理这个问题。惠顿在该案重审时获得胜诉，彼得斯提起上诉。在第二次上诉的审理阶段，惠顿去世；而在此后不到一个月，彼得斯亦去世。彼得斯的继承人最终向惠顿的继承人支付了400美元，双方达成和解，了结此案。

1870年国会对著作权法的全面修订是一个转折点。修改内容之一，是将著作权登记机关从联邦地区法院转移至国会图书馆；另一项修改是，要求每一享有著作权的作品交存两套复制版本——其中一套作为登记的证据（这是英国出版商公会自16世纪开始的做法），另一套则作为国会图书馆的收藏。很大程度上正是因为这个交存版本的规定，国会图书馆很快从全国排名第五的位置跃升为全国第一；当国会图书馆在1897年搬入宽敞的新馆舍时，它已经拥有图书84万册，其中接近半数的图书正是通过著作权交存版本得来的。

在安斯沃思·兰德·斯波福德（Ainsworth Rand Spofford）坚强有力的领导下，国会图书馆成为美国著作权活动的中心。托瓦尔德·索尔伯格（Thorvlad Solberg）是1876年进馆工作的，他后来成为一位享誉全国的著作权专家，并且在1897年该馆创立单独的著作权部门时，被任命为首任版权局局长（Register of Copyright）。索尔伯格树立了一个活动家的榜样，并为此后几乎历任版权局长所效仿；今天的版权局不仅审查著作权登记是否符合法律规定，而且管理着这部法律越来越复杂的管制性规定。

如果说1870年《著作权法》为了支持国会图书馆建设而鼓励交存版本，反映了在美国内战之后国家对于保留传统的渴望，那么，它扩张著作权，禁止未经授权而以新的方式使用文学作品，则反映了它对于美国文化日益多样化的一种敏感。诸如彼得斯《缩写版判例报道》之类的简缩本，标志着图书出版与著作权上的一种新趋势。作家和出版商们不再像《四季》的唐纳森版那样直接制作一个翻印本，越来越多的做法则是，利用某个享有著作权的作品作为产生另一个新作品的跳板，这个新的作品可能是简缩本或者翻译本，作者将自己的劳动与原始作者的劳动混合起来。随着一种生气勃勃的美国文学崭露头角，除了作为著作权最初和最常见的保护对象，例如那些较为低级的拼字课本、词典和判例报道之外，还出现了詹姆斯·费尼莫尔·库珀（James Fenimore Cooper）[①]、华盛顿·欧文（Washington Irving）[②]与纳撒尼尔·霍桑（Nathaniel Hawthorne）[③]的作品，于是，用新方式使用原创文学作品的市场出现了，起初是翻译或者戏剧改编，到最后采用的是录音、电影和电视方式。

尽管最初的这些案件并没有涉及比印刷机更新的技术，但是，它们已经将著作权的核心问题从关于著作权是否为一种自然权利这样的抽象命题，转换为一个更为实在的预见性问题，即由于对著作权作品按照新技术方式进行使用而可能带来的难题。这些案件所提出的问题是，著作权是否授权英文小说的作者禁止某一出版商发

[①] 詹姆斯·费尼莫尔·库珀（1789—1851年），美国小说家，开创了美国文学史上3种不同类型的小说，即美国革命历史小说、边疆冒险小说和海上冒险小说，代表作为《皮袜子故事集》。参见陆谷孙主编，《英汉大词典》，第690页。

[②] 华盛顿·欧文（1838—1905年），美国作家，被称为"美国文学之父"，代表作为《见闻札记》，其中包括最早的现代短篇小说《睡谷的传说》《瑞普·凡·温克尔》等。参见陆谷孙主编，《英汉大词典》，第1718页。

[③] 纳撒尼尔·霍桑（1804—1864年），美国小说家，擅长心理描写和揭示人物的内心冲突，其作品开创了美国象征小说的传统，代表作为长篇小说《红字》。参见陆谷孙主编，《英汉大词典》，第1473页。

行该小说的未经授权的德文译本,而这样的问题,说到底就类似于后来提出的问题,即该小说家是否有权控制依据该小说改编制作电影或者电视剧。

1853年的一起案件就直接提出了这样的问题,该案起因于哈丽雅特·比彻·斯托与另一位作家的争议,后者未经同意就将她的小说《汤姆叔叔的小屋》(*Uncle Tom's Cabin*)[1]翻译为德文。当时美国实行的是1831年《著作权法》,其中并未对翻译问题作出规定。法院选择对该法律做狭义解释,即法律保护的仅仅是表达了小说作者斯托夫人的思想的"那些确定的文字"(precise words),而不是用其他语言对它们所作的转换。"我曾经见过把彭斯[2]的诗歌翻译为法文版的",罗伯特·格里尔(Robert Grier)大法官这样写道,"但是,如果将之称为该原始作品的复制件,那就跟这个译本同样荒唐可笑"。1870年《著作权法》推翻了这个判例,从而将著作权带入了新的文学时代,它要求翻译者——以及那些想要对作品进行戏剧改编的人——事先征得原始著作权所有人的同意。

新一代的著作权案件也反映了在决策权问题上的一种转变。如果说惠顿诉彼得斯案所表现的是联邦与州政府之间在著作权问题上的权力配置,那么,这些新案件所检验的,则是国会与联邦法院在决定权上的分配。当著作权突然面临那些在工业革命中无法预

---

[1] 该书出版于1852年,作者斯托夫人被南北战争时期的林肯总统誉为"写了一本书,酿成了一场大战的小妇人"。中译本旧称作《黑奴吁天录》。

[2] 即,罗伯特·彭斯(Robert Burns, 1759—1796年),苏格兰诗人,主要用苏格兰方言写诗,曾长期搜集、整理民歌,并为著名曲调撰写歌词,优秀诗作有《自由树》《一朵红红的玫瑰》等。参见陆谷孙主编,《英汉大词典》,第427页。

见的新技术时,其解决问题的模式很快就体现为法院与国会之间的关系特点。假如有一位作者以其作品被他人以某种新的技术方式加以利用为由,起诉他人侵犯著作权,那么,法院究竟是应当对《著作权法》作出对作者不利的严格解释,从而让作者去寻求立法行动的支持,抑或应当成为著作权扩张派,对该法律作出扩张解释,从而将新的现实情况纳入其中?

摄影术就是对美国著作权法提出挑战的第一项新技术。通过光线反射到一块经过化学处理的感光板上所形成的一幅图像,是否有资格按照《宪法》规定属于由"作者"(author)所完成的"作品"(writing)?国会显然认为这是可以的,因为1865年修订的《著作权法》明确地将照相与底片增加规定为可受著作权保护的作品种类。20年之后,最高法院首次处理这一立法规定的合宪性问题。

拿破仑·萨罗尼(Napoleon Sarony)是纽约的一位著名摄影师,他起诉伯罗-贾尔斯平版印刷公司(Burrow-Giles Lithographic Company)侵犯著作权,因为后者复制了他所拍摄的奥斯卡·王尔德(Oscar Wilde)[①]的照片(该照片显示的是王尔德的坐像,他一只手采取小心摆放的姿势托住头部,另一手则靠在优雅曲起的膝盖上)。伯罗-贾尔斯公司未经萨罗尼同意,已经复制和销售了8.5万张该照片。印刷公司认为,照片所包含的是图像而不是文字,所以不可能成为《宪法》所意图保护的那一类"作品"(writing),但

[①] 奥斯卡·王尔德(1854—1900年),爱尔兰作家、诗人,19世纪末英国唯美主义的主要代表,主要作品有喜剧《认真的重要》《少奶奶的扇子》和长篇小说《道林·格雷的肖像》等。参见陆谷孙主编,《英汉大词典》,第4013页。

该主张很快遭到最高法院的否定。最高法院认为，地图和海图同样也不是任何在文字意义上的"作品"，但它们均被归入美国第一部著作权法当中，而那部法律正是在许多《宪法》制定者的支持下通过的。

伯罗-贾尔斯公司的第二个主张则较为棘手："一张照片不过是把某个自然物品或者人物的特征复制在纸上，并非某一位作者所产生的作品。"照片是对现实的纯粹映射，其本身并非艺术创作，这一观念确实令塞缪尔·米勒（Samuel Miller）大法官大伤脑筋。仅仅在5年前，米勒大法官在"*Trade-Mark*"案中代表最高法院撰写一致意见判决，他在其中指出，按照宪法，著作权不可能保护那些用于商品广告的符号或者标志，因为它们既非独创，也无创造性；它们并不是"智力劳动的成果"。但是现在，当米勒大法官再一次为最高法院撰写一致意见的判决时，他却支持了萨罗尼的著作权，他所根据的理由是，照片属于艺术而非商业广告。他写道，普通快照不能享有著作权，但是，萨罗尼的照片清楚地显示了摄影师的创造性。萨罗尼已经让该照片"完全出自于他自己独特的精神观念，并且通过以下各种方式赋予这种观念以可视的形式：让前述奥斯卡·王尔德在照相机前面摆出姿势，对于服装、帷帐和其他出现在前述照片中的各种各样的附属物品加以选择与布置，安排拍摄主体以使之呈现出优雅的轮廓，对光与影进行安排与处理，建议并且引导拍摄主体作出其所意图的表情，并且，正是从这些完全由原告所作的处理、安排或者表现中，才产生出这张涉讼的照片"。

萨罗尼案很难说是一个清楚有力的标志，表示支持将著作权水杯看作半满的人。它也没有对新技术产品不加选择地一概表示欢迎。最高法院判决的前提是基于这一假设,即国会与法院确信能够区分那些足够具有艺术性从而符合著作权资格的作品跟那些不符合资格的对象。即便在本案中,最高法院的判决仍然未能消除由"Trade-Mark"案所留下的疑问,即一件商业产品它能否适于著作权保护是可疑的,无论其多么具有艺术性或者多么地流行。

这些模棱两可的问题,最终都交到了霍姆斯大法官任职时期的美国最高法院。跟曼斯菲尔德勋爵相比,霍姆斯在修辞天赋、为人自信或者具有说服力方面毫不逊色。而且,与曼斯菲尔德勋爵相似,霍姆斯对著作权也毫不陌生。在他首度作为最高法院大法官审理著作权案件的4年前,该法院就作出过一致意见判决,认定由霍姆斯的父亲所创作的一部广为流传的作品《早餐桌边的独裁者》(*The Autocrat of the Breakfast Table*)已进入公共领域,理由是它未能遵守著作权的一个形式要求(正是基于同样的形式要件,导致亨利·惠顿在最初于最高法院败诉之后重新起诉)。小霍姆斯作为其父亲的遗嘱执行人,本身就是该案件的原告,因此,每每忆及该案判决,就让他几乎不可能对《著作权法》采取那种吹毛求疵的、拘泥于条文的方法。

布莱斯坦诉唐纳森印刷公司案(*Bleistein v. Donaldson Lithographing Co.*)是霍姆斯在最高法院判决的第一起著作权案。该案于1903年判决,涉及两位印刷商之间的争议,原告声称被告侵犯其著作权,因为后者复制了他准备用于马戏团广告的三张海报。一审法院和上诉法院均作出了有利于被告的判决,它们所遵循的正是以往包括"Trade-Mark"案在内的一系列判决,均认为商业广告不受著作权保护。霍姆斯以其独特的简洁精确的风格,推翻了这些司法先例:"当然,作品与美术的关联度并不小,因为它们的图画品质吸引了大众,并因此给它们带来了实际的用途——如果用途就意味着增加交易并帮助挣钱的话。一幅图画被用作广告,但它还是图画,也依然是著作权的对象。而且,如果图画可以像它们一直以来的那样被用来给肥皂、剧院或者月刊杂志做广告,那么,它们也可以为马戏团做广告。"

霍姆斯对通俗剧和讽刺剧的欣赏品味,也可能有助于其抱有这种宽宏大量的观点。著作权并不只是为波士顿上层人士(Boston Brahmins)服务的;甚至更多地,它是为大众市场准备的。对此强加一个精致的法律标准可能就是为了对这样的图画拒绝给予著作权,"这些图画对法官没什么吸引力,而对于没什么文化的公众来讲,反倒更具有吸引力。但是,只要它们能博得公众的兴趣,就具有一种商业价值——那种认为它们不具备一种审美与教育价值的说法是武断的——任何公众的品位都不应受到蔑视。无论我们想要做什么样的改变,就目前而言,这就是一个最终的事实。这些图画具有自身的价值与成功之处,他人不顾原告的权利而意图复制这些图画,就充分地表明了这一点"。

最高法院在奥斯卡·王尔德案中所采纳的创造性(creativity)标准,就在可享有著作权的作品与不可享有著作权的对象之间提供了一条诱人的分界线,并且当然会确定,那些精心制作的马戏团海报是享有著作权的。但是,霍姆斯担心的是,这样一块试金石将导致著作权纯粹主义者(copyright purist)的权力过大。他加上了一段在今天颇为有名的格言:"对于只受过法律训练的人来说,让他们自己来担任绘画插图价值的最终裁判者,这几无例外是一件危险的事情。极而言之，一些天才作品必将被埋没而无人欣赏。它们过于新颖超前，以致令人敬而远之，除非公众能够学会使用这些作者在作品中借以表达的语言。例如，人们在第一眼看到戈雅（Goya）的蚀刻画或者马奈（Manet）的绘画时，就很怀疑它们一定能受到法律保护。"

在奥斯卡·王尔德案中已经确认照片可以受著作权保护，而布莱斯坦案也确认了商业广告可受著作权保护，那么，法院支持电影的著作权，无非是在司法上再跨出一小步而已。托马斯·爱迪生（Thomas Edison）以一名竞争对手复制了一段由爱迪生的雇员所拍摄的、关于德国皇帝威廉（Kaiser Wilhelm）的"Meteor"号游船下水的电影为由而提起诉讼，但是一审法院却作出了对爱迪生不利的判决，理由是《著作权法》未明确包括电影。1903年，上诉法院撤销这份判决，认为国会当初增加照片为可受著作权保护的对象时，必然考虑到了将来的电影："这不能假定国会认为这样的技术不可能是进步的，并因此不值得为该技术进步而提供任何保护。"（国会在1912年将电影作品明确纳入《著作权法》）。

认定电影作品有资格获得著作权，从而当一部电影复制了另一部电影时构成侵权，这是一回事；但是，若一部电影只是从一部小说或者短篇故事那里拿走了它的主题和情节，则也将对该文字作品的著作权构成侵权，那就是很不相同的另一回事了。国会在此时已经推翻了《汤姆叔叔的小屋》案判决，从而将著作权的保护范围扩展至未经授权不得进行翻译和戏剧改编。如何解读这一立法措施，它究竟是引导法院对《著作权法》作广义解释，从而将著作权所有人的控制范围扩张至任何的不论以何种方式而借用其表达的作品吗？抑或，它是要求对侵权行为的界线作出严格划定的一道禁令，从而只包括图书形式的翻译或者剧本形式的戏剧改编？

霍姆斯大法官在一起案件中处理了这个问题，该案涉及未经授权而根据卢·华莱士（Lew Wallace）将军的小说《宾虚传》（Ben-Hur）拍摄电影。霍姆斯拒绝采用在《汤姆叔叔的小屋》案中所采用的狭隘方法，而是运用一番令人眼花缭乱的逻辑推理，将著作权保护对象在技术上的区别加以排除："戏剧既可以通过动作，也可能通过语言而完成"；根据某一小说而创作哑剧，仍然构成对该小说的戏剧改编，这一点没有人会否认；"如果说《宾虚传》哑剧就是对小说《宾虚传》的戏剧改编，那么，当它以通过一面镜子向观众反射映像的方式——就像有时为了达到恐怖或者神秘效果所做的那样——而不是通过直接的角色表演方式呈现出来时，它仍然属于戏剧改编"。霍姆斯的结论就是："电影无非就是比镜子上的映像稍逊生动而已。"

霍姆斯本来可以用一个更简单的理由来处理《宾虚传》案。在制作电影之前，被告已经安排他人根据该小说编写了电影剧本。既然剧本也是未经授权的，并且根据《著作权法》的规定，这显然构成了一种戏剧改编，因此，在认定该剧本构成侵权的前提下，就能很容易地作出对原告有利的判决。那么，霍姆斯为什么要选择一条迂回的路径，通过哑剧和镜面映像来说明问题呢？答案恐怕就在他的洞见上，即一份判决若仅仅将焦点集中于剧本，将使一种在经济上更具有重要意义的传媒方式——电影的剧场放映——被排除在著作权范围之外。总之，这简直就是布莱斯坦案的再现：一段范围狭窄的制定法用语，犹豫不决的美国国会，以及一位意图在著作权与

42

大众文化之间搭起一座桥梁的最高法院大法官。

　　该判决的焦点集中在《宾虚传》电影的放映而不是电影剧本，这就提出了一个可能令人左右为难的问题：虽然，从霍姆斯判决意见的逻辑上看，侵犯小说著作权的是电影的放映者（exhibitors）而非制片人（producers），但是，在法庭上被告的却是制片人而不是放映者。霍姆斯抓住这一矛盾，将著作权的范围作进一步扩张，以便让法律能够适应这样的环境，即若考虑到为追查许多侵权人所须付出的成本，那么，著作权所有人唯一有效的救济就是，只对那个帮助这些侵权行为得以实现的人追究其法律责任。霍姆斯的推理是：电影制片人使得电影得以放映，那么他就有效地参与了侵权行为，并因此得认定为共犯。"要是被告不算帮助实施侵权行为的话，那么，除非他参与了最终的侵权行为，否则不可能构成侵权。"

　　以传统音符谱写的音乐作品，自1831年以来就受到著作权保护。任何人复制乐谱的，即属侵犯著作权。不过，由于《著作权法》并未提及音乐录制的问题，那么，制作像钢琴纸卷（piano roll）或者唱片之类的录音是否侵犯乐谱的著作权？这个问题回答起来可不那么容易。从一张照片或者一部电影中确定某一作者的人格印记是一回事，但是，要从打有一系列让人看不懂的细孔从而驱动自动演奏钢琴的纸带中，或者从更让人难以理解的唱片凹槽中找到这样的人格印记，则完全是另一回事了。

　　对于用钢琴纸卷复制他们的音乐，作曲家和音乐出版商其实容忍已久。但是，随着钢琴纸卷以及随后出现的唱片威胁到要侵蚀他们从活页乐谱中所获得的收入时，音乐作品的著作权人不得不向国会寻求法律救济了。他们在选择恰当的时机。1905年，国会开始审查1870年《著作权法》，作曲家和出版商看好了其中提议的一项修订案，该修订案将赋予他们一种专有权，以反对制造或者销售任何在机械上"经由特别改造"以便录制音乐作品的设备。

自动演奏钢琴（player-piano）的生产商们反对此项法案，但其反对的理由却出乎人们的意料。他们说，他们并不反对跟作曲家和音乐出版商分享收入；他们抱怨的是，提供著作权保护以反对未经授权录制音乐作品，就等于为支持该法案的一家自动钢琴生产商——埃罗利安（Aeolian）公司——提供了某种行业性垄断。埃罗利安公司显然预见到它能够在机械录制权（mechanical recording rights）上获得一份有利于它的司法判决，于是它从全美各主要音乐出版商那里购买了大量即将通过法律规定的机械录制权。埃罗利安公司、其他自动钢琴公司以及著作权所有人之间发生的三方争议，是著作权法修订计划中最为棘手的一桩事情。而此时，与之相关的一起案件——该案得到了埃罗利安公司的经济支持——正在法院步步推进，因此，国会也乐得推迟通过该法案，等着最高法院采取行动。

怀特-史密斯音乐出版公司诉阿波罗公司案（*White-Smith Music Publishing Co. v. Apollo Co.*）被排在最高法院1907年开庭期。阿波罗公司是一家自动钢琴与钢琴纸卷的生产商，它向最高法院提交的答辩状一开头就引用了惠顿诉彼得斯案，主张美国著作权从严格意义上讲就是制定法的产物，它又引用《汤姆叔叔的小屋》案，以此主张法院必须按照字面含义来适用该制定法。阿波罗公司提出，最高法院不能在法律规定的"复制件"（copies）——在音乐作品的情况下，该词是指以"清晰易读的方式呈现"作曲家在纸上所写的乐谱符号——之外，任意扩张该法律的保护范围。既然钢琴纸卷所呈现的仅仅是一组散乱排列的细孔，无法被人清晰读懂，那么它就不能算是一个侵权"复制件"。音乐出版商则站在他们的立场上主张，如果对其作出不利的判决将有违著作权的宗旨，著作权要保护"他们在谱曲时所产生的智力成果，而在演奏时所产生的旋律，正是作曲家真正的发明"。

最高法院在一份判决中作出对阿波罗公司有利的裁决，而著作权法学者则对此判决痛加挞伐，指其置技术性细节于艺术的本质之上。无论如何，该案也表明了在处理由新技术所带来的著作权问题时，国会与法院之间在权力分配上呈现的一种实际状况。根据最高法院的估算，全美国在1902年使用的此类乐器就有7万至7.5万台，而该年生产出来的音乐纸卷更是高达100万到150万个。因此，现在急需的是一部细加协调的法律，而不是由法院发布一项禁令这样的武断做法，因为这会让成千上万拥有自动钢琴的人们大失所望。

这一次甚至霍姆斯大法官也同意了最高法院的判决。不过，他在协同意见（concurring opinion）中向国会提出建议，其用语毫无疑问表达了他关于如何才是一项良好的著作权政策的观念。他写道，在原则上，任何机械性复制音乐作品中有关"声音合理搭配"的东西，都应当被认为是一个复制件，"或者，当制定法规定过于狭窄时，就应当通过进一步的立法来做到这一点"，除非，霍姆斯在此处可能考虑到了埃罗利安公司的垄断，"除非有某一外部政策因素反对这样做"。

第 2 章 著作权思想史

1908年2月24日，最高法院对怀特-史密斯案作出判决；不出一个月，国会重新启动对前述搁置法案的听证会，而事情发展的高潮是，在1909年《著作权法》中增设一项著作权，禁止未经授权对音乐作品进行机械复制。国会把唱片与自动钢琴音乐纸卷一并纳入新法的调整范围，并且，考虑到人们对埃罗利安公司垄断的担心，遂用强制许可的规定来约束其权利。一旦著作权所有人已经授权某一自动钢琴音乐纸卷公司或者唱片公司对其音乐作品进行机械复制，则任何其他公司均可以对该音乐作品自由地制作录音唱片，只要其按每制作一张唱片向著作权所有人付费2美分。

维克托·赫伯特（Victor Herbert）与约翰·菲利普·苏泽（John Philip Sousa）都是当时广受欢迎的著名作曲家，他们作证支持著作权保护，反对未经授权的自动钢琴音乐纸卷与唱片。在一位音乐界律师内森·伯坎（Nathan Burkan）的帮助下，赫伯特在怀特-史密斯案中提交了一份法庭之友意见书。现在，有伯坎律师提供慷慨且通常免费的帮助，赫伯特和他的音乐界同行开始进攻关于未经授权公开表演其作品的难题，而此类表演行为在全国各地成千上万家酒店和舞厅都在发生。他们的维权历程与机械录音权的演进相比，具有两个相同的特征：都遭遇到了由一项新技术所引发的变革，都在某个关键时刻获得了霍姆斯大法官的支持。虽然国会在1897年即已授予音乐作品的公开表演权，但此项权利其实很难执行。首先，1909年《著作权法》规定，某一未经授权的表演必须是公开进行且具备"营利性"，才能构成侵犯著作权。收取门票举办音乐会就是一个常见的例子。但假如是一家餐馆播放背景音乐，这算是"营利性"吗？其次，未经授权的表演几乎遍布于全国各个城市、村镇的酒店、舞厅和餐馆。如果对每一个侵权性表演行为进行监控并且对之提起诉讼，那么，由此所付出的成本将会远远大于任何可能获得的损害赔偿。

在此情况下，作者与出版商之间需要形成一种合作关系，一是通过一个标志性案件，以求对"营利性"要件作出宽泛的定义，二是建立一套有可能从全国范围内监测并收取使用费的制度。其时在欧洲已有此类有组织性的努力的先例，那里的音乐表演权也存在较长的时间。早在1851年，法国的作曲家、作家和出版商已经组成了"作家、作曲家与音乐出版商协会"（Société des Auteurs, Compositeurs et Editeurs de Musique，简称"SACEM"），以便对音乐表演颁发许可证和收取使用费。虽然SACEM在1911年设立了纽约办事处，意图将美国作曲家纳入其中，但由于缺乏利益，集体行动的观念就一直无人重视，直到有一天，内森·伯坎这颗富于想象力的头脑中充满了成立一个美国表演权协会的念头。

1913年10月的一个雨夜，伯坎与9位作曲家、音乐出版商一起在曼哈顿卢乔餐厅（Luchow Restaurant）的一个包间聚餐，共同发起组织美国的表演权协会（受到邀请的一共有35位。而从餐桌旁还留着那么多空位子来看，一定像是这项风险事业的不祥之兆）。出席者中有一位作曲家雷蒙德·哈贝尔（Raymond Hubbell），他后来还为这个新生的协会留下了一段非正式的历史记录。按照他的记载，维克托·赫伯特第一个到场，他"一如往常，精力充沛，热情洋溢，做事快捷急促"，令人一扫任何沮丧之情。其中一位出版商是个英国人，他提议将协会的名称定为"美国作曲家、作家与出版商协会"（American Society of Composers, Authors and Publishers，简称"ASCAP"），但是有一位词作者指出，按照美国的习惯用法，其顺序应该是"作家作曲家（Authors and Composers）"，而不是倒过来。这位英国人不为所动："哦，不过请想想，如果换一种方式，这些首字母将组成的是一个多么美妙的电报代码。"ASCAP由此诞生。

筹建ASCAP和制订行动方针费时4个月，之后，作曲家和出版商们开始实施行动计划，他们先从纽约的咖啡馆和餐馆下手，要求其获取表演许可。卢乔餐厅是第一个被授予许可的；每个月花上13美元，这家餐馆就有权表演ASCAP任何成员的作品了。其他餐馆可不那么好对付，这些餐馆最后还求助于它们自己的组织"纽约饭店餐馆协会"（New York Hotel and Restaurant Association），以抵制任何的所谓其表演属于"营利性"的主张。到1914年夏天，由于他们设想中的谈判已经无路可走，ASCAP已经很明显地意识到，别无选择，只能来一场诉讼了。内森·伯坎以自己作为约翰·菲利普·苏泽的出版商的名义提起诉讼，指控希利亚德饭店公司（Hilliard Hotel Company）开设在曼哈顿的范德比尔德饭店（Hotel Vanderbilt）的餐厅未经许可表演了苏泽所创作的进行曲《从缅因到俄勒冈》（From Maine to Oregon）。一审法院判决支持出版商，但该判决被上诉法院撤销了；上诉法院的理由是，该饭店的表演不能被认为是"营利性的"，因为它并未向餐馆的顾客收取入场费。

两个月之后，百折不挠的伯坎又回到了法院，这次他代表的是维克托·赫伯特。被告则是尚利餐馆（Shanley's），这是一家位于曼哈顿剧院区的餐馆，其夜总会在现场表演的节目中包括一场叫作"甜心"的演出，即出自赫伯特创作的一部音乐剧。一审法院遵循早前苏泽上诉案的先例，作出了对赫伯特不利的判决。上诉法院维持该判决，而这就为该两起案件向美国最高法院提起上诉铺好道路。

最高法院于1917年1月22日作出判决，由霍姆斯大法官撰写一致意见的法院判决。正如《宾虚传》案那样，霍姆斯拒绝被告提出的对《著作权法》作狭义理解的请求。他写道，国会的意图并不是用"营利性"这个限制条件来剥夺作曲家和作家们获得其作品的全部经济价值。"如果著作权项下的权利，只有在对某一表演收取门票时才算受到侵犯，那么它们受到的保护就是不充分的。那些与被告的表演没什么区别的表演就可能发生，从而可能与法律所意图让原告享有的专有权形成冲突，并且甚至破坏该专有权的效果。"

霍姆斯很快意识到这些表演是有价值的。唯一的问题在于，这些价值该由谁得到——作者抑或使用者。

> 被告的表演并不是免费的。它们是公众为之付费的一部分，至于把全部价格都归为顾客在餐馆点菜时想要的某个特定食物，这一事实并不重要。固然，音乐并不是唯一对象，但食物也不是唯一的对象，因为到其他地方去购买同样的食物可能还更便宜。这个对象就是在特定环境中的一次就餐，在这样的环境中，那些交谈能力有限或者嫌嘈杂的人就会产生一种奢侈的愉悦感，而这种感受是在安静沉闷的就餐环境中无法得到的。如果这些音乐对客人付费没一点作用，餐馆早就弃之不用了。如果要为之付费，它只是从公众的口袋里掏钱出来。无论是否付费，餐馆利用音乐的目的就是为了利润，这就足够说明问题了。

商业表演构成"营利性",而随着该原则的确立,ASCAP现在能够回到它的核心任务上了:从被许可人那里收取使用费,然后分发给协会的成员。从一开始,核心的收费机制就是一揽子许可(blanket license),它赋予被许可人自由选择权,即被许可人在支付一笔数额固定的费用之后,可以表演任何收录在ASCAP曲目库中的音乐作品,并且表演的次数不限。一揽子许可要有吸引力,必须使ASCAP的曲目库具有广泛性;被许可人既不愿再费时费力地确定它想要播放的某一首歌曲是否在ASCAP的曲目库,也不想冒着因为猜错而导致的风险,因为这会被某一个不属于ASCAP成员的作曲家或者出版商指控侵权。为了建立一个广泛的曲目库,ASCAP的章程规定,任何作曲家、作家或者出版商只要符合规定的标准,都能够成为其会员。一旦加入,成员就将许可对其作品进行非戏剧性表演(nondramatic performance)的权利转让给ASCAP(这些非戏剧性表演权被称作"小"表演权,以区别于"大"表演权,亦即音乐作品作为某一歌剧或者音乐喜剧的一部分而表演时所涉及的戏剧改编权[dramatic rights]。作曲家和出版商仍然保留该"大"表演权)。ASCAP通过对被许可人表演的曲目进行抽样,确定单个作品被表演的频率,并在扣除管理费用后,将收到的许可收入在成员之间进行分配,分配的依据就是按成员作品的相对流行程度所制作的一张分配表。

ASCAP的运作逻辑,尤其是一揽子许可的逻辑,其实就是垄断逻辑:只有把那些享有著作权的音乐作品全部收录在曲目库,ASCAP才能给予其用户一个一揽子许可,使之能够表演任何音乐作品而不必担心被人起诉。但是,垄断滋生了不满——不仅在美国国会，还有司法部的反托拉斯执法官员。在 ASCAP 也有很多新成员对使用费的分配计算方法颇为不满，认为那些创始成员是在算计他们。但是，因为没有其他任何类似的机构可以参加，他们就不得不另行设法，来对付这个由 ASCAP 的老成员所设计的制度。终于，一项新的技术——收音机——引发了这种不满，也为 ASCAP 的商业运作方式带来了激烈的变化。

ASCAP 理事会准确地预感到，从广播电台获得的收入会很快超过从餐馆和舞厅所收取的费用。ASCAP 的第一步是要确立一个司法先例，判决收音机表演既是公开的，也是营利性的。电台转而求助于它们新成立的行业组织——全国广播组织协会（National Association of Broadcasters）——来维护其利益。广播组织的立场是，从本质上讲，因为在电台的演播厅并没有任何公众出席，所以该表演不能被认为是公开的，并且，由于公众无需为收听节目而支付任何费用，故该表演也是非营利性的。

ASCAP 在第一回合的较量中胜出。班伯格（Bamberger）百货商店为新泽西的一家广播电台提供节目的运行和赞助，作曲家和出版商遂起诉这家商店，并取得胜诉，该判决认定电台表演属于营利性的公开表演。该法院完全根据霍姆斯大法官在赫伯特案中的意见作出裁判，认为原告只需要表明，该电台意图从其节目中获得了某种间接收益，而班伯格通过电台来播出广告就帮助电台做到了这一点。霍姆斯大法官的远见卓识拯救了当时的音乐产业。

随着收音机在 20 世纪 30 年代变得越来越成功，ASCAP 试图通过增加许可使用费来获得更多份额的收入。它认为，既然音乐表演占据了电台广播节目的绝大部分时间，因此，增加收费的这一做法也是公平的。而且，收音机表演正在削减其成员的其他收入来源，显著的例子是唱片或者乐谱的销售收入在减少。广播组织则反驳道，ASCAP的行为构成垄断性的价格固定，而且，无论如何，电台播放就等于是在为乐谱和唱片做免费广告，从而在实际上扩大了它们的销量。(当班伯格提出这个主张时，法院敏锐地指出："我们自己对于电台广告带来各种可能性的看法让我们相信，对于一个新的享有著作权的音乐作品而言，广播将会大大提升该音乐作品的印刷版乐谱的销量。但是，著作权所有人和音乐出版商自己也许才是最好的判断者，以决定采用哪种方式让音乐作品流行起来。")

在广播组织的推动下，司法部对ASCAP提出了一项反托拉斯诉讼，指控该协会破坏了成员与非成员之间的竞争，并且在事实上也破坏了成员本身之间的竞争。一家主要的出版商很快介入冲突，它将自己的作品——几乎占ASCAP曲目表所收录作品的1/3——全部撤回，还发了一通积存已久的怨言，称ASCAP的管理存在歧视，偏袒其老会员。不过，这两项举动无一成功。经过10天时间的听审，司法部可能已经意识到了失败的结局，故要求无限期中止该案审理。而上述这家出版商经过8个月的自行许可其作品的努力，也以失败告终，受挫的出版商仍旧回归ASCAP。与第一回合相同，第二回合的赢家仍然是ASCAP。

随着广播电台从ASCAP所获得的许可即将于1940年12月31日到期，并且预示着届时还得支付更高数额的许可使用费，于是，广播组织者披露了一项新策略：它们将自己成立音乐许可机构，与ASCAP展开直接竞争。1939年9月，广播音乐公司(Broadcasting Music, Inc.，简称"BMI"）宣告成立，这是一个归广播组织者完全拥有的法人。当 ASCAP 提出其新一轮——正如所料，也是价码更高的——使用费支付要求时，广播组织拒绝与之进行谈判，反而致力于建立 BMI 自己的曲目库。BMI 想要引诱 ASCAP 的成员离开该协会，但收效甚微，因为这些成员只愿跟一家主要组织签约，不过，BMI 在与新的作曲家签约方面却取得了成功，因为它直接给作曲家们发放预付金，而不是等到将来才支付使用费。BMI 还买断了拉美音乐的权利，而这正是 ASCAP 在以往所忽视的地方。

1941 年 1 月 1 日，除了几家独立电台仍按照 ASCAP 的条款续约以外，全美国所有电台都停止播放 ASCAP 的音乐。收音机的听众无法再收听时下流行的老歌新曲，而只能欣赏到那些已进入公共领域的古典作品的重新演绎版——斯蒂芬·福斯特（Stephen Foster）[①]的歌曲尤其受人欢迎——以及反复播放的拉美热门歌曲，像"Frenesi""Perfidia"和"Amapola"等。作为广播电台收入的唯一来源的广告客户，却对电台的做法表示支持。ASCAP 的成员则因遭受双重打击而晕头转向：不仅从电台那里获得的使用费在不断缩减，而且唱片和乐谱的销售收入也在减少，这倒是证明了广播组织者所主张的一个经验性事实，即电台广播事实上扩大了音乐作品的销量。

---

① 斯蒂芬·福斯特（1826—1864 年），美国 19 世纪杰出词曲作家，以"美国音乐之父"闻名于世，作品有《故乡的亲人》《我的肯塔基故乡》《美丽的梦神》《噢，苏珊娜》《老黑奴》等两百多首歌曲，其中很多成为广为流传的著名歌曲。

广播组织者早就声称 ASCAP 是在虚张声势，而现在它们真的赢了。到 1941 年 8 月，ASCAP 已经准备认输，因此在该年 10 月，双方同意签订一份新的合同，而新合同带给 ASCAP 成员的使用费，只是其在不到两年前所提议收取使用费的三分之一略多。不过，ASCAP 的使用费收入在 1943 年大幅反弹，超过了它在受到电台抵制之前的收入。

在这场电台大战的喧嚣之中，司法部也没有放松对 ASCAP 的监管。1940 年 12 月下旬，正当 ASCAP 与电台之间的许可合同即将届满之际，政府宣布其意图准备提起一场反托拉斯诉讼——这次 BMI 与 ASCAP 都成为被告——指控它们违反《谢尔曼反托拉斯法》（Sherman Antitrust Act）的八大罪状。一个月后，BMI 与政府达成和解，在双方同意判决书（consent decree）[①]上签字，而该项判决的条款将控制 BMI 在今后的运营活动。ASCAP 又硬扛了一个月，最后也同意和解。这份判决禁止 ASCAP 干涉其任何成员向那些希望与之直接交易的使用人颁发非独占许可。正如数十年前用强制许可来抑制埃罗利安公司的垄断，这份判决按其后续修改的文本所示，允许将来的某一被许可人在其因许可费而未能与 ASCAP 达成协议时，可以向联邦法院提出申请，请求就"合理费用"作出一个有约束力的裁决。

ASCAP 从卢乔餐厅的一次小型聚餐会上起家，发展到它现在的经营规模，每年收取超过 10 亿美元的使用费，用于向超过 60 万

[①] 指经法庭核准，被告同意终止其违法行为，政府同意不再追究并撤诉，法庭据此所作的判决。

的作曲家、词作家和出版商成员进行分配,而当人们回顾 ASCAP 的历史时,这个成功的要素是非常显眼的:那就是艺术家——作家与作曲家——在它的日常工作中发挥了核心作用。自 20 世纪 40 年代以来,作家与作曲家相继担任了 ASCAP 的主席一职,其中包括莫顿·古尔德(Morton Gould)[①]、哈尔·戴维(Hal David)[②]、迪姆斯·泰勒(Deems Taylor)[③]和奥托·哈马克(Otto Harbach)[④]。作家与出版商共同参加理事会。每当提起一项侵权诉讼时,通常是以作曲家而不是出版商的名义,更是从来不用 ASCAP 的名义去起诉。凡是涉及该协会成员利益的国会听证会,几乎没有一场被轻易放过,都会由流行歌曲作者或者作曲家去作证。

　　ASCAP 把创作者放在显著地位并非出于偶然。当英国议会对试图保持其永久性垄断的出版商公会表示断然拒绝时,出版商们就知道,他们要想获得成功的最好机会,还是得和作者联合起来,并且允许作者加入他们这个在以往属于封闭排外型的公会当中。这种

[①] 莫顿·古尔德(1913—1996 年),美国作曲家、指挥家。其大部分作品借鉴了爵士乐、流行音乐和民间音乐的元素,以美国生活为主题。1995 年凭借管弦乐《弦乐工厂》(1994 年)获普利策音乐奖。
[②] 哈尔·戴维(1921—2012 年),美国著名流行歌曲词作家。因共同谱写电影插曲《雨点不停落在我头上》而摘第 42 届奥斯卡最佳原创歌曲奖,并凭借 1969 年为百老汇歌剧《承诺,承诺》创作的插曲获得戏剧托尼奖。
[③] 蒂姆斯·泰勒(1885—1966 年),美国 20 世纪上半叶最著名的音乐家之一,除了作曲,还是电台评论员、作家和教育家。在迪士尼公司 1940 年的经典电影《幻想曲》(Fantasia)中担任主持与讲解人而闻名于世。
[④] 奥托·哈马克(1873—1963 年),美国著名音乐人,为五十多部百老汇音乐剧担纲作词,代表性作品包括《烟雾弥漫你的眼》等。

诉求是以情动人——公众一旦想到一位艺术家在阁楼上孤身奋斗的形象，他们的同情心就会被激发起来——但其实也是理性使然。著作权事涉作者，关系到维持创作的条件，以便让一位艺术家能够挖空心思，凭空创造出一首《阿巴拉契之春》（Appalachian Spring）的歌曲、一本《太阳照常升起》（*The Sun Also Rises*）的小说、一部《公民凯恩》（*Citizen Kane*）的电影。在一种由市场所决定的文化当中，创造性作者是其核心。

在20世纪中叶以前，每当著作权遭遇一项新技术时，作者的存在以及有关作者的观念在其中起着主导作用：米勒大法官在观察由萨罗尼所拍摄的奥斯卡·王尔德的肖像时，称之为"新颖、和谐、独特而优雅的照片"；霍姆斯把布莱斯坦案中的海报认定为"艺术家个人对于自然的反应"；在对尚利餐馆提起诉讼的案件中，作曲家维克托·赫伯特及其狂热的支持者们起着十分重要的作用。

著作权在接下来与另一项新技术发生的重大遭遇，即1968年针对未经授权的照相式复印行为所提起的诉讼，仿佛就是ASCAP与电台之间冲突的重演——利用一个精心布置的标志性案件，对艺术家们的境遇进行戏剧性夸张，而一帮雄心勃勃的作者与出版商结成联盟，共同对付那些毫不掩饰的盗版者。然而，当一家巴尔的摩的出版商，即威廉斯·威尔金斯（Williams & Wilkins）公司[①]起诉国家医学图书馆（National Library of Medicine）和国立卫生研究院（National Institutes of Health），指控后者对其医学杂志上的

[①] 该公司于1998年被荷兰威科（Wolters Kluwer）收购后，与另一家公司合并成立利平科特·威廉斯·威尔金斯出版公司（Lippincott Williams & Wilkins）。

文章进行照相式复印时,却没有任何作者——甚至没有其他的出版商——来为它加油打气。当著作权的核心与照相式复印机相遭遇,结果却并没有引起创造性艺术家们的普遍呼吁,甚至没有对盗版者的普遍谴责。该案件的进展实在是取决于那位非常固执的男子——威廉斯·威尔金斯公司总裁威廉·穆尔·帕西诺(William Moore Passano)——的意志和精力。

第3章 花五十块钱收十块

在威廉·帕西诺的侄子麦克·帕西诺（Mac Passano）家的客厅里，挂着一幅祖传画像。画像是约瑟夫·达·帕西诺（Joseph da Passano）在离开意大利热那亚，挈妇将雏远赴美国创建新家园前夕请人所绘。画面上的这位是罗马宗教法庭（Ecclesiastical Court of Rome）的法官大人的儿子帕西诺，他正端坐在一张书桌旁边。他支着胳膊所形成的角度，就把观众的目光引向他肘边的一张碎纸片，上面写着一句神秘的口号："我就是疯狂的帕西诺。"

在他编写此后四代的家族历史时，威廉·帕西诺推测过这句话的意思。从各方面看，约瑟夫·达·帕西诺都算是家族中的败家子。难道这些奇怪的词句意味着他是因为怒吵一场而离开热那亚的吗？或者，他只是在怀疑，这样远渡重洋到美国是否理智？"我的预感是，两者兼而有之"，他的后代这样写道。1865年，约瑟夫·达·帕西诺死于马里兰州巴尔的摩市，埋葬在那里的青山公墓。

1963年1月，威廉·帕西诺成为巴尔的摩市的一位出版商，接任威廉斯·威尔金斯公司的总裁，该公司是一家医学出版社，由其父创办于1909年，作为其家族印刷企业的一个分支。帕西诺是被培养当工程师的，因此他很早就涉足印刷业务了，比如监督安装新的莱诺铸排机，测试新的凸版印刷机，或者招募一位新的研发主管来监测新的印刷技术。但是，他对于即将让他的出版商生涯深陷其中的这项新技术，却没有做好任何准备：这就是施乐914复印机

52 （Xerox 914 photocopier）。这种在1960年问世的高速复印机器，制作复制件质优价廉，而且高效迅捷，表现远胜于以往的技术。出版行业的业务早就从印刷业脱离出来，两者已经相隔很远，犹如赌马与养马是两个行业那样。印刷行业涉及的是人工劳动与物质资料。你是跟竞争对手在同一层面较量：由于在劳力、油墨、纸张和打印上面临着相同的支出，竞争对手很难把价格压得比你低。出版业的风险则要高得多。而做图书出版的话，你得对自己的行为有这样的信念，也就是你有能力挖到足够多的能够赢利的图书，来弥补那些频繁出现的亏本图书。你还必须有信心，认为法律会保护你阻止那些偷猎者，他们试图重印你那些做成功了的图书，既不用冒着风险去出版不那么流行的图书，也不必向作者支付版税。

有一位雇员告诉帕西诺，说美国政府的国家医学图书馆每年都从威廉斯·威尔金斯公司出版的期刊中复印成千上万篇文章，既不经同意，也不付费，而帕西诺闻听此言，勃然大怒。"我可不想被人看成是个软柿子。你知道吗？流浪汉会在人家的门柱打上一个标记，表示'住在这家的人乐善好施'。我可不想被人看成是这样的人，他们拿了我的钱还能得逞。"帕西诺的儿子对此直言不讳。他说，他的父亲"在原则问题上，为了收回10美元而宁可花上50美元"。帕西诺本人对此亦不予否认。

按照威廉·帕西诺的工程师思维，这里还有一种比可获利性更成问题的东西。帕西诺认为，如果享有著作权的作品可以被人复制而不向生产者付费，那么，一定在哪里出了差错，导致了某种不平衡。他也感到苦恼。他知道必须为此大声疾呼，但他对前景也感到害怕（多年以后，当他撰写家族历史时，他把自己的怯场归结为早年从事印刷工作过程中的一次意外事件,那时他的父亲还掌控着整个公司。他受到邀请——他是这样认为的——向位于纽约市的美国机械工程师协会 [American Society of Mechanical Engineers] 宣读一篇关于工资激励的论文。"正当我迈步上台准备发表我的演讲时,会议主席对我说:'哦,我想我邀请的是你父亲来参加这次活动。'")。然后,他还是决定将复印问题向图书馆这个圈子摊牌,而事实上也做得一点儿也不疯狂——他对图书馆团体演讲、向其他出版商同行劝谕,还到国会作证。对于出版商尤其是医学出版商而言,在这个问题上与图书馆对抗,就等于在得罪自己最好的客户。因此,没有一个医学出版商站到帕西诺这边,也就不足为奇了。一度,正当胜利的前景就像一条弧线向上攀升至令人振奋的高点时,他听到了这样一则令人寒心的谣言,说全国的医学图书馆正准备抵制他的全系列杂志。

帕西诺主张,图书馆未经许可不得进行复印,而支持这个主张的,就是两个世纪以来的著作权。随着录音机、收音机和电视机之类的新技术为那些享有著作权的作品开拓出新的市场,国会即便姗姗来迟,通常还是提议应当扩张法律的范围,将新的使用方式纳入其中。不过,帕西诺还必须考虑到一个比前述法律和历史而言更加强大的背景,因为正是这一背景,很快使美国的著作权制度陷入一片混乱。对于录音唱片和电台电视广播,权利人还能找到这些源头,也比较容易确定其身份,并且向它们发放使用许可。但是,复印机就不一样了:这是第一次出现这样的技术,它使得人们可以脱离任何人的视线或者控制,在全国成千上万个办公室和图书馆制作复制件。假如为每一份复制件而欠付的费用很小,但执行起来却对隐私造成极高的威胁,那么,国会还会为此规定法律责任,并且让法院按照规定去强制执行著作权吗？

帕西诺所受的工程师训练告诉他，一个不稳定的结构迟早会倒塌。他从很早的时候起，就看到了商业世界歧视妇女的这一缺点。于是在他执掌威廉斯·威尔金斯公司时采取的早期举措之一，就是任命一位女性来担当公司的某一部门主管。"'哦，帕西诺先生，你不能这样做。男人不能听命于一个女人。'我说，'你真是疯了。男人们从裹尿布时起就一直听命于女人。'"但是几年等下来，复印不付费的反常现象还是立而不倒，他开始担心，这是一个不会由于自重而倒塌的结构性缺陷。除非国会或者法院下命令，图书馆拒绝改变其复印的做法。而那时国会忙于修订1909年《著作权法》，并正陷于僵局。在参议院知识产权小组委员会作证时，帕西诺引用了他所喜爱的老奥利弗·温德尔·霍姆斯的一段诗：

> 逃避旧念纵徒劳
> 良心要向行为弯腰
> 十诫稍不有更改
> 偷盗的还接着偷盗

帕西诺还记得，小组委员会主席、来自阿肯色州的参议员约翰·麦克莱伦（John McClellan）盯着看他的眼神，仿佛在说，"嗨，你这个自作聪明的家伙！"

既遭到顽固的图书馆团体的回绝，又在无动于衷的国会受到冷遇，这位热那亚疯狂移民的玄孙和初露头角的巴尔的摩出版商，为了解决公共政策的重大问题，最后转向独有的美国机构去寻求救济：提起诉讼。1968 年 2 月 17 日，他不顾出版界同行的警告，终于一纸诉状，以侵犯著作权为由将国家医学图书馆和国立卫生研究院告上法庭。这一场冒险行动最终将他和他的事业带到了美国最高法院。根据《华盛顿邮报》的一则标题新闻，此项争议被列为最高法院案件名单之首。"近年来还没有几个案件"，这篇文章评论道，"能够像这个叫作威廉斯·威尔金斯出版公司诉美利坚合众国（*Williams & Wilkins Co. v. The United States*）的著作权案件那样具有挑战性与重要性"。因为威廉·帕西诺选择起诉联邦政府，所以他将诉状递交至索赔法院（Court of Claims）①，这是一家可以受理对合众国政府提起著作权诉讼的一审法院。这份诉状经过盖章、收档，最后交到了初审法官（Trial Commissioners）②詹姆斯·F. 戴维斯（James

---

① 一家专门审理起诉合众国政府案件的联邦法院，设立于 1855 年，初名"索赔法院"（Court of Claims），1948 年更名为"美国索赔法院"（The United States Court of Claims）。该法院于 1982 年撤销，继受其职的是根据《美国宪法》第 1 条组建的"美国索赔法院"（The United States Claims Court），后于 1992 年再次更名为"美国联邦索赔法院"（The United States Court of Federal Claims / 简称"COFC"）。

② "Commissioner"与"judge"同为索赔法院的法官，但在级别与职责上有所不同。1925 年，国会改变索赔法院的结构，授权该法院任命 7 位初审法官（commissioners），其有权在司法程序中听审证据，作成事实认定报告。索赔法院的法官（judges）则构成初审法官的复审委员会（board of review）。1948 年，国会指示，该法院可以指令初审法官就法律认定提出推荐意见。1964 年，此例成为强制性做法。1953 年，国会通过法律，将初审法官（commissioners）人数增加到 15 人。1966 年，增设两名法官（judges），共计 7 名法官。而到 1982 年成立的美国索赔法院（即今日的"美国联邦索赔法院"）则完全转变为联邦法院，仅设 7 名法官（judges），上诉审则改由同样新设立的联邦巡回上诉法院（United States Courts of Appeals for the Federal Circuit）受理。

F. Davis）的手上，他是该法院 15 名初审法官中仅有的两名知识产权专家之一。戴维斯负责审查当事人的审前动议和证据开示，并且主持案件审理，确认案件事实，以及最终决定何方胜诉。戴维斯时年 36 岁，是该法院最年轻的法官，但他的工作记录却非常出色：在从事该工作的一年多时间里，戴维斯审判的知识产权案件无一被索赔法院推翻。

国家医学图书馆收藏有大量的医学图书和期刊。它是图书馆中的图书馆，因为它以馆际借阅的方式向其他图书馆开放其收藏的图书。1957 年至 1961 年间，该图书馆"借出"的作品有 352262 份，其中的绝大部分亦即 301528 件是以复印件的形式出借的。国家卫生研究院是一家由专门性医学研究所共同组成的联合体，拥有自己的图书馆，也可以为其研究人员制作复印本——到 1970 年，其复印总量接近 100 万页。这些机构对于可能承担的著作权责任也并非毫不在意。其实早在 1957 年，国家医学图书馆馆长马丁·卡明斯（Martin Cummings）就预见到，"几年之后，这个问题迟早都会被带到法院经受检验，这是有可能的，即便在事实上不太可能"。

1967 年 4 月 28 日，帕西诺致函卡明斯，称威廉斯·威尔金斯公司将同意国家医学图书馆复印其杂志上的文章，许可使用费是每页 2 美分。卡明斯将此信转呈卫生教育与福利部（Department of Health, Education, and Welfare）的总法律顾问，并很快函复卡西诺，称将在同一时间停止复印该公司的杂志。一个月之后，卡明斯明确回复："本馆认为，长久以来形成的为学术目的进行复印的做法，系对享有著作权材料的一种合理使用，因此，本人已指示图书馆工作人员，本馆将一如既往，继续提供此项服务。"

第3章 花五十块钱收十块

作为一位著名的内科医生，又有担任肺结核病研究员的长期经历，马丁·卡明斯在他于1964年调职国家医学图书馆出任馆长之前，就已经在国立卫生研究院担任过长达3年之久的高级行政管理职务。在该图书馆工作的3年当中，他的主要项目就是监督安装一套新的计算机系统——卡明斯在后来的回忆中称之为"胜任愉快"的岁月——而他突然发现，自己的所作所为不仅是为了国家医学图书馆，也为了国立卫生研究院，现在反倒在复印争议案中成了替政府挨打的出头鸟。在令人沮丧的6年里，这个争议占据了他大部分的工作时光。

大约在收到卡明斯的第二封回函时，帕西诺正在纽约市参加一场著作权会议，他在那里碰巧遇到一位叫作艾伦·莱特曼（Alan Latman）的律师。莱特曼毕业于哈佛大学，师从著名的本杰明·卡普兰（Benjamin Kaplan）教授学习著作权法，并且像卡普兰的许多学生那样，他也被著作权的典雅与奥妙所吸引。在其21年的执业生涯中，他有幸从未想过离开这个领域太远。

虽然帕西诺在那时并不知情，但莱特曼其实也已经成为美国在合理使用理论上的一流专家，而主导帕西诺跟这两家政府图书馆发生争议的案件的，正是这一理论。合理使用是一个司法上的安全阀，它授权法院就某些针对著作权材料的引用或者复制行为而给予免责，即使这些行为按照《著作权法》的字面规定是被禁止的。在1958年为美国版权局所撰写的一份研究报告中，莱特曼分析了美国法院的每一份涉及合理使用的判决——该项原则可谓源远流长，最早可以追溯到1841年的那份判决。约瑟夫·斯托里大法官正是在该判决中思考了著作权的形而上学问题。他进而评论道，法院允许作者出于多种理由以及在各种各样的情况下，可以引用享有著作权的材料，无论是在滑稽模仿、新闻报道还是在学术研究中。这种属于合理使用的复制，还包括出于批评或者个人学习目的所做的复制件。但是在图书馆复印这个问题上，法院和评论家们都保持缄默，莱特曼在研究报告中亦未提及。

习惯对于合理使用而言具有重要意义。如果著作权所有人通常默许他人实施某些复制或者引用，则仅凭这一点就是证据，证明该使用既合理且公平。可想而知，这样的习惯将为威廉斯·威尔金斯案蒙上一层阴影，因为图书馆与出版业的代表曾于1935年达成君子协定，其中明确表达了双方达成的谅解，即根据当时的技术而在一定范围内所做的复制是可以被允许的。该协定表示，只要图书馆未从该做法中获利，它就可以针对那些享有著作权的材料而为一位学者制作"单独一份照相式复印的复制件"，该学者则必须以书面形式声明，他需要该复制件"是作为该出版物借阅的或者手工抄写的替代，并且仅仅出于研究目的"。在碰到莱特曼后不出一个星期，帕西诺就问他，是否有兴趣在一起控告国家医学图书馆侵犯著作权的案件中担任其公司的代理人。莱特曼立即热情回复，表示同意。公司的常任律师埃本·珀京斯（Eben Perkins）并不是著作权法专家，于是他告诉莱特曼，公司想让其在这个案子上挑大梁。

7月11日，帕西诺与珀京斯赶往国家医学图书馆的所在地贝塞斯达（Bethesda）①，向馆方提交关于收费的正式请求，而此时，卡明

---

① 属于马里兰州靠近首都华盛顿的一座城市，一译"毕士达"，美国国立卫生研究院（NIH）总部在此。

斯已经掌握了对方所不了解的某些情况。1962年，他手下的一名工作人员调查了该图书馆所收藏期刊的著作权所有人，并且确定，其中大部分期刊的著作权归专业医学协会所有；该图书馆经常复印的期刊中，也只是一部分归威廉斯·威尔金斯这样的商业出版机构所有。该工作人员做了计算，如果按每页2美分计算，图书馆每3个月需要支付给威廉斯·威尔金斯公司的总费用，也不会超过300美元。图书馆每年从所有出版商的杂志中复印约100万页，若按每页2美分支付使用费，则将为此总共支付2万美元。"这不过是一笔小钱"，卡明斯说。"我们负担得起这笔钱，干脆把这件事一举解决掉算了。"

然而卡明斯还是拒绝了威廉斯·威尔金斯公司提出的按每页2美分支付许可费的要求，这是为什么呢？帕西诺与珀京斯在这里可能对这位馆长发生了误判。尽管卡明斯在来华盛顿之前的全职工作是一名内科医生与医学研究员，但他现在却强烈认同其他同行馆长们的看法。"当我就此问题与其他图书馆馆长以及其他有兴趣的人讨论时"，卡明斯回忆道，"他们指出，我们只是整个图书馆界的一小部分，如果按每页2美分的收费标准适用于全国的话，那将是一个相当巨大的数额了，因此，如果国家医学图书馆在其他学术性或者公共图书馆不参与的情况下同意支付使用费的话，将是不公平的"。1967年6月24日，研究型图书馆协会（Association of Research Libraries）经过投票表决，支持卡明斯的决定，即使面临威廉斯·威尔金斯公司的付费请求亦依然继续提供照相式复印。5天以后，美国图书馆协会（American Libraries Association）也进行投票表决，支持国家医学图书馆。

对于对方性格的误判是双向的。如果卡明斯想到的是，当帕西诺计算出按每页2美分收费只能获利微薄，从而就会打消起诉的念头，那么，他对帕西诺也做出了误判，因为这是一个为了收取10美元而宁愿花上50美元的人。卡明斯还采取了一个错误的步骤，他邀请帕西诺和手下工作人员来参观图书馆的照相式复印做法。"这简直是一个天大的错误，因为我认为，要是他们不来参观，他们的感受就可能不会像现在那么强烈。他们看到的是一个工厂规模的复印，这可能真正触动了他们。当你看到所有这些复印都是在一个非常精密的条件下发生时，我猜你可能就会担心，这将对你造成经济上的影响。"

看到图书馆像个实际上的印刷厂，这可能是给帕西诺的愤怒火上浇油，但他之所以在此时起诉政府，还有一个战术原因。国会近来修订的《司法法》(*Judicial Code*)，首次将合众国政府纳为侵犯著作权诉讼的对象。该规定提供的一种救济手法，引起了莱特曼及其合伙人阿瑟·戈林鲍姆（Arthur Greenbaum）的注意。在针对私人侵权者的著作权诉讼中，胜诉的著作权所有人几乎都能理所当然地获得禁令救济，但与之相反，《司法法》第1498条禁止对政府采取禁令救济，只是规定著作权所有人可以获得"合理而全面的补偿"。这一条款与威廉·帕西诺的设想完全吻合，因为他的目的并不是要阻止科学信息的流通，只是要为使用他的财产而获得公平补偿。

一场诉讼针对两家图书馆，这确实具有战术难度。为了计算"合理的补偿"，威廉斯·威尔金斯公司就得从图书馆已经复印的成千上万篇期刊论文中具体确定每一篇文章。莱特曼认为，最好的策略是将诉讼步骤一分为二。第一步，他将仅仅寻求法院认定，未经授权进行复印构成侵犯著作权,而要获得这一原则性认定,成百上千个侵权事实固然是证明,但提供少数几个侵权事实同样可以达到证明目的。第二步,在法院认定侵权的基础上,再通过清点全部的侵权事实来计算图书馆的金钱赔偿责任,而他希望真到了那个时候,图书馆就会自愿签订一份许可协议,涵盖威廉斯·威尔金斯公司的所有杂志,这样就节约了由该公司逐个计算侵权事实的成本。

但是,万一这两家图书馆除了威廉斯·威尔金斯公司在起诉状中已经具体指认的文章之外,拒绝就任何其他文章获取许可,那又怎么办呢?为了防止出现这种情形,莱特曼采取了一项具有创意的策略。他在诉状中除了提出7项具体的侵权事实指控,还提出第8项其他请求事项,其中声称,"根据相关信息并确信",被告"还侵犯了原告的其他著作权,因其复印、印刷、重印、出版、发行和销售了分别属于前述著作权对象的作品"。他会要求"法庭允许其根据所发现的该等其他作品而修正其诉讼请求"。威廉斯·威尔金斯公司只需提交七篇被复印的文章样本,就履行了举证义务;而其余大量的侵权事实,则取决于政府在审前证据开示阶段所提供的书面材料。

莱特曼第8项的其他请求事项也存在一定问题,因为《著作权法》并不允许钓鱼取证(fishing expeditions)①。不同于集团

---

① 一译"远距离求证",指利用法庭审讯获取超过案件合理范围的信息;向证人提出松散的、含糊的、不明确的问题,或在法庭调查阶段过分扩大调查范围;试图以含糊的、松散的辩解或以怀疑、猜测来查明事实;仅为寻找证据和证人而请求法庭命令对方当事人提供书籍、文件、著作等做法。联邦立法对此做法设有限制。参见《元照英美法词典》该项条目。

诉讼——例如，因缺陷产品而遭受损害的某一购买人，可以代表一大批并未列具姓名但购买了同样产品的个人对制造商提起诉讼。《著作权法》要求著作权所有人对于主张遭受侵权的每一个作品均须一一提交著作权登记证书。若无登记证书，法院即对此无管辖权，遑论接受其诉讼主张了。

法院接受了政府方面提出的关于驳回其他请求事项的动议，而莱特曼也立即增加新的第 8 项请求，声称有一篇名为"男性肝脏静脉闭塞"的具体论文遭到了侵权，该文章刊载于《医学》杂志（*Medicine*）。随着公司的诉讼请求作出此番修理，戈林鲍姆开玩笑说，就算我们在索赔法院胜诉，也只是意味着"我们也许可以收到 8 美元 12 美分"。

由于目前诉讼针对的只有 8 篇期刊文章，所以对莱特曼来说，证明政府图书馆对每一篇文章复印了不止一次，就显得尤为重要。然而在那时，帕西诺还只能确定图书馆复印了一份复制件的情形——这恰恰是 1935 年的君子协定所允许的行为。莱特曼催促帕西诺安排一位手下去调查国家医学图书馆的记录，以发现进行多份复印的证据，但被帕西诺拒绝。部分原因在于，他担心这样做会引火烧身。他认为，法院可能抓住那些涉及多份复印行为的零星证据，作为区分不同情形的理由，从而认定多份复印行为构成侵犯著作权而单份复印则属于合理使用，但是这样一来，他就无法在最主要的问题上，即针对一次复印一份的行为而获得法律救济。而且，帕西诺发现没人愿意承担这项调查任务。"我们已经决定"，帕西诺在给莱特曼的信中写道，"我们更倾向于把我们起诉政府的成败依据确定为，一篇文章只复印一份的行为究竟是否侵犯著作权"。

第3章 花五十块钱收十块

准备一起重大案件的审理，这似乎从来就不是一帆风顺的。法院驳回了综合性的第8项诉讼事项，而帕西诺决定不就多份复印问题提供书面证据，这些都不利于莱特曼推进该案。更多令人震惊的事情也接踵而至。1968年6月，最高法院对双周刊公司诉联合艺术家电视公司案（Fortnightly v. United Artists Television）作出判决，认定一家有线电视系统在未经著作权所有人同意的情况下转播由当地电视台播放的电影，并不构成侵犯著作权。莱特曼明白，《著作权法》所授予的专有权包括"进行表演"的权利（这是双周刊案所涉及的问题）和"进行复制"的权利（这是威廉斯·威尔金斯案的主题），而这两者之间是有区别的。但是，最高法院只在很少的情况下才就著作权问题发表意见，而一旦发表，就会造成一种远超个案事实本身的法律氛围。双周刊案判决所营造的氛围是，在某一新技术条件下使用著作权作品的，免于承担责任，而这跟帕西诺的诉讼请求几乎格格不入。"即便不说该判决的文字，就是它的精神，肯定会在诉讼的某个阶段被用来反对我们的"，莱特曼对埃本·珀京斯这样写道。

还有更多令人不安的消息。随着向法院呈交证人证言的工作顺利推进，5月，莱特曼向帕西诺报告了在法院最新呈交的证人证言，并且"更有意思的是"——他尽可能语带轻松地说出这个惊人的消息——他根据与政府官员讨论的内容而做成的简报显示，在威廉斯·威尔金斯公司所出版杂志上发表的大部分研究成果，获得过联邦资助的支持。"我们现在知道了，从1965年7月1日开始，在《公共卫生署政策》（Public Health Service Policy）中包含一项明确的规定，授予联邦政府一种非独占的免费许可（non-exclusive royalty free license)，对于受公共卫生署资助所产生的出版物可以进行复制和作其他使用。"在威廉斯·威尔金斯公司起诉状所提到的8篇文章中，有5篇文章的撰写受到过公共卫生署的资助，其中，有1篇是在这份明确授权政府可以免费复制的政策通过之后才撰写的，而根据政府方面所称，其余4篇在写作时，也已经存在着一个关于免费复制的默示许可（implied license）。莱特曼的注意力集中在有关默示许可的主张上，他问道："有关对联邦政府授予许可，这样的明确用语究竟是改变了以往的做法，抑或仅仅是将以往的做法上升为法律？"

律师当然可以用这种或者那种方式来回答这个问题，不过，对于明示许可与默示许可在法律上的区别，帕西诺却感到没什么帮助。从一开始，他所在意的就不是过去而是将来；要是将来真有一项明确的规定，针对政府资助研究所产生的文章则给予政府一项免费复制的许可，那么将意味着，在他那些杂志上所发表的期刊文章中，多达四分之三的文章都属于国家医学图书馆和国立卫生研究院可以免费复印的了。

倘若能赢得一场司法判决，确保能够从将来的复印中获得许多倍的收入，那么，现在花50美元才收回10美元，可能也不算是一桩赔本的买卖。但是，公共卫生署的新政策是一个不可否认的事实，无论感觉多么痛苦，工程师思维还是让他很快就承认了这一点。这项政策既没有作出细微区别，也不存在灰色地带。所谓帮助，自可以予取予夺，现在，政府就夺走了帕西诺从威廉斯·威尔金斯公司杂志所发表的绝大部分文章中获得回报的预期。"我真是怀疑，如果我们在起诉联邦政府之前就知道现在这些情况"，帕西诺给莱特曼写道，"我们真希望从未打过这场官司"。帕西诺列出了处理本案的若干方式，其中的第一选项就是，"此时此刻立即停止诉讼，不要再花大钱来赚小钱了"。

莱特曼花了一个星期来思考形势，并与其他合伙人商议。6月10日，他致信帕西诺，提议继续诉讼，并且提出两条，一要增加新的诉讼请求，以涵盖那些没有受过公共卫生署资助的文章；二要反击政府方面提出的这个主张，即认为对于1965年之前由公共卫生资助的研究成果享有进行复制的默示许可。但是，他建议将1965年之后发表的文章从诉讼请求中清除，因为这些明显受到明示许可的约束。帕西诺对此表示同意，但仍有所顾虑。"我们也同意"，他在给莱特曼的信中写道，"我们将最乐于看到达成一项庭外和解，但是，以此方式取得积极成效的可能性太小了，我在怀疑是否值得在这上面花费那么多的时间和金钱"。

这个案件本来是轮廓清晰的，但现在由于法律上的微妙变化，开始变得界线模糊、胜负难定了，于是，帕西诺开始考虑采用一种工程师的解决方案，以应对可能出现败诉的情形。1970年4月，他向莱特曼出示了一本《医学》杂志，这是他用一种特殊的"干扰"（noisy）纸印制的，确保无法再用照相式复印机进行复制。帕西诺所要表达的愿望就是，"我们并不必然采取这种反导弹式的反制行为，但是，我们可以用它来替代打赢官司"。莱特曼认为，这种纸"确实棒极了，只是它让读者有点儿伤眼神"。4年之后，当该案件还在等待最高法院的判决时，帕西诺仍然坚持要采用他这个工程师式的"王牌方法"。

而在当时，莱特曼并不关心技术手段。他必须为这个案件构想出一套法律理论，也就是用某个原理再加上能够产生法律效果的这些事实，以便说服初审法官戴维斯作出有利于其当事人的判决。最简单的也是教科书式的办法，就是让本案成为初步证据案件。《著作权法》第1条（a）款规定，未经著作权所有人同意而复制某一享有著作权的作品的，系不法行为，而威廉斯·威尔金斯期刊上的每一篇文章都是享有著作权的作品；国家医学图书馆和国立卫生研究院未经威廉斯·威尔金斯公司的同意，复印了这些文章。政府唯一能够解脱责任的途径就是适用合理使用规则。但是，自从在图书上创设合理使用规则以来，已经过一个多世纪，还没有任何法院将合理使用规则适用于对某一作品全部复印的情形。

尽管将本案认定为初步证据案件，在逻辑上看是有说服力的，但是，莱特曼与戈林鲍姆明白，对方有可能针对初审法官戴维斯的判决提出上诉，如果那样，他们还需要准备更多的东西，才能让这个案子经受住联邦法官在复审案件时所作的严格审查。两位律师知道——帕西诺也会随时提醒——他们必须解释，不仅法律支持他们，而且正义也在促进他们的事业。莱特曼和戈林鲍姆要把该案做成具有初步证据的案件，同时他们也会提出主张，认为这些照相式复印替代了人们购买威廉斯·威尔金斯的杂志，这就等于把帕西诺费时费力做出来的东西免费给了研究人员，同时减少了杂志的订阅数量。戈林鲍姆回忆道："我们投入大量精力，是要形成这样一种解释，即国立卫生研究院和国家医学图书馆的复印将对威廉斯·威尔金斯公司造成怎样的伤害。"他们连花钱聘请专家的事都免了，"因为帕西诺本人就能解释他正在遭受怎样的伤害。他比任何人都更懂得这个行业；他能够对此做出解释"。

第3章 花五十块钱收十块

1970年9月9日，星期三，威廉斯·威尔金斯诉美利坚合众国案终于开庭，地点是坐落于白宫对面拉法叶公园的索赔法院，庭审在该法院一间嵌有上等橡木的审判庭进行，持续6天之久。莱特曼的第一位证人就是威廉·帕西诺，这位大高个男子，秃顶，戴玳瑁边眼镜，蓄大胡子，倒使他本来冷峻的风度显得温和不少。

莱特曼首先引导他的当事人介绍了公司和业务。帕西诺解释道，威廉斯·威尔金斯公司属于韦弗利出版社（Waverly Press）的一个分支机构，这个家族印刷公司的印刷收入实质上超过了它的出版收入。它的37种期刊中，大部分是由威廉斯·威尔金斯公司与专业医学协会共同制作出版的。例如，美国免疫学家协会（American Society of Immunologists）发起创办了《免疫学杂志》（Journal of Immunology）。通常，由一个医学协会委任一个编委会，后者决定在该杂志上发表的稿子。"然后他们将手稿交给出版社，我们就从这一刻起接手此事。"所得利润在协会与威廉斯·威尔金斯公司之间分配。

莱特曼将话题转向案件的核心。"让我们回到大规模复印上来，如果有的话，你会发现由图书馆所实施的这种复印，到底造成了哪些潜在的影响呢？"帕西诺回答道，复印造成的影响是阻碍了订单数的增加以及重印版和过刊的销售。

莱特曼：你能够想到还有任何其他潜在影响吗？

帕西诺：哦，如果控制不了它，它的影响就是切断了我们从复印中收取使用费的可能性，而从某些方面来讲，这都是我们要收的。

莱特曼：在你刚刚提到的这种潜在影响，跟出版期刊所涉及的成本之间，是否存在任何关系？

帕西诺：所谓的制作成本，也就是在一册期刊面世之前所涉及的成本，它在全部成本当中占到百分之五十到六十之间，并且，对于此类期刊，因为它们的订户数量在三千、五千不等，所以，任何导致订户数量减少的事情都得在不断减少的期刊印数上分摊其制作成本，这样一来，每一册期刊的价格，也就是期刊的单价，就会迅速上涨。

就是这些话，帕西诺五年来已经在这个或者那个场合宣扬过了，无论是向国会、图书馆长们、出版商们，还是任何愿意倾听的人。也正是用这些话，莱特曼将下面这套理论紧扣住本案：不加限制的复印替代了期刊订购，从而导致期刊价格提高，吓跑了订户。

托马斯·伯恩斯（Thomas Byrnes）受命担任代理人，为威廉斯·威尔金斯诉美利坚合众国案的被告进行辩护，其时他在司法部专利处（Justice Department's Patent Section）工作还不到5年。伯恩斯在做了6年实习药剂师之后下定决心，"我可不想在实验室终老一生"，于是，他到一所法学院的夜校登记入学——学习"花了四年时间，每周五个晚上，每晚两小时"。与初审法官戴维斯一样，伯恩斯也是高度专业化的专利律师协会的一名会员，他现在的大部分时间是为政府代理专利诉讼案件。威廉斯·威尔金斯案是他代理的第一起著作权案件。"布朗先生在那时主管专利处，我回想他那时可能这样对我讲的，'你想做这个案子吗？'我说，'是的。'在那时，我总是说'是的。'因为我总是渴望接案子来做。"

伯恩斯回忆道，当这个案子到他手里时，他无非是把它当成起诉政府的另一个案件而已。他的不慌不忙让马丁·卡明斯感到不安，因为他知道，原告的律师可是把他们当事人的事情当成影响终身的案件来做的；他担心伯恩斯对此案件不够重视。"我们花了几个月来向他表明，这起案件可能产生多么大的潜在影响。"

也许在一开始，伯恩斯确实尚未能充分认识到该案的重要意义，而且跟莱特曼与戈林鲍姆相比，他也可能经验不够，人手不足（伯恩斯全凭自己一个人来处理该案）。不过，从他对威廉·帕西诺的交叉盘问来看，这些不足之处倒一个都没有显现出来。充分的准备，有时直截了当，有时又精明地迂回出击，伯恩斯巧妙地将帕西诺引向险途，并且不止一条，而是两条路径，它们所引出来的前提条件是，复印的数量随着静电复印机的引入而大量增加了，而这个前提也是帕西诺所同意的。

伯恩斯：这样的说法是否合理，也就是说，如果静电复印或者提供照相式复印对于你的企业具有任何损害性结果的话，那么这种损害性结果也是稳步增强的？

帕西诺：在我来看，是的，这是一种合理的表述。

关键词是"任何损害性结果"。损害性结果就意味着期刊可获得利润的下降吗？如果是这样，那么帕西诺还必须表明利润在事实上已经降低了。或者，它意味着威廉斯·威尔金斯公司流失了订户吗？如果是这样，帕西诺又必须表明，该公司的订户在事实上已经有所流失。

伯恩斯将《免疫学杂志》的财务报告放到帕西诺的面前，并且指出，该杂志显示在 1959 和 1960 年度是净亏损，但在此后均是连年获得净利润，1963 年更是抵销了 1959—1960 年的财务赤字。这些收入的一半来自于本来要分配给美国免疫学家协会的利润份额。

伯恩斯：在 1969 年，《免疫学杂志》赢利 1.69 万美元，并且在 1970 年，你预计将获利 4.5 万美元，1971 年你预计获利 5 万美元，是这样的吗？

帕西诺：在编写这些数字时我确实期望如此。但此后，我的预计就没有那么乐观了。

伯恩斯：不管怎么样，这都是一个很大的提高，是吗？

帕西诺：是的，先生，是这样的。

伯恩斯接着转向订户流失的问题。他向帕西诺出示一份声明，这是帕西诺 1967 年 4 月向参议院专利、商标与著作权小组委员会（Senate Patent, Trademark, and Copyright Subcommittee）所作的声明："我们都知道，复印已经让我们出版的 39 种期刊中的大部分发生了严重的收入减少。"

伯恩斯：你知道，如果按金额计算，静电复印已经给《医学》杂志造成了多少的损失？

帕西诺：我没有用金额计算过。我是根据订阅数量计算的。

伯恩斯：那么按照订阅数量，你采用何种计算方式呢？

帕西诺：分为两个层面。一个是历年以来订户的订阅行为，另一个是订单数量或者订户人数，将它们与我们认为该杂志合理的潜在订阅数量进行对比。

伯恩斯：订阅《医学》杂志合理的潜在数量有多少？

帕西诺：我认为是目前数量的三到四倍。

伯恩斯：你有什么事实依据吗？

帕西诺：因为它被承认为是世界上最好的医学杂志之一。

经过他的这一番抽丝剥茧，伯恩斯断断续续地将话题从复印的损害性结果上引开，把帕西诺引向他所构筑的网络的另一端。帕西诺承认，威廉斯·威尔金斯公司并没有向投稿的作者支付稿酬。事实上，在许多情况下，期刊作者本人为了发表论文，还得向出版商支付"版面费"——由于超出规定的最大篇幅而由作者按页支付一笔确定的金额。伯恩斯问道：威廉斯·威尔金斯公司向作者支付过任何报酬吗？

帕西诺回答道："我们出版了他们写的东西。"

伯恩斯的言下之意是，哪有出版商不必向作者支付版税的呢？如果不是一家由作者自印的出版社，又有什么样的出版商会要求作者为出版其作品而付费呢？著作权法背后的前提是，为了鼓励作者与出版商就创作与传播新作品作出判断并承担风险，故而有必要赋予其财产权。如果医学协会已经分担了风险，并且由作者自担费用，那么，威廉斯·威尔金斯公司又有多少风险呢？有关在编辑方面的判断，帕西诺作证指出，他的大多数期刊是由医学协会或者独立编辑负责日常运行，并由其自行对论文进行选择和编辑。

其实，伯恩斯可能是想暗示，威廉斯·威尔金斯公司根本不是一个出版商，而只是一个印刷商。他提交作为证据的公司财务报告显示，迄今为止，该杂志的最大支出就是印刷费（《免疫学杂志》1966年的报告表明，该杂志当年的总支出为92306美元，其中将近77000美元用于印刷、邮寄和日常管理支出。只有略多于14000美元用作"编写"与"编辑"费用）。难道威廉斯·威尔金斯公司只是韦弗利出版社的一个附属部门，仅仅是把日常工作与控制它的这家更大的印刷公司进行连接的一个工具吗？

现在轮到伯恩斯来推进他的案件了。在接下来5天多的时间里，他询问了一个又一个证人，将他们的证词指向美国法院在决定是否构成著作权的合理使用时，通常采用的四个衡量要素：被告复制的部分占全部作品的字数比例（这一条有利于帕西诺，因为图书馆复制的是整篇文章）；著作权作品的特征（科学类作品特别有利于被认定为合理使用）；使用的目的（图书馆对医学研究以及疾病治疗的帮助，这一点也对伯恩斯有利）；并且，最重要的是，复印行为对于著作权作品的市场影响（帕西诺在就有关订户流失问题作证时含糊其词，也会对伯恩斯有所帮助）。

伯恩斯的部分证人是本案所涉及文章的作者；另一些则是在医学研究与治疗过程中查阅过威廉斯·威尔金斯公司所出版文章的人。从中可以得出两条信息：威廉斯·威尔金斯期刊的文章作者并不反对图书馆未付报酬而复印他们的作品；研究人员和医生希望能够简便快捷地获得相关期刊文章。如果一位外科医生必须等待重印本——并且重印本并不总能获得——那就意味着在他急需关键信息来拯救生命的时刻，却无法获得相关文字。这样表述尽管有时说

第3章 花五十块钱收十块

得稍嫌极端，但是听起来也跟事实相差无几。艾伦·莱特曼在交叉盘问时，就没有什么成功的机会让伯恩斯的证人发生动摇。

伯恩斯的最后一名证人是罗伯特·布卢姆（Robert Blum），目标针对的是合理使用的第四项要素，即图书馆复印对于威廉斯·威尔金斯公司的市场影响，以及由此带来的损害。布卢姆曾任政府部门的经济学家，他带着统计表格与彩色图表出庭。他在作证时指出，自1960年开始，诉讼所涉及的《医学》《免疫学杂志》和《肠胃病学》等三种期刊的订阅数量的增加速度，远高于全国科学技术工作者的增长数量，并且，威廉斯·威尔金斯公司的收入增加速度，也超过了美国在国民生产总值和在科学研究方面支出的增速。

莱特曼是第一次看到布卢姆博士的表格与图表，但他现在必须快速作出一个战略决策，究竟是当场对布卢姆进行交叉盘问，抑或请求法庭延期审理，以便让自己有时间来研究该证词与数据。莱特曼并不具备经济学与统计学的背景，而他认为这些知识可能是在反驳布卢姆的前提与结论时所必需的。但是，身为一名处事机敏的诉讼律师，莱特曼从戴维斯初审法官那里寻找着可能的暗示，而戴维斯看起来似乎在说，若现在进行交叉盘问必有成效。戴维斯初审法官看了看那份可能呈交上诉法院阅读的审判记录，然后说，他会给莱特曼必要的时间，以便其准备对布卢姆进行盘问，但他又补充道，"不过，根据我从他的证词中所能了解的情况，我的印象是，这些分析没有什么内容——当然我的看法也可能是错的，但是我确实没有看到有任何东西，会让你无法在短时间内对证人进行交叉盘问。我既不是经济学家，也不是数学家，但我非常了解他的意思，甚至我已经想到了在交叉盘问时想要提出的问题"。这是莱特曼无法拒绝的一个邀请，实际上就是说，假如他未能提到戴维斯初审法官认为应当提问的那些问题，法院也会帮着提问。

休庭十分钟之后，莱特曼开始进行交叉盘问，他从几个方面向布卢姆提出问题，以期找到证词中的薄弱点——布卢姆选择用以估算威廉斯·威尔金斯公司业绩的指数、伯恩斯在形成其专家证言时可能起到的作用、布卢姆缺乏有关图书馆复印数量的数据。最后，他突然发现了一条提问的线索，而这对于现在正急着观察案件进展的戴维斯来说，显然也是一个重要问题：假如布卢姆事实上拿到了有关图书馆复印的数据，他能否确定威廉斯·威尔金斯公司由于该复印行为而导致了任何的收入损失？布卢姆对此未予回答。由于没有实际数据，他无法回答这个问题。

戴维斯插嘴道："这个问题实际上是说，如果你所有的材料就是现在这些，加上在某一给定年份对威廉斯·威尔金斯公司所出版杂志进行复印的数量 x，仅凭这些你真的无法从中得出结论，认为这对于该公司究竟会更好还是更糟。"莱特曼接着戴维斯的问题，继续发问道："你曾经提到——是曾经——任何包含了复印数量 x 的情况就能够或者并不能够推导出威廉斯·威尔金斯公司的某一特定种类收入的损失，你是怎么得出来的？你又能告诉我们什么？"

如果说托马斯·伯恩斯在庭审第一天通过对威廉·帕西诺的交叉盘问，已经从底线破坏了这位出版商所提出的关于免费复印替代杂志订阅的主张，那么，莱特曼在庭审最后一天对布卢姆的交叉盘问，则至少让双方打成了平手。到此为止，谁也没能证明复印究竟是否已经给威廉斯·威尔金斯公司造成了损失。

现在，离法庭审理正常的休庭时间即下午4点30分也已经过

第3章 花五十块钱收十块

去数个小时了。"我记得对所有人发出警告，无论这得花上多长时间，我们都要在某个特定日期结束本案庭审"，戴维斯这样回忆道，"这句话是半带着开玩笑的。然后，就到了下班时间，但我们还没有审完。我们在下午4点左右稍作休息，然后我把双方律师叫到一旁说，你看，我们今天还得继续审理，直到把它审完"。最终，戴维斯离他要求的在9月16日完成此案庭审的目标还是超了20分钟。该案法庭审理延长到9月17日星期四的零点20分才告结束。

晚上9点，审判大楼的电扇和换气设备都已关掉。戴维斯法官脱掉法袍，他还鼓励律师们将他们的外衣也脱了。伯恩斯仔细阅读了庭审记录中帕西诺所提交的那部分证词，帕西诺在其中声称，只要提这样一个问题：假如你无法复印，你会订阅这份杂志吗？那么，这就能证明由于复印所带来的杂志订量减少。正如后来所证实的那样，对这个问题的回答其实隐藏着危险的含义，而现在莱特曼让帕西诺抓住最后的机会，调整其立场。

莱特曼：帕西诺先生，通过向人提问"如果你无法复印，你会订阅这份杂志吗？"你是否仍然相信这是唯一可能的方法，来证明由于复印而导致杂志订量的缩减？

帕西诺：不是的。

莱特曼：你能解释一下你改变观点的原因吗？

帕西诺：好的，这个原因就在于我不相信向人们提问就能证明这一点。

莱特曼：为什么不能？

帕西诺：我不认为你能够还原真相；有些人可能实际并

不知道答案，但他们会用猜测来回答。所以我并不认为通过向人们提问，就能获得真正可靠的信息。

伯恩斯决定不再对帕西诺进行交叉盘问，但即使已经审到了深夜，戴维斯这位精力充沛的年轻法官仍然着迷于这个问题。"等一下。帕西诺先生，我是否可以这样理解。你说的是，他们在被问及是否会订阅杂志时，可能并未经过仔细斟酌就做了回答，还是其他什么意思呢？我没有完全听懂你的这句话。"

帕西诺回答道，"这样一种调查问卷，我不相信人们能够准确回答。他们可能认为他们会的；或者他们可能会说一些他们认为恰如其分的话，而不是他们也许在内心真正想说的话；但是，即使他们真正说出了想说的话，如果真到了行动的时候，也无法保证他们会照着说的去做。"戴维斯似乎对此回答表示满意。可是，帕西诺违反了作为证人最重要的规则，即别人不发问决不主动提供信息，他还接着说，"我在此前之所以用这种方式来回答这个问题，就是根据一项电话调查。我们是在四份期刊中有一份办刊失败后进行此项调查的，因为我们认为这是由于复印所造成的，而在我们通话的18位交谈者中，有一位先生就说，他之所以没有续订该杂志，就是因为他能够获得复印件；因此我认为，'好吧，如果我们在全国范围内进行这样的调查，也许能够真正发现问题的所在'。"

莱特曼试图打断他的话，但帕西诺还在继续说，"对此我想得越多，就越发意识到，这可能无法获得一个非常有效的结论。"莱特曼终于成功地阻止其当事人继续发言。"你是否认为这个问题要求回答者作出过多的猜测呢?"

"是的。"

然而,帕西诺这番详尽的叙述还是勾起了戴维斯初审法官的兴趣。"那本办刊失败的杂志情况如何,又打了哪些电话呢?内容是什么?"

帕西诺:我们打电话给巴尔的摩市的老订户,但他们已经不再续订了,我们问他们,为什么他们不再续订;我记得的是,一共给巴尔的摩市的原订户打了18个电话,其中一位说,他没有续订是因为他可以去图书馆,在那里把杂志复印下来。

戴维斯:你记得其他17位都说了其他哪些方面的原因吗?

帕西诺:有的说这个杂志对他们不再有用,或者说在实验室里就有;或者他们已经搬家了,而我们无法联系到他们。诸如此类,各种各样的回答都有。

戴维斯:我明白了。好的,谢谢你。

在为期6天的庭审行将结束之际,却突然冒出这样一段证词,而就是这么一小段事实,也许最终解释了这个问题,即是否因为复印而导致了威廉斯·威尔金斯公司的订户流失。戴维斯初审法官会将18位老订户中的这一位的回答当作证据,证明复印确实根本性减少了杂志订量呢,还是将它作为证据,证明复印的影响其实微不足道?或者,他会将此当作没有价值的证据,什么也证明不了?他那一句态度暧昧的"我明白了",究竟是什么意思呢?

在庭审之后的数月当中,莱特曼与伯恩斯各自起草了律师意见书,详细阐明可适用的法律,并且仔细整理法庭记录和所附证据,以便撰写他们所提议的事实认定,呈交戴维斯初审法官。1971年1月7日,莱特曼告诉他的当事人,他已经"读完了1300页记录和证据附件",并且"把我们所知道的几百条有用信息都做了摘要"。当年春季,伯恩斯提交了他的报告;帕西诺用满满五页纸,对此作了详尽的批判性分析。来自多个法庭之友的报告也分别加入到莱特曼或者伯恩斯的报告当中——美国出版商协会(Association of American Publishers)与美国作家联盟(Authors' League of America)支持原告方,而美国图书馆协会、研究型图书馆协会、医学图书馆协会(Medical Library Association)以及美国法律图书馆协会(American Association of Law Libraries)则站在被告一边。

1972年2月16日,戴维斯初审法官就威廉斯·威尔金斯诉美利坚合众国案公布其判决。为了打破自法庭审理结束以来长达17个月的悬疑状态,戴维斯在这份63页的判决书中,第一段即叙明判决结果:"我认定,被告侵犯了原告的著作权,并且原告有权根据第1498(b)条之规定获得'合理而全面的补偿'。"

在大费周章地讨论了几个外围问题之后,戴维斯开始集中阐述本案的核心问题:图书馆关于其复印属于合理使用的主张能否成立?戴维斯写道,图书馆的行为与构成合理使用的四项标准无一相符,并且讨论的焦点集中在关键性的第四项标准即市场影响上:"照相式复印是对原创文章的完全复制;这是有意替代该原创文章,并且与原创文章具有相同功能;而且,由于该复印件就是应那些替代原告市场的人所请,并为其利益而制作,因此,它们就对原告的原创文章起到了减少其潜在市场的作用。"他也同意,"要确定因复印而流失的订阅数量是有难度的(虽说并非绝无可能)",但他坚持认为,"每一个复印件的使用人就是一个潜在的订户,或者至少是一个在许可复制的情况下会支付许可费的潜在用户,这一事实是成立的"。他补充道,"有证据表明,有一位订户取消订阅原告的一份杂志,就是因为该订户相信,复印该份杂志的成本已经低于该杂志的年度订购价格"。

戴维斯本来只需在事实认定之后写一个简短的判决意见即可,或者实际上他根本就不必写任何意见。"我记得当我写完本案的事实认定之后,几乎筋疲力尽了。这是一项艰巨的任务。我并不确定是否要接着再写一个全面的判决意见。我对此想得越多,就越是对自己说,'我必须写一个全面的判决意见'。这个案件太重要了,并且我也有太多的问题需要来阐明。"而且,"我非常强烈地感觉到,我在本案中的判断是正确的。我真的认为我心中已经有了答案。因此,我还是要写一份判决意见,尽管我也知道,我会因此惹上麻烦,被上级撤销判决"。

戴维斯所担心的"惹上麻烦",正好突出了帕西诺起诉政府的决定中存在着另一项可能的战略失误。索赔法院的唯一职责是针对政府被诉事项作出裁判,而这种管辖范围的极度狭窄就可能带来制度性偏见,至少对于一些偏向于政府方面的法官而言,就是如此。"我的感觉也许不准",戴维斯回忆道,"但我认为,这里有一些法官极不情愿让政府在类似本案这样的案件中支付赔款"。该法院的一位思想领袖奥斯卡·戴维斯(Oscar Davis)就有此类倾向。"我与他在上诉时发生纠葛,唯一的情况就是我支持了将政府告上法院的原告，而他认为我不应该这样做。"

早在4个月之前，也就是在1971年10月，帕西诺、莱特曼和戈林鲍姆已经起草了一份和解提议，准备在他们一旦获得一份有利的判决之后，就提交给国家医学图书馆和国立卫生研究院。现在既然一审胜诉，莱特曼向政府提交了这份提议：根据他们的计划，两家图书馆在支付一笔许可费之后，就可以在正常的图书馆活动范围内为读者免费复印刊登在威廉斯·威尔金斯期刊上的文章。这笔许可费将按每页5美分乘以总的复印页数计算，其中的页码数量由图书馆从以下三种计数方式中任选其一：每一订阅年度开始时威廉斯·威尔金斯公司准备发表在每一份期刊上的文字页码总数；图书馆实际复印的页码数量；或者，由双方约定的最多可由图书馆复印的页数。

3月20日收到司法部回函，但对方态度极为冷淡。"我们抱歉地通知阁下，关于就前述诉讼所提出的和解要求，已被确认为不可接受。本案起诉所主要针对的联邦政府部门，表明了一种强烈的愿望，要为本案所提出的问题寻求最终的司法解决。尽管我们并不希望永远放弃对本案进行和解的可能性，但是，我们将不会支持接受与贵函所列示相似的进一步和解请求。"

在一个缺乏反建议的真空当中，是难以进行谈判的，而政府现在提供的，就只是这样一个真空。不过，帕西诺和他的律师接着还是费时两个多月，通过辛苦工作，完成了另一份新的提议，其中明显简化了早先的许可规划方案，降低了收费。不仅针对这两家政府的图书馆，而且所有的图书馆都能以一种稍高于个人订购价格的机构版价格订阅威廉斯·威尔金斯公司的期刊；这种较高的订购价格将授予一项一揽子许可，图书馆的读者均可以按照单份方式复印这些期刊文章；馆际互借的，则按每页5美分收取费用（因为图书馆已经保存有馆际互借行为的记录，故不会造成任何额外的记录负担）。

双方当事人及其律师在6月举行了一次会面，但没有任何结果。8月，莱特曼再次向司法部建议，他的当事人可以放弃对馆际互借复印的付费请求，只要图书馆按机构版价格订购期刊即可——"并且可以达成谅解，由该机构版价格所同意的复印权是指一种复制权，而不是一项复制许可"。这种律师的文字游戏——"复制权"在某种程度上区别于一项"许可"——意在调和三种互有冲突的现实：图书馆不愿意屈服于这样的原则，即他们的行为必须获得一项许可；帕西诺坚持这样的原则，即他的权利正在遭受侵犯；尼克松时代的价格控制，明确禁止在没有为图书馆订户体现出某种额外价值的情况下提高价格。

帕西诺之所以坚持向不肯妥协的司法部发出不断降低要价的提议，部分目的是为了确立补偿原则，这是他从一开始就在推动的事业。不过，他也担心其公司的底线会因此不保。1972年春夏时节，图书馆界有组织的反对而给单独一家出版商所带来的影响，终于在他面前令人痛苦地呈现出来了。国家医学图书馆在3月份向其资助获得者发出了一份备忘录，告诉他们，非经其事先同意，国家医学图书馆的下拨资助经费不得用于向出版商支付许可使用费，而在整个夏季，威廉斯·威尔金斯公司收到了各医学图书馆的来信，明确拒绝以一种包含了复印许可的价格续订期刊。8月，帕西诺向莱特曼出示了伊利诺斯州5家医学院图书馆来信的复印件——"它们全都一样，都是宣称延期订购我们的期刊"。他补充道，公司总裁查尔斯·雷维洛（Charles Reville）在当天上午还接到他们在德克萨斯州代理人的电话，"告诉他在其所在区域的一些大型医学图书馆已经收到指示，要求抵制我们的期刊，他认为该指示来自卡明斯博士"。

9月下旬，戈林鲍姆告诉帕西诺，政府已经拒绝了他们的最后提议，并且将不同意支付任何哪怕只是名义上的与复印相关的费用。国家医学图书馆有可能不再续订他们的期刊，这甚至比所有医学院图书馆的抵制还更加令人不安。"对于《医学索引》（Index Medicus）而言"——这是所有医学期刊的主要的权威性文献名单——"它的收录规则就是，如果某一特定期刊不在国家医学图书馆的收藏范围之内，它就不会被列入索引"。戈林鲍姆补充说，为了不让其当事人的期刊错过这个关键性的参考文献工具，他和政府方面的代理人达成协议，关于列入索引清单的问题，"可以通过向国家医学图书馆赠送整套期刊的方式解决"。

到10月初的时候，帕西诺终于作出让步。在"致客户与朋友们"的信函中，他决定"为了让国家医学图书馆和所有图书馆按提价后的价格订购威廉斯·威尔金斯公司的期刊，并且将其收入《医学索引》，我们现在接受国立卫生研究院—国家医学图书馆的立场。虽然我们会继续要求一种新的机构版订购价格，但该订购价格与复印许可之间没有任何关联，不管是默示的还是其他方式。总之，图书馆仍然可以同过去那样，继续就威廉斯·威尔金斯公司期刊的文章向其使用人免费提供单份的复制件"。基于同样的精神，帕西诺补充道，"在保留我方权利的前提下，我们撤回关于按每页5美分向馆际借阅收费的提议，留待本案上诉审理再确定"。

5个月之后，索赔法院下达判决。跟詹姆斯·戴维斯初审法官一样，索赔法院的奥斯卡·戴维斯（Oscar Davis）法官"在这起开创性的侵犯著作权诉讼案中"，也是在开头第一段就叙明法院判决主文，判定"合众国政府在本案记录所表明的特定情况下，免于承担责任"。

归根到底，索赔法院的判决是基于如下三个前提：

> 第一，本院认为，原告没有表明，并且也没有充分的理由相信其正在或者将会因国立卫生研究院与国家医学图书馆的这些特定做法而遭受实质性损害；第二，本院确信，若判定这些特定做法构成侵权，医疗和医学研究将因此受损；第三，由于对科学界的利益与出版商（以及作者）的利益进行调和的问题，从根本上来说，需要由立法提出解决方案或者指导，而这样的方案目前尚未存在，因此，法院不应当在国会即将采取举措之前，就将这样一种损害风险施加于科学与医疗界。

在有关著作权所有人的损害这个核心问题上，该法院否定了戴维斯初审法官所抱持的前提，即当发生疑问时，著作权水杯应当被看作是半满而不是半空的。"以丧失了假设的许可使用费而来计算原告的损失，这是错误的，因为如果按这个标准，就必然假定原告拥有颁发使用许可的权利。当然，只有在它首先判定被告的做法并不构成'合理使用'的情况下，这才可能是正确的。"法院也驳回了帕西诺就巴尔的摩订户所作的非正式调查。"只有这么少量的订户声称取消订阅,它相比于就原告期刊的健康发展及其订户名单不断增加而提出的更为可靠和具体的证据,确属微不足道。"

该判决的表决结果是 4 比 3,其中,首席法官威尔逊·考恩(Wilson Cowan)对法院判决持反对意见。菲利普·尼科尔斯(Philip Nichols)单独撰写了反对意见,他在其中评论道,无论怎样回避,"这份判决都将被解读为,著作权人不拥有任何必须为图书馆所尊重的权利。我们正在著作权法领域作出一份德雷德·斯科特判决(Dred Scott decision)①"。他也反对法院严重篡改詹姆斯·戴维斯所作的事实认定,包括戴维斯所认定的至少有一位订户因为可以获得复印件而取消期刊订阅。毕竟,事实一旦被初审法院所认定,上诉时应当不受影响。

在得知索赔法院判决的消息时,帕西诺正在休假。"我下了决心,本案就到此结束吧。我不准备再投入大把的钱做亏本买卖了。"到目前为止,他自己在这个案子上已投入不计其数的时间,除此之外,他也已经支付了超过 10 万美元的律师费。他精明地估计到索赔法院判决将对其他出版商造成影响,这些出版商会将此判决看作确立了一个危险的先例,威胁到他们的生计,于是,他就下了一个最后通牒。"我已经受够了。我不想再把官司打下去了。"

其他出版商确实有理由担心这样一个先例,判决图书馆复印

---

① 指德雷德·斯科特诉桑福德案(Dred Scott v. Sandford)[60 U.S. (19 How.) 393 (1857)]。美国最高法院在此案中认定,被输入到美国并被当作奴隶的非洲人,或者他们的后代,均不得成为美国公民,国会无权禁止在联邦范围内的奴隶制度。并且,奴隶不得向法院起诉,奴隶作为私有财产,未经正当程序不得从其主人处取走。该案在今天被广泛认为是一个坏的判决。

构成合理使用。20世纪60年代的一项研究表明，在1967年就有超过10亿份针对著作权材料所制作的复印件，而这一数字还在不断增长；这些复印件的绝大多数未经著作权人的同意。这样一来，可能都不需要更强大的律师和更吸引人的事实就能说服法院，将教学材料整体复印以后在教室里分发使用——例如教材的若干章节、指导材料、教学辅导资料——相比于图书馆复印而更有理由被认为属于合理使用。

柯蒂斯·本杰明（Curtis Benjamin）是麦格劳–希尔出版公司（McGraw-Hill）总裁，也是美国出版商协会著作权委员会（Copyright Committee of the Association of American Publishers）的主席。他闻知帕西诺的消息后，很快就筹措设立了一个基金，以便推动将该案上诉至最高法院，而他最终也筹得了11万美元。帕西诺当然乐见其成，但他真没有什么理由相信最高法院会受理此案。向最高法院上诉的案件中，只有一小部分能够被受理，而其中极少有著作权上诉案件。以往仅有过一个关于合理使用的案件，涉及喜剧演员杰克·本尼（Jack Benny）的上诉主张，他认为自己在电台中对电影《煤气灯下》（*Gaslight*）的滑稽模仿构成了合理使用。该案上诉后，在最高法院形成了4比4的平局（威廉·O.道格拉斯[William O. Douglas]大法官拒绝投票）；由于是平局，结果就保留了下级法院所作的不利于本尼的判决。而且，最高法院在此之前正好受理了一起案件，涉及一个更上位的关于信息获取的问题。1974年5月24日，特别检察官利昂·贾沃斯基（Leon Jaworski）请求最高法院对下级法院的一项裁定进行复审，该裁定要求披露尼克松总统在其办公室所作的录音，而此后这些录音带的披露最终导致尼克松总统在一年后辞职。

尽管困难重重，但最高法院还是在1974年5月28日对威廉斯·威尔金斯出版公司诉美利坚合众国案发出调卷令——同意审理该案的上诉（3天之后，最高法院也对贾沃斯基的申请亦授予调卷令）。美国版权局局长巴巴拉·林格（Barbara Ringer）自其在版权局任职以来即与莱特曼相识，他致函后者称："在你和总统①之间，最高法院将兼顾两端：一个是拒绝向任何人披露的权利，另一个是从根本上可以任意制作复制件的权利。"帕西诺对此倒是反应很快，他在调卷令发出两天后就对莱特曼说，"当然，我一直认为，他们应当审理此案，但是，随着最高法院在处理尼克松录音带问题上承受压力，我担心我们的案件可能会被置之一旁。我想你可以捎话给柯蒂斯·本杰明，因为他从现在开始应当认真筹措资金了"。

莱特曼和戈林鲍姆在为该案准备上诉的过程中，实行一种近乎军事化的纪律。12月12日，离预定的最高法院开庭审理此案还有5天时间，莱特曼在其律师事务所的会议室里进行了一场法庭辩论的预演，由一群纽约律师组成模拟法庭。他将具体观点分配到6份法庭之友意见书上，以免重复。帕西诺重新审查了所有这些意见书，还将其中的一些读给他的妻子听。"我告诉她"，他致信莱特曼写道，"我认为我们自始至终把我们的案件处理得最好不过了。她说，成功的主要原因是基于这样的事实，就是你我的合作无间，并且彼此尊重。我知道这就是我对你的感觉，但我不知道你对我的感

---

① 指尼克松总统，因最高法院须就是否披露尼克松总统的录音作出判决。

觉是否如此。这个官司无论是赢是输，还是打个平手，它都是一次宝贵的经历"。

在最高法院出庭的政府律师是副司法部长（Solicitor General）[①]，这是专门在最高法院出庭的司法部官员。在大多数案件中，副司法部长往往只授权其中一位助手参加法庭辩论即可。但在这一次，副司法部长罗伯特·伯克（Robert Bork）认为，威廉斯·威尔金斯案是他应当亲自处理的少数重要案件之一。在开庭辩论前两天，伯克邀请马丁·卡明斯会面并讨论此案。卡明斯带其副手哈罗德·斯库尔曼（Harold Schoolman）同行。这次会面却让充满理想主义的卡明斯清醒过来了。"这些年来，我把全副精力投身于此，但现在没有人真正关心它了。有一个家伙走过来，要为我们的立场辩护，而我却不知道他将要说些什么。他并没有对我们说。我只感觉到自己完全成了局外人。"

12月17日上午，首席大法官沃伦·伯格（Warren Burger）宣布本案开庭。"我们首先就案号为73-1279的威廉斯·威尔金斯出版公司起诉美利坚合众国一案，听取法庭辩论。莱特曼先生，如果你已经准备好了，就由你先开始陈述。"

有着篮球运动员一般身高、微卷黑发和深眼窝、目光仁慈的莱特曼从律师席的桌子旁走出来——他在那儿已经紧张地等待着这一时刻了，毕竟这是他第一次参加最高法院的辩论——走到位于法官

[①] 这一职位在美国司法部排名第四，居司法部长（Attorney General）、常务副司法部长（Deputy Attorney General）以及副司法部长（Associate Attorney General）之后，专司代表美国政府在最高法院参加诉讼之职。该职位由总统提名，经参议院确认。

席前面长条桌的发言席那里。与他直面相对的是伯格首席大法官，两侧各坐着最高法院的四位大法官。"首席大法官阁下，能否有请法院①：本案是向合众国政府提起的一桩侵犯著作权的诉讼。"

尽管最高法院与国会均未曾明确支持过合理使用规则，但这项规则在教科书中已经存在了一个世纪，因此，要让最高法院对它表示怀疑，机会也是微乎其微。莱特曼的挑战在于，从纷繁芜杂的有关合理使用的判决中梳理出一条"金线"，通过这样一条明确的界线，既保留了合理使用这个例外，又可以禁止这两家政府图书馆实施大规模的复印。这条留待随后显现的"金线"，其窍门在于，迄今为止所有涉及合理使用的案件中，法院仅仅承认部分复制的情形构成合理使用，而从未承认过对整个作品的复制仍属于合理使用。莱特曼现在就主张，合理使用"适用于某一作者偶然使用他人作品的一部分，但绝不因此构成对独创性作品的一个有效替代品"。

在最高法院的辩论，充其量也就是律师与大法官之间的一场对话。律师把当事人的案子按故事讲述出来，对案件要点加以整理与修饰，以引导法院作出一份对己方有利的判决。如果有大法官打断其讲述，并且毫无例外大法官们会这样做的，那么，律师就得尽量微妙地把法院重新带回到他的故事叙述和案件理论上来。波特·斯图尔特（Potter Stewart）大法官首先打断了莱特曼的陈述。"从20世纪60年代早期开始的那种多快好省的复印为图书馆的复印实践带来了革命性变革，那么，它对威廉斯·威尔金斯期刊的订阅状况是否带来了任何可以察觉的影响呢？""在60年代早期之前，这

---

① "may it please the court."这是律师向法庭陈述时开头的套话。

些图书馆,像国家图书馆和国立卫生研究院,它们在那时候订阅你们的期刊是否比现在订阅的数量还要多呢?"

莱特曼实在太明白斯图尔特提问的用意了。如果大量的复印行为并没有减少期刊订阅的数量,那么,威廉斯·威尔金斯公司现在还有什么可抱怨的损失呢?他必须在以下两者之间作出选择,一种是较为温和的回答——即便订阅数量没有下降,但它们也没有增加——而另一种回答则是一套大胆的理论:一种使用方式未必构成对另一种使用方式的替代,纯粹这样的事实不属于任何的免责理由。例如,将一部小说改编拍摄成电影,即使电影并未构成小说的替代,但没有人会主张电影制片人可以不经小说著作权人的同意,使用小说中的人物、情节和对话。

莱特曼还是选择了较为温和的回答。"我相信这些记录无论从哪种方式来看都不是决定性的。我并不认为我可以说它们比以往订阅得更多了。"莱特曼以《免疫学杂志》为例解释道,在器官移植与癌症研究的时代,人们在免疫学上的兴趣"与日俱增"。如果该杂志的订量仍然维持在以往的水平上,那么这就暗示着,图书馆的复印已经构成对其当事人潜在利润的实质性削减。

在一大堆意见书中,有些地方提到了国会图书馆。伯格首席大法官想要了解该图书馆的做法。"如果你知道的话,能否阐述一下他们在提供全文复制件方面的做法?"莱特曼回答道,国会图书馆的做法"与本案涉讼图书馆的做法截然相反"。按照国会图书馆的政策,"对于著作权材料,若无该著作权所有人签名的授权书,通常不得复印"。

瑟古德·马歇尔(Thurgood Marshall)大法官接着问道。"这项政策适用于公众吗？它对国会议员是否也适用？"

官司打到最高法院的大部分案件，核心之处往往就在一问一答即可看出一方当事人主张的胜败。这样的问题几乎不会涉及严格的法律理论。它通常指向平平常常的实践性背景，指向生活，有时甚至就是最高法院大法官们的生活。这样的问题，就是一位优秀的律师与其同事一直讨论到精疲力竭的问题，是他在凌晨4点钟醒过来时会去思考的问题，是他希望在一个幸运的早晨，在他进入淋浴间洗澡或者扣上公文包出门时会突然获得一个明确答案的问题。

这样一个问题从一开始就潜伏在威廉斯·威尔金斯诉合众国案之中。在最高法院开庭辩论的那个早晨，莱特曼、戈林鲍姆和他们的新伙伴卡罗尔·西姆金（Carol Simkin）在早餐时间最终形成了一个答案。即便这个答案不是自带光环，能够确保他们的胜利，但它至少可以先发制人地阻止失败。

马歇尔大法官的问题是说，国会图书馆对复印所作的限制是否适用于公众和国会议员，这在莱特曼看来，仿佛正在导向那个令人担心的问题。威廉斯·威尔金斯公司要求根据著作权而禁止像国家医学图书馆和国立卫生研究院这样的大型机构进行系统化复印，这是一回事。但是，如果这两家图书馆是因为它们替公众进行复印而被收费，那么，这不就意味着莱特曼必须同意，公众个人本身也是被禁止复印了？而如果可以禁止个人复印，那么，著作权责任到底要止于何处？难道最高法院的大法官为了做研究而复印法律论文，也侵犯著作权了吗？

莱特曼的回答是，国会图书馆的政策适用于公众，这看起来令马歇尔大法官感到满意。在转移了有关私人复印这个令人担心的质问之后,莱特曼利用发问过程中的一个间歇,重新将话题拉回他的中心主题上。"如果有一位同行在写一部关于霍华德·休斯(Howard Hughes)的传记时,决定从以往另外一部相同主题的作品中借用,那么,他的作品将不会替代你去获得和阅读原作,所以在罗斯蒙特诉兰登书屋案中,他的行为被认为是合理使用。"[在罗斯蒙特诉兰登书屋案(Rosemont v. Random House)中,霍华德·休斯买断了所有跟他有关的期刊文章的著作权,其目的倒不是为了重印这些文章,而是为了阻止传记作家将之用作有关他的一个材料来源。法院在该案中认定,传记作家对这些材料的使用是合理的,并不侵犯著作权。]

"但是",莱特曼继续说道,"如果有一位中学教师,他并不购买教材,而是自己编排材料,然后为学生复制了 48 份,这与本案的情形没什么区别,但他就构成了侵权"。他的例子果然引起了大法官哈里·布莱克门(Harry Blackmun)的注意,后者当年在担任上诉法院法官时,就在 1962 年的威尔托诉克罗案(Wihtol v. Crow)中支持作出判决,认定该案的一名合唱队教师将一首享有著作权的歌曲复制 48 份的行为不属于合理使用。

如果说威尔托诉克罗案暗示着布莱克门大法官是他们的同盟军,那么,大法官威廉·O.道格拉斯(William O. Douglas)本身也是一位拥有已出版著作的作者,这就意味着他可能也会对此表示同情。不过,具有学者气质的阿瑟·戈林鲍姆却并不乐观,他戴着玳瑁边眼镜的面孔几乎总是一副严肃的样子。"道格拉斯大法官阁下在那时已经病得不轻,他坐在法官席那里,两眼睁得老大,既不眨动，也不转动，只是坐在那里，就像蜡像馆里的一尊蜡像。这真是太令人伤感了。"道格拉斯没有对本案提出任何问题。

分配给莱特曼的辩论时间是半小时，现在只剩下几分钟了，但他还远未能躲避那个最令人担心的问题。不过，伯格首席大法官的提问再次拉回到国会图书馆的做法上。"对法官来说，无论是本院还是其他法院的法官，要去国会图书馆借一本书也不是什么稀罕事，有时候也许就是这样一本书，但他们图书馆只有一册或者少数几册，至少我设想是这样的，因为我们常常会收到一份通知，'请速归还图书'。如果我们还没有看完，就我个人来说，有时我会在还书之前，用施乐复印机将第13、14章复印下来。就我所知，国会图书馆从未出借过任何复制件。他们出借的都是原件。"伯格想要知道的是，像这样一位借阅者，"为自己使用之目的而复制一份他人享有著作权的材料，是否违反法律和侵犯著作权？"

坐在法庭旁听的马丁·卡明斯将此看作转折点。詹姆斯·戴维斯（那时他已经转行做私人执业律师了）对此也是惊愕不已，"哦不，他该怎么处理这个问题呢？"

莱特曼回答道，"这是一个比较棘手的问题，我们认为它跟本案大不相同"。在稍加迂回之后，他给出了自己早就成竹在胸的答案："不会有人起诉的。并且我认为在这种情形下是非常明显的，因为任何人想要起诉都是不切实际的。"

温文尔雅、满头白发的查尔斯·利布（Charles Lieb）是美国出版商协会——该协会作为法庭之友已经提交了一份支持威廉斯·威尔金斯公司的意见书——的法律顾问，此时他心想：说到要点了！戈林鲍姆事后评论道，"我们一直感觉到，我们不能承认以任何方式复制全文都属于合理使用。因为一旦你这样做了,一旦你承认了,你就是从光滑的斜坡上滚下来了,哪里还止得住呢?"

首席大法官笑了起来,他决定不再追问这个问题,转而提出了在最高法院看来很幽默的问题。"你的观点是说,不会起诉首席大法官,还是不会起诉任何人?"整个法庭哄堂大笑。莱特曼诚实以应。"不会起诉首席大法官或者其他个人。不会有人去起诉个人的。这是一种不切实际的做法——"

"这是一个损害赔偿之诉",伯格突然插话道。"假设我复印了10份,分发给我的同事,这样我们就能同时阅读这份材料了。这种损害赔偿可能是微不足道的,因此没有人会有任何激励去打官司。"

莱特曼看起来已经说服了首席大法官,而现在,他要在这个安全地带上,再把话题回转到有关机构复印与个人复印的区别上,以便契合他在本案提出的理论。"是的。的确如此。所以,这种个人复印与本案的图书馆大不相同,图书馆制作复印件、联手合作、安装机器,并且任意决定是提供复制件还是借给你原件。他们做出决定。他们实施这些操作,并且他们有微缩胶片相机,他们自己印刷好,然后再将它交给你。结果就是,仅仅这两家图书馆,每年就复印了大约两百万页的期刊文章。因此,我们无法再称之为微不足道。"

莱特曼简直不能找出还有比这更加明确的评论作为结束语了。他在快速应对马歇尔大法官所提出的一个并不期望回答的反问——"你可并不想来运营图书馆,是吗?"——之后,就结束了他的陈述,还留了一分钟以作反驳。

接下来轮到罗伯特·伯克进行辩论发言,他身着副司法部长那种有着企鹅般下摆的传统外套。美国公众已经从围绕着他在一年前的那个"星期六夜晚大屠杀"(Saturday Night Massacre)^①解雇水门事件特别检察官阿奇博尔德·考克斯(Archibald Cox)的公共事件中,早就认识了这位副司法部长:圆脸,两侧留有卷曲的灰色头发,蓄一小簇胡须;13年之后,他又因为被提名为最高法院大法官但在参议院司法委员会听证会上未能获得通过,弄得满城风雨。

伯克为政府一方所发表的法庭辩论,非常精彩,而且大胆冒险。这既是一篇精彩的辩护词,也是一场精妙的法学院演讲——伯克那时正从耶鲁大学法学院的教职任上休假——它对于人们以往顶多只是隐约感觉到的公共政策难题作了具体明确的阐述。但它也具有冒险性,因为它把这些问题推向危险的边缘,可能反而迫使法院作出一个有利于威廉斯·威尔金斯公司的判决。法庭辩论虚虚实实,充满烟幕与镜像,^②但并非所有反射的镜像都支持政府方面预先设想的结果。

伯克的语速快捷而准确,在他辩论开始的头几分钟里,就熟练

---

① 尼克松任总统期间,白宫在1973年10月20日周六的晚上宣布解除水门事件特别检查官考克斯的职务,而司法部长埃利奥特·理查森(Elliot Richardson)和常务副司法部长威廉·拉克尔肖斯(William Ruckelshaus)宁可宣布辞职,也拒绝执行总统命令解除考克斯的职务。伯克时任副司法部长,他认为总统的命令有效且适当,但为避免被人认为是为保住职位而服从总统,故也准备辞职,最终被理查森以司法部大局为重劝止而未辞。伯克于1973年10月20日至12月17日担任代理司法部长,期间执行总统命令,解除了考克斯的职务。

② "smoke and mirrors",指设置骗局,诱人信以为真。魔术师常用烟幕与镜子作为道具,故有此义。

地将三条分析思路连接起来，形成了一个精心设计、稳定可靠的三角形，这样，他就能够使自己在后面与最高法院的对话中，很容易地从三角形的任意一角转换到另一角，从而始终对整体构成支持。在这个以三角构成的主张中，也贯穿着一个唯一的、固有的威胁：假如最高法院作出对威廉斯·威尔金斯公司有利的判决，假如它打破了这个三角，那么，这不仅会导致医学研究不稳，而且将损害所有需要利用著作权信息的活动，却并不因此而为出版商抑或一般社会公众带来任何的抵销性收益（offsetting benefits）。

伯克三角理论中的第一个角是一种经济学主张。免费复印件并没有损害出版商；事实上，它们是将当前的科学文献传递到研究者手中的最有效手段。对于第二个角，伯克引用了司法节制原则：即便著作权规则需要改变，也得由国会来修改法律，而不是由最高法院来做。第三项主张一度显得最为微妙和最有说服力：图书馆复印迄今已成为一种惯例（custom），而不仅仅是一种习惯（habit），出版商对此早就默许，而且，这是一项被认为具有法律效力的惯例。出版商与图书馆长久以来已经达成默契，和平共处，最高法院不应将之打破。

有关惯例和惯常做法的证据，伯克引用了那份君子协定。尽管该协定可以追溯到20世纪30年代，那时人们还是使用繁重的手工复印和很不方便的复印技术，并且即便图书馆是围绕着依据这些陈旧技术所作出的假定条件来组织财务预算和运营的，但是，这些做法至今仍然稳稳地存在于现实之中。伯克暗示威廉斯·威尔金斯公司是该惯例的破坏者。"我们在这里所谈论的并不仅仅事涉上诉人。我们谈论的是情况各不相同的五六百个医学期刊的出版商。我们谈论的是成千上万家图书馆。"

伯克强调,威廉斯·威尔金斯公司请求最高法院打破的,并不只是一般性的惯例与做法,而是存在于医学研究关键性重要部门的惯例与做法。正像莱特曼刻意引用威尔托诉克罗案来引起布莱克门大法官的注意一样,出于同样的原因,伯克特别强调著作权对于医学研究的影响。20世纪50年代,布莱克门有9年时间曾担任过梅奥医院(Mayo Clinic)的法律顾问,而梅奥基金会(Mayo Foundation)就曾经联手图书馆以及其他医学团体,针对本案而向索赔法院递交过一份法庭之友意见书。

伯克现在主张称,如果其他出版商比威廉斯·威尔金斯公司更不情愿签订一揽子许可的话,那么,医学研究有可能受到严重阻碍。本案只有美国政府的图书馆享有制定法上的避风港(safe harbor)保护,从而不会被处以禁令救济。而威廉斯·威尔金斯公司的一场胜利,就将让期刊所有人可以关闭其他图书馆的复印行为。"我无法想象,相关的成千上万家图书馆与五六百个出版商之间如何进行谈判,它们各有非常不同的利益,看待事物的观点各自很不一致,并且对收益也各有极不相同的胃口。我们这样做,只能招来混乱",他这样总结道,"而不是带来行业的秩序"。

伯克简洁明了地驳斥了莱特曼提出的关于免费复印将替代有偿订阅期刊的主张。"我想,如果申诉人把这场审判归结为它到底遭受了多大损害的问题,那么,我们也许应当获得一份有关损害数量的记录。但是,我们现在所得到的,只是申诉人对于其将来损害的相当极端的推测,这就是关于损害的唯一记录。"其中透露的意思是,如果莱特曼能够证明图书馆的复印替代了订阅期刊,那么,他在法律规定他应当举证损害的时候——也就是在4年前的那次审判中——早就提出事实证据了。其时还身为法学教授的伯克，忍不住用一个理论上的观点，来反驳莱特曼的这项未经事实证明的主张。他利用自己在反托拉斯法与经济学上的学术专长，提出了一个大胆的类比，即互补产品的概念。"我们来看看这两样东西，在这个行业中非常明显的是，单篇文章的复印件相比于期刊订阅，两者起着不同的作用，并且具有不同的市场。它们构成互补，而不是彼此的替代，因此，我认为它们的市场是不一样的。"

按照经济学家的说法，所谓"互补产品"是指这样一种产品，其价格会影响另一产品所能销售的数量，甚至可能影响另一产品的价格。钢笔和墨水就是互补产品。墨水的价格降低，就能让钢笔制造商卖出更多的钢笔，所以，伯克似乎是在主张，免费复印期刊文章的广泛可获得性，将会促进期刊订阅的市场。

但是，这个类比存在着一个危险的缺陷。期刊订阅与复印文章这两者尽管不构成严格意义上的替代，然而它们也不属于严格意义上的互补关系。对于一位写作者而言，他几乎不会在买了钢笔之后，却不去买墨水。然而，研究者在订购一份文章的复印件之后，通常就不会再花钱订阅期刊了。也许是意识到了这一缺陷，伯克没有再具体阐明这个问题，因为这只会引起法庭注意到这个真相，即真正的互补关系并不是在期刊文章与复印件之间，而是在期刊文章与复印机之间。

一家图书馆花钱购买或者租用一台复印机，目的就是为了实现制作复印件这一技术能力。毫不奇怪的是，哪怕这台机器需要付再高的价钱，图书馆也会花钱购买，只要它能够不必支付任何进一步的费用就可以制作复印件，而不是每次复印都必须付一笔许可费（如果随钢笔奉送一瓶"免费的"墨水，写作者就会比不奉送墨水时花更高的价钱来购买一枝钢笔）。早在8年前，威廉·帕西诺就在威廉斯·威尔金斯公司内部刊物上撰文，以他一贯的朴实用语阐述了这个观点："著作权所有人只是想要获得他们合理的那份钱，不论这笔钱来自于复印机投币口中塞入的硬币，还是向提供该服务的个人或者机构所收取的费用，或者纳税人向提供'免费'复印件的机构所给予的资金支持。"

伯克副司法部长这是在向最高法院提出请求，要求调查在消费者所支付的费用中，被复印作品的价值与提供复印的机器的价值之间所占的比例吗？如果最高法院现在认定，图书馆复印并未侵犯期刊文章的著作权，那么是否将更加刺激人们发明出新式样的复印设备，从而降低人们创作出新的文字作品的激励？甚至在1974年，亦即在录像机与个人电脑成为普通家用设备之前，就已经明显可见，新技术显著增加了人们对著作权作品进行私人复制的机会。对于电脑或者录像机，以及对于这些硬件设备所能够复制的内容——电脑程序和电影，本案判决又将产生哪些影响呢？

伯克将话题转换至其经济学主张的另一面。由于在成千上万的出版商与图书馆之间进行谈判，会产生较高的社会成本，所以只有小部分的许可费落入出版商的口袋。"国家医学图书馆拥有的期刊超过40万卷——这不是指单册的数量，而是期刊的卷数。按现在来看，1970年复印的文章是9.3万篇。这一数字还不到该馆所拥有期刊卷数的1/4。固然，你看到的是这种事情在许多期刊中蔓延开来，但在每家图书馆里也都有人常常将文献做成微缩胶片。不过,当你看到他们所复印的对象是如此广泛,以及这样做对于单册期刊来讲真是微不足道。"

威廉·伦奎斯特大法官看起来被搞糊涂了,他打断了伯克的发言。"你一会儿说这种事情将导致行业混乱,过一会儿你又说这事儿是多么的微不足道。"

伯克回答道,

> 是的,确实如此,伦奎斯特大法官,而且恕我直言,我认为这两种说法是内在一致的。我现在要指出的是,这些复印件非常稀疏地分散在巨大的期刊医学信息库中,由此表明,它对于某份期刊来讲真是微不足道。但它对于分处各地的研究者个人来讲,却是至关重要的,因为这些研究者所需要的一篇文章可能就刊载于某一份不知名的边缘杂志中,或者存在于他们已经丢失了的某一期过刊中,或者该杂志并不属于他们的专业领域。对于研究而言,这也是至为关键的。它对于医学研究这一目的来说,相当重要。但对于另一目的,即期刊订阅来讲,即便说有什么影响的话,也是影响极小的。在本案的记录中,也看不出有任何地方表明存在着这种影响。

伯克转回到其理论三角的另一个角,以支持他的推导思路。如果要打破长期存在的惯例,并且重新建立经济秩序,那么,这也应当由国会而不是由最高法院来做出决定。这一主张应当至少会在一部分大法官中引起共鸣。因为最高法院在最近已经两次阐明了以新技术手段使用著作权作品的情形,它在双周刊案与提词器案(Teleprompter）中判决，反对当事人就此承担侵权责任，而是认定有线电视系统在未经著作权人同意的情况下通过当地电视台转播电影节目时，并未侵犯著作权。在这两起案件中，最高法院都是认为，该问题最终应留待国会解决（阿贝·福塔斯［Abe Fortas］大法官在双周刊案中提出反对意见，他抱怨道，"本案所要求的不是所罗门的明断，[①]而是胡迪尼的机敏[②]"。）。

83　　阿瑟·戈林鲍姆后来评论称，双周刊案与提词器案"当然指明了解决问题的道路，因为在某种意义上，你的案子起诉得太晚了，那些根据某种方式行事的行业已经建立起来了。而此时如果最高法院说，'好吧，这构成了侵犯著作权'，那么，这就将毁灭一个行业。这正是帕西诺所担心的。如果复印行为在众人的议论纷纷中再持续10年，那么，到时再想有所作为就太迟了"。

莱特曼还留有1分钟时间用于反驳，他引述这样一幅将来的图景。"我们起诉本案的原因，是因为如果这种大规模的复制系统都可以在本案中获得免责，那么，几乎很难说所有人的专有权还剩下哪些内容。我认为，需要记住的重要事情在于，我们所讨论的并不仅仅是期刊订阅所带来的一些问题，也不是布莱克门大法官阁下所强调的问题。我们所讨论的，完全是关于传统媒介与新媒介之间的

---

① 古代以色列国王（公元前990？—公元前931年），以智慧著称。《圣经·旧约全书》"列王记"即记载有所罗门智断亲子案的故事。"Solomon"在英文中也指"大智者"。

② 哈利·胡迪尼（Harry Houdini, 1874—1926年）是美国家喻户晓的传奇魔术大师。他擅长于逃术表演、手铐、紧身衣，将人装入一个密封的大铁罐，以及最著名的水底脱逃。"Houdini"在英文中已成为"逃跑"的代名词。

问题。美国政府及其意见书也承认，我们所讨论的是一种新颖的、独立的传播媒介，而我们认为，这种媒介应当受到鼓励。我们也不想阻挠它。我们只是希望从中获得合理的补偿。"

听完法庭辩论之后，詹姆斯·戴维斯回到办公室，写了一份备忘录，摘要记录了这场辩论的内容。"我的整体感觉是，大法官们对申诉人抱有同情。他们承认，伯克的辩护立场难以成立，而我预测，本案结果将是撤销原审判决，当然我也得承认，仅凭口头辩论的情况来做这样的预测，即便不算大胆无谋，也是过于冒险了。"

1975年2月25日，艾伦·莱特曼收到一封电报，通知其最高法院的判决。电报内容只是短短的两句话：

最高法院因形成平局而维持原判。
大法官布莱克门阁下未参加本案判决投票。

就像在《煤气灯下》案那样，最高法院以4比4的投票结果形成平局，从而维持了下级法院判决的效力。

同事卡罗尔·西姆金（Carol Simkin）是在律师事务所前台看到莱特曼的，他手上正拿着电报。"他简直惊呆了。倒不是因为输了官司。他能够接受败诉的事实。而是因为他读不到任何内容。如果你败诉了，至少你得听听为何败诉！你能够看出这些人是怎么分析的，听到他们对你的主张所作的回应。事实是，这场官司历经7年，我想是的，他全力以赴奋斗了整整7年，到头来却换得这么一份短短数字的电报，正是这封电报简直让他气疯了。"

由于没有判决书可供分析，也没有任何细微的观点来区别这样或那样的方面，莱特曼和他的同事就陷入了一场没有结论的游戏之中，去依稀解读出①布莱克门大法官放弃投票的原因。难道是因为他虽然认定图书馆的做法是正确的，但由于他与梅奥医院的关系可能导致某种表面上的不公正，所以他拒绝投票支持图书馆这一边？（该案判决之后，卡明斯曾致电他在梅奥医院的朋友，其中一位朋友告诉他，事实的确如此）抑或，布莱克门虽已被说服支持威廉斯·威尔金斯公司的观点，但他为了自保，也许是因为长期以来支持该医院，所以现在也不能投票给对方以免显得不够忠诚？

数十年之后，布莱克门大法官的司法文件已经公开可供公众阅览，乔治华盛顿大学法学教授罗伯特·布朗尼斯（Robert Brauneis）对这些文件进行爬梳剔择后得出结论，认为布莱克门大法官早先跟梅奥医院的工作关系，确实解释了他为什么选择回避，而假如他不自行回避的话，他本来准备投票撤销原判的。就在口头辩论前的那一天，布莱克门在一份便条上这样评论道，"当我在梅奥医院工作时，我真的震惊于医学专业人士的滥用行为，他们请求获取复印件，却是以作者承受损失为代价，这在我看来就是规避著作权法而在搞一次性批发。对于医学研究的需要，我给予充分的同情与关注。但是，我确实感受到，研究人员滥用了这一特权，并且很容易看出来，他们过度扩张了这种习惯。在某些地方，应当让某种经济责任来发挥作用了"。

"这个法律制度一定出了什么问题，才会发生这样的事情"，帕

---

① "read the tea leaves"，原指一种巫术，据说源于吉卜赛人，类似于用水晶球解读未来。

第 3 章　花五十块钱收十块

西诺为了这个案件，专门在威廉斯·威尔金斯公司的内部刊物上写下他的这段颂辞"旅程的终结"（Journey's End）。

如果我们有机会回到过去的 7 年中去寻求法律救济，我们就不会跟政府的图书馆打官司，形成这样一个测试性案件，尽管在那时看来，这样做也是非常正确与恰当的。首先，我们被国家医学图书馆告知，它将不经我们的同意继续复印我们的期刊，直到法院判决它们禁止这样做为止。而且，图书馆的复印记录很容易获得，我们可以从中选择一些记录用作支持我们诉讼的证据。最重要的是，国家医学图书馆是医学图书馆联合体中的领头羊，它怎么做，其他图书馆就可能跟着做。

15 年之后，帕西诺终于能够从一个更加宏观的角度来看待这一案件了。"那时候我一点也没有意识到这场官司对于电视、电影和录像机的影响，而这些事情全都受到著作权法的影响，当然，我们当年打官司的时候，甚至根本没有想过这些。那时我们对付的是一个相当简单的操作工具——施乐复印机。而现在，情况可变得复杂多了。"

第4章 私人复制

沃伦·伯格首席大法官问艾伦·莱特曼，图书馆的读者为个人使用目的而对某一著作权文本制作一份复制件，这样做是否构成违法。伯格的问题触及了今天著作权难题的核心：根据《著作权法》，这种私人复制是否构成侵权呢？首席大法官当然明白，把国家医学图书馆或者国立卫生研究院这样大规模的复印说成是符合私人使用的标准，这几乎是不可能的。但是，又有什么样的法律原则，来区分图书馆雇员的复印行为与他们允许个人读者自己进行复印的行为呢？图书馆复印的问题，就把著作权法置于一道光滑的斜坡之上，而一份对政府图书馆不利的判决，就可能在某一天被用作一个先例，来排除普通个人制作私人使用的复印件。

威廉斯·威尔金斯案打到最高法院时，1909年《著作权法》已经施行了65年，而国会在修订该法律上的拖拖拉拉的努力也明显将要结束。但是，即使法院根据1909年《著作权法》所作的判决以及国会提出新法的草案都在竭力应对这项在20世纪最具颠覆性的技术，而私人复制依然被保留在禁止入内的区域。一想到著作权有可能被用来控制私人复制，不免引发令人恐惧的想象。著作权责任的反对者提出了这样的前景，著作权警察在全国范围内，到处闯入民宅，搜查用录像机或者通过互联网制作的复制件。他们还主张，孤立的私人复制行为不可能对著作权作品的创作者带来损害，并引用如下事实为证，即尽管存在着私人复制，但电影、录音制品和图书还在源源不断地被生产出来。

不过，这个问题相比于前述隐私比喻所显示的情况更为复杂。"私人"复制件的制备既可以在私人场合，也可能在公共场所：例如，读者在图书馆复印某部短篇小说、研究人员在实验室复印某一篇期刊论文、学生在一家商业复印店复印一篇文章。私人复制也可以导致商业性结果。1955年订立"君子协定"时，人们想到的还只是繁重的手工或者机械复制，但这些已经让位于多快好省的照相式复印，以及通过电脑从互联网下载——还有更早之前的录音或者录像技术，它们使得那些在以往无法复制的东西也能够加以复制了，随之而来的则是，"私人"复制件取代正版制品的零售和出租的风险大增，而出版商、唱片公司与电影制片人还得靠这些正版制品获取收入。

强大的游说集团主导着这个问题上的双方力量。电影和唱片公司希望对私人复制施加法律责任，而消费电子产品的制造商和诸如谷歌公司之类的互联网平台则反对这样做。虽然这些相互冲突的压力对于僵局的形成都有作用，但这种情况同样也是其传统与惯性使然。美国自1790年以来的每一部《著作权法》都秉持这样的理念，认为著作权是一部涉及公共场所与商业利益的法律，例如图书的零售、剧本的公共表演，或者对各类表演进行电影摄制、电台或者电视广播。这种理念主导着著作权法的某些核心规则：比如，只有公共表演才构成侵犯著作权，而私人表演则不算；非商业性使用比商业使用更有可能被认定为合理使用；著作权所有人为了反对一项关于合理使用的抗辩，常常必须表明其遭受了经济损害才能获胜。这几乎都不用感到奇怪，国会选择不予理会有关私人复制的问题，正像伯格首席大法官那样轻松机智地提问，"你的观点是说，不会起诉首席大法官，还是不会起诉任何人？"

导致僵局的原因是由于这样的信念，认为从切实可行的角度出发，私人复制是无法规制的。例如，倘若国会修订著作权法，禁止私人从公共电台中录制电视节目，那么，这些家庭复制者该如何找到著作权所有人，再通过谈判来支付给他一笔许可费呢？即使有人愿意付费，寻找著作权人的成本以及谈判的成本，都将令其望而却步。在华盛顿有这样一条立法箴言：制定一部无法执行的法律，其实是一项有害的政策，因为如此法律必将减损人们对于可执行之法律的忠诚。

不过，在以私人方式无法实现权利的情况下，还是存在着公共方式作为替代手段。如果无法直接调整私人行为，有时就可以间接地加以规制。霍姆斯大法官在《宾虚传》案中就首度采用这样的解决办法，他判决由拍摄了侵犯著作权电影的制片人来为该电影的放映承担责任，即使实施放映行为的并不是制片人自己，而是剧院老板。如果著作权所有人针对设备制造商拥有禁令救济与损害赔偿救济这两大武器，他们就能够与之谈判，要求制造商为录制设备与空白磁带的销售而支付使用费。

国会在私人复制问题上的沉默，就在美国著作权立法的核心处形成了一个黑洞。1976年《著作权法》以列举方式规定了著作权所有人享有作品复制的专有权，从字面上看，这项权利包括了私人复制，但是从该法律背后的立法史看，却仍然是模糊不清的。国会参、众两院关于1976年《著作权法》所提交的报告均清楚表明，例如对某一广播节目进行录制的，并不自动符合合理使用，然而，来自得克萨斯州的国会议员小亚伯拉罕·卡曾（Abraham Kazen, Jr.）与众议院知识产权小组委员会（House Intellectual Property Subcommittee）主席罗伯特·卡斯滕迈耶（Robert Kastenmeier）之间于1971年在众议院的一场对话，却显示了相反的结果：

> 卡曾先生：我假定该法案对著作权材料的保护，就是针对仅仅出于商业目的复制，这样说对吗？
>
> 卡斯滕迈耶先生：对的。
>
> 卡曾先生：换句话说，如果你的孩子将公共电台或者电视台广播的某个节目录制下来，然后用于她个人欣赏，就是听着好玩，那么这种使用就没有包括在本法案所规定的罚则当中，对吗？
>
> 卡斯滕迈耶：这并不包括在法案之中。我很高兴地看到这位先生提到了这一点。

由于面临所有这些互有抵触的行业压力，再加上棘手的执行问题，国会的回应就是将之搁置起来。一个通行的——如果说算不上原创的——策略，就是任命一个委员会来研究这个问题，或者将此问题交给某个机构比如技术评估局（Office of Technology Assessment / OTA）来解决。从1984年到1992年，技术评估局一直在思考有关新的信息技术对于著作权的一般影响问题，更具体而言，就是家庭录像与电脑软件保护的问题。

国会在解决有关私人复制问题上的不情不愿，导致它对于司法判决，尤其是最高法院的判决形成了一种非比寻常的尊重。国会在图书馆复印问题上一直拖而不决，直到威廉斯·威尔金斯案作出判决。同样地，它拖延考虑一项关于家庭录像的法案，一直等着最高法院就此问题作出裁判。在这两起案件中，最高法院都只是被要求就这部显然已经行将消亡的1909年《著作权法》作出解释。既然国会能够很容易地通过一部法律，来推翻任何的司法判决结果，那么，它为什么还要对最高法院表示尊重呢？卡斯滕迈耶在导致最终通过1976年《著作权法》的大讨论期间，正好担任知识产权小组委员会主席，按照他的观点，"最高法院的倾向是，将压力放在败诉的当事人身上"，通过后者去敦促国会"努力改变当前的立法状态"。

与此同时，对这些相互对立的行业团体来说，立法拖延而给它们带来的影响则是各不相同的。大体说来，无论任何时候，只要国会拖延就家庭录像问题作出决定，都只是让著作权所有人遭受损失，而消费电子产品的制造商却因此获益。随着时间推移，越来越多的消费者拥有了录制设备，并且期待用它来免费录制作品。一旦免费使用的习惯扩散开来，再要将它们消除，就变得越来越希望渺茫了。理想而平衡的法律，也许就是在一项新技术刚刚推向市场的一两年内产生，要是过了五年之后，则将因为政治原因而变得不可能。按照卡斯滕迈耶的观点，"如果你坐等难题变得越来越严重，那时这些彼此抵触的行业利益就会成为很重要的考虑因素"而更加难以克服，因为这样就得"在商业或者经济上摧毁一方当事人，而假如你在数年前预计到该难题时即采取行动予以解决，就不会这么困难"。

国会即使未能解决私人复制的问题，但对它也不乏关注。在

第4章 私人复制

修订1909年《著作权法》以解决图书馆复印问题之际，国会阐明了著作权与私人复制技术之间的冲突，而此后，它又考虑修订1976年《著作权法》以应对家庭录音和录像的问题。由于国会和法院在这个问题上来回扯皮，相互冲突的行业团体与用户团体就只好自己寻求新的立法策略了。双方在照相式复印问题上的立场，随着威廉斯·威尔金斯案诉讼出现前后两次不同的判决而摇摆；威廉·帕西诺在一个关键时刻再度出现，敦促两方达成了一项立法妥协。在家庭录像案件中，一份通过许多的幕后操纵才形成的最高法院判决，有效地阻止了国会的行动。而在家庭录音的情形中，双方从根本上放弃了通过国会采取决策行动，转而草草拼凑出他们自己的妥协性方案。

在为制定1976年《著作权法》而进行的立法活动开始之际，私人复制的问题就在其中隐约显现了。艾伦·莱特曼第一次调查有关私人复制问题时，还是一名年轻的律师，那时他应美国版权局之请，写一篇关于合理使用的研究报告，以便帮助修订1909年《著作权法》。莱特曼在其研究中提到，"判例法显然对此问题保持沉默"，而一位作家甚至主张"私人使用完全是在著作权的限制范围和意图之外"，因此，他就告诫称，这样的绝对化结论"从权威性基础来看，既不能获得证明，也无法加以否定"。

莱特曼的研究报告是美国版权局从20世纪50年代开始委托研究的35篇学术论文之一，这些研究的目的是为了分析自1909年《著作权法》通过以来所出现的问题。著作权律师界普通赞同这些研究报告，但是，版权局根据这些研究报告所得出的结论，则不那么被人接受。巴巴拉·林格（Barbara Ringer）时任版权局审查处的主管，负责这些研究报告，她评论道，"事实上，所有研究报告都有人在批评，而其中一些报告则几乎遭到所有人的批评"。版权局局长亚伯拉罕·卡明斯坦（Abraham Kaminstein）邀请受到影响的行业团体与用户团体，对这些研究报告提出建议与修改意见。

版权局的提议包括可享有著作权的作品的一般标准、著作权保护期限，等等，但所有提议都没有比下面这条关于复印的提议遭到更尖锐抨击的：应当允许图书馆为研究目的，就期刊文章以及从其他出版物中选取某一"合理部分"而制作单份的复印件。出版商主张，如此规模的复印已属于不合法，若现在允许它这么做，就会为无限制复印打开方便之门；图书馆则回应，这样做在目前是合法的，并且这种免责还走得不够远。到1963年，双方能够同意的就只剩一条：取消该项提议。卡明斯坦同意："图书馆复印的确是重要问题，但它只是由技术变化所带来的更大问题的一个方面，而我们感觉到，制定法对它的处理，应当着眼于那些能够适应将来发展的宽泛的基本概念。"

所谓"宽泛的基本概念"就是指合理使用。合理使用原则是由联邦法院逐渐发展起来的，如同索赔法院在威廉斯·威尔金斯案中所考察的那样，它要求法院在决定对于某一本来属于侵权使用的行为是否应当给予免责时，必须衡量以下四个要素：使用的目的（相比于商业使用，法院更支持非商业性使用）；作品的性质（相比于一部虚构作品，复制者可以从一部学术作品中使用更多的内容）；使用的数量（使用数量少的好过使用量多的）；以及，该使用对于著作权作品的销售的影响（同样，由此造成影响小的好过影响大的）。在决定究竟依据新的著作权法案第107条（即合理使用条款）

还是第108条（针对图书馆复印而专门列举的免责规定）时，图书馆和出版商双方都必须作出一项战略选择，到底想让哪个政府部门来处理此事。假如国会将此问题留给联邦法院，由后者在个案中适用第107条，那么，图书馆或者出版商有谁的处境会变得更好一些呢？若根据国会可能在第108条中设定的具体规则，又会是哪一方更好过一些呢？随着威廉斯·威尔金斯案在法院的层层推进，著作权法案第107条和108条尚在国会游移不定，图书馆与出版商双方也在适时调整他们的策略。在合理使用的抽象性与复印规则的具体性之间，卡明斯坦选择了一条中间道路。他提议设定一条关于合理使用的一般性规定，然后再给出符合合理使用的具体例子："批评、评论、新闻报道、教学活动"，以及作为向图书馆方面倾斜的例子——"学术或者研究"。但是，出版商与图书馆这两边对这个妥协性方案均予以抨击，于是，版权局局长只好再次让步，"带着某种遗憾"而决定将合理使用条款精减至最低限度："对著作权作品进行合理使用的，不构成侵犯著作权。"这样一来，作者、出版商和图书馆只能寄希望于法院在将来把天平的一端向着他们这边倾斜了。

　　著作权法的修订工作在国会时断时续地推进。早期的活动发生在众议院，罗伯特·卡斯滕迈耶所主持的小组委员会于1965年花了22天用于听证，又于1966年举行了超过15场的内部会议。4年之后，法案在参议院被卡住了，因为图书馆是否享有为图书馆用户制作单份复印件的特权的问题，此刻突然冒出来，变成了一个大问题（一份早期的参议院法案是有限地允许为图书馆内部使用而进行复制，比如作为档案保存）。但是到1969年12月10日，参议院小组委员会主席约翰·麦克莱伦（John McClellan）将议案呈交国会辩论并进行表决的法案，却对单份复印特权进行了大幅度的扩张，允许图书馆应读者的请求而制作复印件，包括通过馆际借阅所提出的复印请求。麦克莱伦的法律顾问托马斯·布伦南（Thomas Brennan）回忆道，"我们受到图书馆团体的压力，它们提出了有关单份复印件的修订方案"。该小组委员会努力安抚出版商，规定若图书馆方面有理由相信它正在对同一作品进行"关联性或协同性复制的"，即应收回该项免责特权，但是，此举未获成功。

与此同时，版权局内部却正陷于混乱之中。版权局局长亚伯拉罕·卡明斯坦突发心脏病，随后中风不起；1971年他从任上退休。可能接替其职的两位主要竞争者，一是副局长乔治·卡里（George Cary）；另一位就是巴巴拉·林格，她的职业生涯全部投身于版权局，在著作权法修订工作中充当先锋，其时担任版权局助理局长（在关于作家及其作品指南的《当代作家》[Contemporary Authors]〔1965年版〕中，林格在她的"待完成作品"[work in progress]一栏俏皮地列上《起草一份全面修订著作权法的法案》）。林格在复印问题上的立场非常鲜明、直截了当：第107条的灵活性远胜于第108条法典式的僵硬。

1971年8月27日，国会图书馆馆长昆西·芒福德（Quincy Mumford）任命卡里为版权局局长。4天之后，林格以性别与种族歧视为由提起诉讼，要求推翻此项任命（林格本身就是白人，但她控诉称，自己是因为替版权局的黑人雇员进行辩护而遭到报复，从而未获任命的）。法院作出了对林格有利的判决，认定芒福德未遵守版权局的人事规定，但是，该判决所依据的理由只是程序性而不是实体性的。1个月之后——这次大概是遵守了版权局的规定——芒福德重新任命卡里为版权局局长,而国会图书馆公平就业机会办公室(Library of Congress Equal Opportunity Office)在另行启动的一项程序中,作出了对林格不利的裁决。"一旦你采取了像这样的一种立场",林格回忆道,"那么所有事情都变了。因此,我变成了一个异类,局里所有事情都把我排斥在外"。1972年5月,林格离开华盛顿,远赴巴黎就任联合国教科文组织(UNESCO)国际著作权业务局的主任;但她在1973年重返版权局,因为那时她对公平就业机会办公室裁决的上诉(以及随后对芒福德的一项异议)赢得胜利,最终,她被任命为版权局局长。

巴巴拉·林格在巴黎任职期间,第107条颇具灵活性的合理使用规定已经被搁置一旁,由法典式的第108条取而代之。假如林格在她于1971年首次申请该职位时即被任命为版权局局长,情况又将如何呢?"我想我会尽力把第107条和108条合并到一起。这可不容易,因为它们是各自朝着不同方向发展的。我意识到这是非常不合逻辑的。"尽管按照林格的意见,第108条是"糟糕的",但她补充说,"当我回来时,事情已经明摆着,完全不可能再碰它了"。

1972年2月,詹姆斯·戴维斯初审法官对威廉斯·威尔金斯案下达判决,认定图书馆复印并不属于合理使用,而图书馆馆长们至少从君子协定订立以来就一直假定,合理使用原则可以让他们的复印行为免于承担责任,但现在他们要重新考虑能否再把该原则当成避风港了。罗伯特·韦奇沃思(Robert Wedgeworth)在那时刚刚就任美国图书馆协会的执行主任,他回忆道,这个判决"把整个图书馆界给吓坏了"。现在,图书馆馆长们虽然并未完全放弃第107条,但他们对第108条重新给予了关注。

1973年4月，图书馆馆长们在一份参议院报告的草案中，成功地写入一条支持有关将私人复制归为合理使用的原则："把期刊的单篇文章，或者一本图书的小部分摘录制作一份复制件，这通常应被视为合理使用。"阿瑟·戈林鲍姆（正是由他将威廉斯·威尔金斯公司的意见书带至国会的，而把该意见书带到法院的则是其合作伙伴艾伦·莱特曼）反对这样的措辞。小组委员会的法律顾问布伦南向他保证，"即使这项等待修订的法案获得立法通过，小组委员会对于国家医学图书馆复印享有著作权的期刊文章的做法是否就属于一种合理使用，并不抱有任何立场"。

1973年11月，由于索赔法院推翻了由戴维斯初审法官所作的支持威廉斯·威尔金斯公司的判决，这下子轮到出版商来寻求第108条的庇护了。到1974年春，他们的全副精力集中于该法案所提议的关于禁止"系统性复制"复印件的规定上，据此规定，图书馆只能"单独而无关联"地复制单份的复印件。出版商明白，经过这么多年，再要让小组委员会修改立法用语，并且试图转而把"系统性复制"一语作出有利于己方的定义放入参议院有关该法案的报告中，已经相当困难了。

这些法律提案在漫长的发展路线中，无一不是各具来龙去脉。甚至早在版权局局长1961年的报告之前，出版商、作者和图书馆馆长们就已经开始并且一直在谈判，以便为复印问题达成一个可为各方接受的办法。自1961年以来，受到版权局、参众两院小组委员会的鼓励，他们在首都华盛顿的各处地点都进行过会谈——像是宇宙俱乐部（Cosmos Club）、敦巴顿橡树园（Dumbarton Oaks），以

第4章 私人复制

及最后是在国会图书馆的威尔逊厅（Wilson Room of the Library of Congress）。所有这些会谈概括起来就是，威尔逊厅的谈判小组无法就"系统性复制与发行"的定义达成一致意见；事实上，谈判小组甚至无法就图书馆是否必须为此付费达成共识，遑论这些术语该如何定义了。"在谈判桌上没有任何事实"，罗伯特·韦奇沃思回忆道。"全都是个人意见、推测和逸闻经验。"

1975年2月，最高法院就威廉斯·威尔金斯案发表了只有两句话的裁定，[①]因此，由索赔法院所作的支持政府图书馆的判决，现在就成了这个国家的法律。6家主要的图书馆协会敦促卡斯滕迈耶删除，或者至少淡化第108条对"系统性"复印所施加的法律责任。而在出版商和作者这一方则提议，这里所谓的复印应当指其"目的或者效果可能构成期刊订阅或者销售的替代"——这是显示出某种诚意的一个新的妥协。索赔法院在威廉斯·威尔金斯案中实际上已经粉碎了出版商的第一波攻击——他们主张就理论而言，并且不管是否导致期刊订阅数量减少，对于照相式复印的市场都是享有权利的。现在他们只是请求国会将他们在订阅数量减少上的事实性主张，转换为一条制定法上的标准而已。如果他们的事实性主张成立，他们仍可根据第108条获得胜诉；反之，则将败诉。卡斯滕迈耶领导的小组委员会很快将该提议纳入第108条本身的条文之中。

第108条新的规定是，禁止以对订阅或者销售构成替代的方式进行"大量"（aggregate quantities）的照相式复印，实际上，这

[①] 指前一章提到的"最高法院因形成平局而维持原判。大法官布莱克门阁下未参加本案判决投票"。

等于使双方以及小组委员会承认，15年来他们是在一个真空中谈判；"个人意见、推测和逸闻经验"并没有——也许根本就不可能——确定问题的要点，亦即照相式复印在多大程度上会实际干扰期刊的销售与订阅。这个条款对于"大量"一词未作具体定义，尚留待他日解决，但是，如果要由法院来定义，那么它就会变成一个特设定义（ad hoc definition），非常像法院根据第107条所作的关于合理使用的判决。而如果国会本身能够在某种程度上定义该术语，则第108条仍将维持自我封闭的完整性。

现在改由另一个新的团队来接手处理这个问题。1974年12月31日，根据一项总统命令，"新技术应用著作权作品全国委员会"（简称"CONTU"）创设成立，复印问题被置于其议事日程的首要选项。该委员会由14位经总统任命的成员组成，主要来自出版、图书馆和学术界。巴巴拉·林格是依其职位而担任该委员会成员的，在她的力促之下，CONTU向参众两院的小组委员会提供帮助，起草第108条中"大量"（aggregate quantities）一词的判断指南，并且在下一年度继续从事此项工作。这里的讨论远不如过去那般尖锐激烈，可能的原因是，该委员会主席、纽约州退休首席法官斯坦利·富尔德（Stanley Fuld）不具备任何著作权法的背景，对复印问题的争议更是知之甚少。罗伯特·韦奇沃思是该委员会的14名成员之一，他回忆道，"如果说他只是主持会议，那就错了，因为他做的可比主持委员会的事儿还多。他让我想起了我在上高中时的管弦乐队指挥。我是演奏打击乐器的，而他告诉我说，打击乐手的理念就是，要让人感觉到，而不是让人听到。富尔德法官就是这样做的"。

第 4 章 私人复制

在最高法院输掉官司数月之后，威廉·帕西诺为解决问题而作出最后一搏：他与老对手国家医学图书馆共同向 CONTU 提交了一份妥协性提议。1975 年夏末，帕西诺与威廉斯·威尔金斯公司总裁查尔斯·雷维洛（Charles Reville）一道，邀请马丁·卡明斯及其副手哈罗德·斯库尔曼（Harold Schoolman）共进午餐。他们会面的结果是达成了一项计划，由雷维洛与斯库尔曼起草一份致巴巴拉·林格的联合信函，概要说明双方妥协的基本内容。尽管双方在若干问题达成了一致意见，但是，这一努力最终还是没有成功，仍然改由各方在自己的信函中解释其关于"系统性复制"的看法。

这两封信当然并不完全一致，但至少它们在以复制件的数量来判定是否构成"系统性复制"这一点上，接近于存在共同的基础——雷维洛的信函所指的复制件是那些有"证据"表明存在着某种"合理需求"的期刊而言的，而斯库尔曼则以某一特定期刊的文章在任何给定年份里被人要求复印 10 次作为符合"合理需求"的标准。在为威廉斯·威尔金斯案准备其答辩词时，国家医学图书馆已经在图书馆复印方面积累了大量的数据，因此斯库尔曼知道，只有很少数量的期刊才有这样的需求。当韦奇沃思问他，图书馆能否同意以每年请求 5 份复制件作为存在合理需求的证据时，他很快就同意了。韦奇沃思又与林格在深夜打了一通电话，敲定了这项妥协方案。

最终，CONTU 提出了一套关于图书馆复印的指南，核心之处是在数量上的妥协即"五份规则"（rule of fives）："'大量'是指自被请求复印之日起 5 年内，某一特定期刊上发表的任何文章在 1 年内被复印 5 份以上。"CONTU 表明它强烈倾向于让该指南保持连贯性以及数字的大致无误,因此它又补充称,国会应当自《著作权法》生效之日起5年内对该指南进行审查。

1976年9月,众议院通过著作权法修订案,修改条文包括第108条关于大量复制的但书规定。众参两院协商委员会(House-Senate Conference Committee)接受该修订案,并且将CONTU的指南纳入其协商报告(Conference Report),以便在将来为出版商与图书馆提供指导。该法案在众参两院均获得通过,并于1976年10月19日经福特总统签字成为法律。

对于电影公司来说,1976年的冬季或者春季似乎本来也是一个理想的时机,它们在此时可以请求国会把关于对家庭录像行为施以某种法律责任的规定,添加到这个正在等待立法通过的法案之中。仅仅一年前,家庭盒式磁带录像机才刚刚被引入美国市场,而最理想的希望就是在这种设备没有进入太多家庭之前能够让国会采取行动。但是,从政治上来说,这个时机又是很糟糕的。法律修订历经15年的努力正在接近完成,国会一般不会再接纳另一个争议性问题,因为这可能导致原本已经达成的脆弱的妥协前功尽弃。就在该法案通过之前的几个星期,国会把整个标题从法案的文本中撤去,原因就是担心在该规定上若继续争议下去的话,就会毁了此前所作的全部努力。

尽管从逻辑上讲,可以就一个标志性案件提起诉讼,作为促请国会制定一项新法律的替代方案,但是,诉讼毕竟是有风险的。风险之一当然是败诉,还有可能为将来的司法和立法活动确立一个不利的司法先例。而且,一旦进入诉讼,等到全部上诉程序终结很可能得花上10年时间，这样一来，即使电影公司赢了官司，仍有可能前景堪忧：因为在那时录像机已经成为一件普通的家用电器，国会就可能屈从于民众压力，从而以立法方式推翻该项判决所产生的结果。然而，1976年10月，环球城市电影公司（Universal City Studios）与华特迪士尼制片厂（Walt Disney Productions）还是联手冒险一搏，在它们自己的家门口，以侵犯著作权为由将美国索尼公司（Sony Corporation of America）起诉至洛杉矶的联邦地区法院，指控索尼公司通过销售其Betamax录像机，帮助侵犯环球公司在电视上所播放电影的著作权。环球公司根据霍姆斯大法官在《宾虚传》案判决中的逻辑，主张索尼公司向人们提供用以侵犯著作权的工具——盒式磁带录像机，这就如同它自己制作了用于停播后观看的复制件，故应当承担责任。

环球公司把本案建立在帮助侵权（contributory infringement）理论的基础上，就是不希望法院将注意力集中在录像机所有人的身上，尽管后者才是真正的、直接的侵权人。但是，在直接侵权人没有被诉诸法庭的情况下，法院能否认定帮助侵权，法律对此并未明确规定，因此环球公司采取了预防措施，将其聘任律师事务所的一位叫作威廉·格里菲思（William Griffiths）的客户列为名义被告（格里菲思承认他是家庭录像复制人，在了解到不会对他追究任何损害赔偿责任的情况下，同意充当被告）。为了在索尼公司与格里菲思之间建立联系，电影公司还一并起诉了销售Betamax录像机的几个零售商，以及索尼公司的广告代理商恒美广告公司（Doyle Dane Bernbach）。

帮助侵权规则在专利法中的发展远比在著作权法中的完善，

因此，索尼公司求助于专利法，通过某种类比以支持其抗辩。根据美国《专利法》，假如销售的某一产品，例如一台红外摄像机，它既被用于一种探测结构性缺陷的专利方法，也具有某种"实质性的非侵权用途"（substantial noninfringing use），比如用于拍摄艺术照片，那么，该销售行为将免于被指控为帮助侵权。索尼公司主张，尽管录像机的某些用途可能侵犯了著作权，但是，录像机也可以具有非侵权用途——比如，所复制的电视节目已不受著作权保护，或者该节目的著作权所有人并不在意这种无法管控的家庭录像行为，或者甚至乐见此类录制（索尼公司列举了弗雷德·罗杰斯［Fred Rogers］的《罗杰斯先生的邻居》［Mister Rogers' Neighborhood］①为例，证明他就不反对人们录制其节目用于播出之后的观看。他说，"我认为这才是一种对家庭的真正服务，让他们能够把这些节目录下来，并且在适当的时候再拿出来观看"）。

双方当事人都明白，合理使用将是本案的核心。Betamax录像机的所有人之所以录制节目，出于两个原因：一是为了积累电视电影的收藏，另一个是基于时间转换（time-shift）——将黄金时段的节目录下来，然后等他们下了夜班回家之后再在后半夜观看，看完之后就将录像带消磁，以供下次录制。如果法院判决节目收藏与时间转换两者都属于合理使用，那么电影公司就败诉；如果法院认定这两种使用都属于侵犯著作权的，则电影公司胜诉，因为此时录像机就极少具有非侵权用途了；但是，如果法院认定其中之一属于合

---

① 美国一档广受观众喜爱的儿童节目，由罗杰斯（1928—2003）主演。该系列剧从1968年首次播出，到2002年停播，一共播出895集。

第4章 私人复制

理使用，而另一情形不属于合理使用，那么，法院必须确定它给予免责的行为是否构成一种"实质性的非侵权用途"。

决定提起诉讼而不是争取立法，这种做法还造成了另一个难题。如果争取立法，国会就可以精巧地设计出各方妥协的法律，能够对法律救济作出调整，以使该法律责任的结果不致于对任何人造成过重的负担。相反，法院的判决是要么全有，要么全无：一方当事人赢了官司；另一方就输了。如果环球公司与迪士尼公司胜诉，它们就有权获得一项针对索尼公司的禁令，但是，如果法院认为作出一份有利于电影公司的判决就得阻止索尼公司在美国销售录像机，那么它为了避免出现如此严峻的后果，可能只好认定索尼公司不构成侵权了。

环球诉索尼案的一审审判进展迅速。该案在1979年初开始审理，当年10月就有了判决结果。沃伦·J.弗格森（Warren J.Ferguson）法官驳回了环球公司的每一项诉讼请求。他在判决中写道，《著作权法》赋予的专有权并未扩展至私人的、非商业性复制行为，无论复制的目的是出于时间转换还是为了建立个人收藏。即便该法律确实扩展到这么广的范围，合理使用也能使家庭录像行为免责；而且，即使这里不适用合理使用规则，但根据任何可被接受的帮助侵权理论，也并不能让录像机的生产商和销售商承担责任。最后，即使生产商和销售商要承担责任，也不应对其采取禁令救济，因为一旦施以禁令，它对于被告以及社会公众所造成的损害，将远远大于因拒绝授予禁令而给电影公司带来的损害。

驱使弗格森法官作出如此判决的，正是损害问题。弗格森判定电影公司应当承担举证责任，证明其因家庭录像行为而遭受损害，而他认为它们对此是无法举证的,不管是现在还是将来。他注意到它们持续不断增加的可获利性,并且它们也承认,家庭录像行为尚未对其著作权造成任何的实际损害;对于将来的损害,他观察到原告的案件甚至比威廉斯·威尔金斯公司在6年前所提起的那个案件更加具有猜测性。电影公司方面的专家"也承认,他们既不知道所预测的损害会在哪一年发生,也不知道Betamax录像机要销售多少台才会造成损害"。弗格森法官的判决虽然不是对环球诉索尼案一锤定音,但是电影公司知道,从它们提起上诉到获得判决结果可能还有很长的路要走(要命的是,第九巡回上诉法院在那时审理上诉案件的速度极慢,有些案件从法庭辩论到作出判决几乎得花上3年)。1979年,当弗格森法官作出一审判决时,录像机的生产商已经在美国销售了4.75万台机器;3年之后,他们的销量将达到每年200万台以上;4年后的这一数字则将超过400万台。

也许意识到了时间的重要性,第九巡回法院以异乎寻常的速度审理该案,并于1981年10月作出判决,此时若从听取该案的法庭辩论算起,也仅仅费时8个月稍多一点。该判决让环球公司与迪士尼公司大获全胜,参加审理的三位法官一致投票同意,撤销弗格森法官的判决。"我们认定,国会并无任何意图,要为家庭使用创设一揽子的著作权保护的例外,而家庭录像行为并不构成合理使用。而且从法律上讲,被上诉人应当为该侵权行为承担责任。"关于禁令救济这个难题,法院补充了一项富有创意的建议。"如果大部分公众将因某项禁令而遭受损害",法院可以判决支付损害赔偿金或者连续支付使用费的方式替代。如果说联邦地区法院将著作权水杯看作半空的,那么上诉法院现在则是将之视为半满的了。"显然，家庭用户有对著作权作品进行使用的控制能力，从而为这种能力赋予经济价值。著作权法看起来就是要求给予著作权人以利用这一市场的机会。"随着大多数家庭录像行为投入到著作权网络中来，法院最终判决构成帮助侵权就几乎不可避免了："制造、推销和出售录像机的主要目的，就是为了让人录制电视节目。事实上，所有电视节目都是有著作权的。因此，录像机并不符合'实质性的非侵权用途'。"

一些国会议员已准备迅速采取行动。在上诉法院判决之后两天，民主党议员丹尼斯·德孔西尼（Dennis DeConcini）与共和党议员阿方索·达马托（Alphonse D'Amato）联手提出了一项参议院法案，意图推翻该判决，而共和党的斯坦福·帕里斯（Stanford Parris）和约翰·邓肯（John Duncan）也在众议院提出了相同的法案。尽管这些法案稍有差别，但它们的主要内容是相同的：制作家庭录像以供节目播出后观看，只要录制者没有将录像带用于谋取直接或者间接的商业利益，则该行为并不侵犯著作权。这是国会第一次将私人复印的问题直接摆在了桌面上。

电影公司对此作出了强力回应。通过其行业组织美国电影协会（Motion Picture of Association America，简称"MPAA"）的努力，电影公司提出了一项妥协性策略：它们准备放弃在法院获得禁令救济的机会，以换取对德孔西尼法案作出一处修改，即要求录制设备和录像带的制造商按每一台售出的录像机和每一盘空白录像带支付一笔依法确定的使用费（这是在响应第九巡回法院的建议，即初审法院可以应当事人的请求撤销禁令，而只判决索尼公司赔偿损失）。共和党参议员查尔斯·马赛厄斯（Charles Mathias）提出了一项参议院法案,采纳了这种付费办法,而两个月之后,加州民主党议员唐·爱德华兹(Don Edwards)在众议院也提出了一项相应的法案。

随之而来的是历时数月的密集游说,以美国电影协会为一方,另一方则是电子工业协会(Electronic Industries Association),再加上新成立的家庭录制权联盟(Home Recording Right Coalition)。直到1982年6月,游说活动才有所放缓,因为那时美国最高法院已经同意审理索尼公司的上诉案。尽管著作权所有人发誓将继续致力于争取在国会通过法律,但一位密切观察者这样评论道,"作为现实主义者,他们知道,对于国会来说,自己无所作为但又可以怪罪于政府的另一部门无所作为,这样的机会真是很难拒绝"。

1983年1月,最高法院开庭听取索尼诉环球案(最高法院的惯例是将上诉人的名字置于案件开头,而本案上诉人是索尼公司,故案件名称有此调整)的口头辩论。随后经过数月,最高法院的开庭期[①]也接近尾声,对于长期商议之后法院将作何判决,双方当事人都开始疑惑重重;他们所不可能知道的是,在口头辩论的那些天里,大法官之间发生了一场争论,并且争论一直持续至当年开庭期行将结束。他们同样不可能知道的是,大法官的多数派先是站在该案件的某一方的,但由于开庭期届满而告解散,而且随后发生翻转,在案件的另一方形成了新的多数派。直到10年之后,国会图书馆向公众开放了瑟古德·马歇尔大法官主持最高法院期间的文

---

① 美国最高法院以每年10月开始至次年6月为一个开庭期。例如1982年10月到1983年6月届满,称为1982年开庭期。

件，这些情况才渐为人知。

引发大法官们争论的，正是私人复制问题。哈里·布莱克门大法官——在该案的大法官讨论会上——已经被指定撰写多数派意见，判决支持电影公司。1月24日，也就是口头辩论之后第6天，约翰·保罗·史蒂文斯（John Paul Stevens）大法官给布莱克门写信称，因为关于为私人用途而非商业用途制作单份复制件是否侵犯著作权这个问题"没有在辩论过程中充分展开"，并且"因为我预期会在反对意见中强调这一点，所以，我就想到，如果我把我书面主张的基本提纲先发给你看看，也许在你起草意见书时会有所帮助——并且可以想见，它可能说服你们当中的某一位，同意在立场完全确定之前重新考虑这个问题"。

史蒂文斯将私人复制问题阐述为一个法律解释的问题，而不是合理使用的问题。"非常明显的是，在整部法律的具体修订过程中，国会都审慎地回避了就有关私人用途单份复制的问题作出任何直接的评论"，史蒂文斯这样评述道，并且他本人认为，之所以支持将私人复制归为一种制定法上的免责事由，是基于以下三个重要价值："（1）隐私权益，一旦法律试图对家庭内的行为施以控制，这种价值就隐含其中；（2）合理警告原则，假如真的要为多达几百万的人贴上违法者标签，还是需要审慎行事；以及（3）经济利益，对于一个已经成功开发并且销售了某种新颖而实用的产品的企业家，不能对其施以一种实质性的追加惩罚，何况这是在地区法院所认定的证据表明，著作权人尚未受到任何实际损害的情况下。"

史蒂文斯还提出警告，一旦最高法院判决支持著作权所有人，就会产生某种政治含义。假如最高法院的判决并没有对录像机的生产商施加法律责任,"国会就可能面对与它在面临和解决有关有线电视对著作权作品转播问题时的同样的问题。另一方面,如果我们维持原审判决,我担心各个法院在今后必须负起责任,详细拟定一系列具体的法律救济,而这些事情若交由立法机关来处理,效果可能反而更好"。

史蒂文斯的这封信也转给了刘易斯·鲍威尔(Lewis Powell)大法官,导致后者的立场发生动摇。鲍威尔在案件讨论会上是投票维持原判的——"这与我在本院审理威廉斯·威尔金斯案时所持的观点一致",但是到2月3日,他却告诉布莱克门,史蒂文斯关于私人复制的主张对他来讲颇有新意,他需要"回去查阅'教科书'"。布莱克门可能意识到有一股倾向,正在偏离他的立场,于是回答道:"这个案件可能得重新指定其他人来撰写意见书,不过在当前,我宁愿将这种可能性搁置一旁,直到把撰写意见书的进一步工作做完。"

时隔多日,"进一步的工作"终于在6月中旬露面了,这就是布莱克门大法官的一份提议性多数派意见,以及史蒂文斯大法官的一份提议性反对意见。布莱克门起草的意见对于史蒂文斯的主张予以断然否定,后者认为,国会在通过1976年《著作权法》时,有意将家庭制作单份复制件的做法设定为一种免责事由。固然,制定法中有关禁止复制的规定,若从文字上看,确实仅仅提到了复数的"复制件"(copies),而不是单数的"复制件"(copy),但是,众参两院的报告已经指出,法律在提到复数时均包括了单数,而且,卡斯滕迈耶与卡曾的对话是关于私人复制录音作品的问题,并不适用于电影作品。何况,若国会想为单份复制件创设一个免责事由,那么它知道该怎么做，正如它在第108条中所规定的那样。"如果任何作品都可以让任何人出于私人目的而完全复制，那么，这些限制就将统统变得多此一举了。"简而言之，布莱克门的结论就是，国会意图根据合理使用规则，而不是将私人用途作为本身构成免责事由，来区分可允许的复制和不被允许的复制。

史蒂文斯大法官在反对意见中，对于著作权在以往面临新技术——自动演奏钢琴、照相式复印机、有线电视、家庭录音机——的情况作了一番彻底的回顾。"这段历史揭示出，在以下两个不断重现的主题上存在着某种明显的一致性。第一，最高法院反复拒绝扩张著作权的保护范围，宁愿将它留给国会来评估新的发展并且作出立法修订；第二，任何利益相关的当事人均未曾郑重建议，对于个人出于私人用途而就任何著作权作品制作单份复制件的行为，应当施以惩罚或者任何种类的法律责任。"也许史蒂文斯希望能够赢得多数大法官来支持他的立场，所以他在起草意见时非常细致，以致假若他能够把该草稿变成多数派意见的话，只需将最后一句用语简单地由"应当撤销原判"改换为"撤销原判"即可。布莱克门和史蒂文斯分别起草的意见，激发了其他的大法官们，他们写出一连串的备忘录，并一直持续到本年度开庭期结束。

布伦南大法官最初在投票时，决定部分维持第九巡回法院的判决，并且区分了为建立收藏之目的与为时间转换之便而进行的录像，认为前者构成侵权，后者则不构成。但是现在他说，他将投票完全推翻原判。但他也否定了史蒂文斯关于国会已经直接免除了私人复制者法律责任的观点，而是在帮助侵权的认定标准中提出了一个微妙而关键的转换。他并不把录像机的"主要用途"视为构成帮助侵权的基础，相反地，他只是要问，"Betamax 录像机是否具有实质性的非侵权用途"，如果是，那么他就认定不构成帮助侵权。在布伦南看来，涉及时间转换的大多数情形就构成这样一种非侵权用途。

3天之后，拜伦·怀特（Byron White）大法官也参与其中。虽然他倾向于史蒂文斯关于私人复制免责的立场，但他也同意布伦南的观点，认为索尼公司并非帮助侵权人。"当然，约翰撤销这份对索尼公司不利的判决，自有他的理由，难道就不能把你们两位的意见结合起来吗？"毕竟，他说道，"假如有五票同意撤销针对索尼公司的判决，那么，家庭录像机所有人就几乎不是一个紧迫问题了"，因为"并没有针对家庭录像机所有人而寻求任何救济"。对于布伦南挑头提出的帮助侵权问题，史蒂文斯立刻作出回应。"如果有五票同意这个方法，我非常乐意重写备忘录，参加支持这一立场的意见书。"

布伦南和怀特正在积极推动以帮助侵权为依据而推翻原判，与此同时，桑德拉·戴·奥康纳大法官则准备以更加复杂难解的损害问题为据来推翻原判。她致信布莱克门时写道，"地区法院的意见认为，被上诉人并没有因为索尼公司的使用而遭受任何实际或者潜在的损害，我认为很难否定这个意见"。布莱克门答复称，他认为在有关潜在损害的问题上，地区法院的判决意见还不如她的意见更加确定，不过他问道，"既然我们对该判决意见有不同的解读，如果将案件发回地区法院，由其进一步考虑有关损害的问题，你觉得如何？"奥康纳拒绝了这样的提议。"这看起来很清楚，考虑到地区法院已经强烈表达了这样的意见，认为本案中的损害完全是猜测性的,以致无法证明哪怕是'可能的'损害,那么无论我们要求地区法院适用什么标准,其结果很可能仍然是相同的。"总之,她认为,作为一个法律问题,著作权所有人应当承担关于损害的举证责任。"有关损害与赔偿金的举证责任,传统上是由原告承担的,而我没有看到有任何充分的理由,要把这个举证责任转移给被控侵权人。"

布伦南大法官果然不负其凝聚共识者(consensus builder)之美誉,他在同一天也致函布莱克门。"桑德拉在这起疑难案件中向您提出的建议,看起来很具有建设性,我最感兴趣的是您的回答。"两天之后,鲍威尔也以同样的口吻写道:"桑德拉6月18日信中所提出的建议,我十分认同","如果您根据她信中提出的思路,对您的意见广泛加以修订,我相信我会加入您的意见的。这个案件当初指定由您撰写法院意见——我想部分地——是基于我在案件讨论会上的投票,所以,除非出现一个截然相反的裁断,我仍有义务来维护您的意见"。

6月20日,布莱克门去函至今仍毫不动摇支持他的瑟古德·马歇尔和威廉·伦奎斯特,称他愿意努力接纳奥康纳和鲍威尔的意见,"并且,可能包括比尔·布伦南的意见",但他又补充道,"我不希望这会因此影响到你们的支持"。他表示愿意在损害问题上作出让步——"著作权人必须表明存在着一种潜在的损害,我不认为这个要求有什么不合理之处";并且,他在帮助侵权的认定标准上同样作出让步,"我同意,帮助侵权的问题表现为在录像机的使用量当中有多少是属于侵权行为,而不是表现为享有著作权的电视节目的数量"。

奥康纳现在把她不断演变的观点集中到了有关著作权人应负有损害证明义务上，此刻她又提出具体的措辞，要求将之纳入布莱克门的意见之中。到6月28日，明显被激怒了的布莱克门放弃将她的观点纳入其中的努力。"我6月23日给您的信中阐明了我愿意这样做的底线。我感觉这里涉及是否适用正确的法律原则，所以对我来讲，是否有五票支持已经不那么重要了。由此看来，你我之间确实存在着根本不同的意见。本案将不得不以有别于我所提议的方式来作出判决了。"很显然，布莱克门的多数派已经不复存在。

6月27日，布伦南告诉其他大法官，史蒂文斯起草的意见"与我在案件讨论会上以及6月14日备忘录中所表达的观点较为接近"。翌日，奥康纳接到了布莱克门的最后信件，随即致函伯格首席大法官称，"我们历经多少个深夜，也多次重新起草意见。现在的结果就是，我们在案件事实上要确定地向一个'中间'立场转换，而对于帮助侵权问题则要抱持一种更为严格的态度"。因为注意到布莱克门已经拒绝就他的方法作进一步改变，她又补充道，"相比于现在摊到'桌面上的'任何其他意见，我更同意约翰最近起草的那份意见"。

对全体大法官而言，他们越来越清楚地意识到，尽管一个新的多数派立场已经显现，但是，正当本届开庭期临近结束之际，其他案件的压力使得他们难以在这么短的时间内起草完成一份多数派意见书。6月28日，史蒂文斯在一封致"亲爱的首席"的信中告诉伯格，已经"将我的一份备忘录的修订稿送交印刷厂了，在其中，我尽力反映出我认为是您、比尔·布伦南、拜伦、刘易斯、桑德拉和我自己所持的一种共识。从这份备忘录所采取的形式看，一旦它获得五票支持，就能够很快转换成一份判决意见。如果这样，我希

第 4 章　私人复制

望不必再为该案重新辩论了"。

这个情况实际并未发生。大法官们完全没有时间这样做。7月6日,最高法院将此案重排日程,以便在下一年度重新辩论。

瑟古德·马歇尔与伦奎斯特一道,成了布莱克门仅存的坚守不移的支持者,在整个春天,马歇尔的备忘录往往就只是一两句给布莱克门鼓励打气的话——"加油。我会坚定支持你的。""我始终支持你。"但是,到1983年10月4日,也就是索尼案当事人重新辩论的那一天,马歇尔终于亲自下场,撰写了一份长达7页的分析报告,涉及由时间转换所导致的损害。他把著作权水杯看成是半满而非半空的,于是他暗示道,这些需要时间转换的人,本身就对享有著作权的电视节目构成了一个潜在的市场。"这些人为了能够在方便的时候观看著作权作品而愿意付费,正如有证据所表明的,他们愿意花钱购买录像机和录像带;毫无疑问,大多数人是愿意向著作权人支付某种使用费的。"

布莱克门在两天之后作出回答,他认为马歇尔的观点正确。"我应该尽量把这些观点放到我正在撰写的反对意见中。"在马歇尔提出备忘录与布莱克门作出回答之际,大法官们举行了案件讨论会,主要是针对那些在上一个开庭期已经提出的问题进行投票。正如最高法院在1月17日判决中所宣布的那样,最后的投票结果是:布伦南、伯格、奥康纳、史蒂文斯和怀特支持撤销第九巡回法院的判决;布莱克门、马歇尔、鲍威尔和伦奎斯特同意维持原判。史蒂文斯大法官代表多数派所撰写的意见,更类似于布伦南和奥康纳在上一开庭期提出的备忘录,而不是他最初提交的反对意见。该意见书没有再提及私人复制是一种制定法上的免责事由。它提到,只有在涉讼产品没有任何实质性非侵权用途的情况下，才可以认定构成帮助侵权。而时间转换就是一种非侵权用途——其中部分原因在于，许多像弗雷德·罗杰斯之类的著作权所有人，乐得人们对电视节目进行录制使用，另一部分原因则在于，该行为构成合理使用。即使说时间转换的私人性或者非商业性还不足以使它绝对地免于构成侵犯著作权，那么，它至少可以产生一个连环球公司和迪士尼都无法反驳的假设，即它们并没有因此受到损害。

布莱克门大法官的反对意见仍然紧紧遵循其在上一开庭期最初所提出的多数派意见。主要增加的内容，一是马歇尔大法官关于潜在市场所提出的观点，这部分几乎是原文照抄，另一个是针对史蒂文斯大法官就最高法院与国会在面对技术变革时彼此处于何种适当关系所作的历史评价，提出了严厉的反驳："或许一个更为恰当和准确的描述是，最高法院倾向于逃避在著作权法领域中出现的难题。不过，我看不出最高法院有任何理由要格外满足于或者继承这种传统。事实上，从1976年《著作权法》的立法史中可以很清楚地看到，国会想要改变旧的调整模式，制定一部新的法律，以便同时涵盖新技术与旧技术。"

现在，电影公司把最后的希望寄托在国会了。行业的乐观派成员可以从史蒂文斯大法官的评论中振作起来，因为大法官提到，在过去，当最高法院判决不承担著作权责任时，往往由国会来填补空白——从最高法院对阿波罗案作出判决之后，国会将著作权扩展至自动钢琴纸卷和录音制品，一直到国会在有线电视和图书馆复印问题上的立法，都是如此。但是，在这些案件或者立法措施中，没有一个直接涉及私人复制这个让人头痛的问题。等最高法院

第4章 私人复制

就索尼诉环球案作出判决时，美国家庭中拥有录像机的比例，已经从该案起诉之初的几乎为零，猛增至9%。而当国会拒绝根据S.31法案——即对录音设备与空白录音带征收法定使用费的一项妥协性措施——采取立法行动时，电影公司也就不再倾向于继续坚持。家庭录像作为一个重大议题，最终从国会的立法日程上消失了。

电影公司在最高法院与国会迭遭挫折，使唱片公司陷入了一个左右为难的窘境。它们已经成功地将录音磁带收费方案附加到电影公司在S.31法案中所提出的录像带收费方案中，但是，由于该法案的失败，它们本想着能尽快获得一个立法解决方案的希望也随之落空。对于它们想要在立法上取得成功的最后机会而言，索尼诉环球案顶多只能算是一个矛盾的信号。因为，该案判决所处理的只是录像，至于最高法院将如何看待家庭录音的问题，则没有给出任何线索。唱片公司知道，消费者对广播节目进行录音，通常是为了建立个人的音乐收藏，而不是出于时间转换之需，不过，它们也不得不为此备受折磨，因为担心法院会利用卡斯滕迈耶与卡曾之间关于家庭录音的对话作为证据，认为国会有意对家庭录音行为免除著作权责任。

在索尼诉环球案终审判决两年之后，一种新的技术开始在市场上推出，它不仅引起唱片公司的高度关注，而且引发国会匆忙采取立法行动。1986年，消费电子行业引入了一种新的产品：数字磁带录音机。这种产品是在国外而非在美国开发和制造的。数字磁带不仅能提供像数字激光唱片（即CD）那样清晰的音质，而且为家庭用户提供了一种在那时的CD所不具备的特质：能够进行复制。

从消费者的角度看，数字磁带的优势在于，它保证不仅对原始磁带的复制音质完美，而且根据复制磁带再进行复制时，也还是具有完美的音质，从而有别于传统的模拟磁带，后者在重复录音时会随着前后的每一次复制而音质变差。对于唱片公司来说，这些可以反复录制而音质完美的复制件一旦扩散开来，简直就是唱片零售市场的灭顶之灾。

人们相信，数字磁带录音机将取代应用广泛但技术稍逊的模拟录音机，成为家庭录音的首选。不过，假如唱片公司能够以诉讼相威胁，拖延数字磁带设备的进口，并且同时立即在国会推动立法，它们或许能成功地抢占先机，获得对这种技术进行某种著作权控制的措施，以免等到这种新技术在美国确立市场以后，就再也无法在国会采取行动了。

作为第一步，美国唱片业协会（Recording Industry Association of America）威胁要对数字磁带录音机的制造商提起诉讼，其所依据的就是"帮助侵权"理论，类似于环球公司与迪士尼在起诉索尼公司时所采用的那套理论。这套策略其实是在冒险，因为可能会有制造商接受挑战，应对诉讼，并且还可能打赢官司，由法院认定私人复制并不侵犯著作权。不过，这些设备制造商也会基于同样的原因而害怕诉讼：无论诉讼结果怎么样，这都会让他们的产品被法院搁上好几年而不能销售。况且，制造商也明白，如果没有唱片公司的合作，他们就无法把任何歌曲先行灌录到数字盒式磁带当中——这是吸引人们购买他们的设备的一项实质性条件。现在的局面就是，这种家用电器还没有被进口到美国，也没有人到法院提起诉讼。

第 4 章 私人复制

与此同时，唱片公司也准备了一项著作权以外的策略：它们将寻求在事先灌制的数字唱片上强制性植入一个信号，以阻止对它们的复制。但是，即便像这样的技术措施也并非没有风险。在 Betamax 案审理过程中，环球公司试图提供一份专家证言，证明用一种低成本的干扰装置就可以做到在未经著作权所有人许可的情况下，无法录制电视节目，但是，弗格森法官认为，如果他命令索尼公司在其机器中放入这种装置，"就像你我今天安坐在法庭那样，可以非常肯定地说，一些跟索尼公司无关但聪明透顶的年轻企业家就会开发出另一种装置，来对干扰装置进行反干扰。然后我们又会有另一个装置，来干扰这个对干扰装置进行反干扰的装置，因此就会没完没了"。

尽管如此，1987 年初在众议院和参议院还是引入了一些法案，要求在美国销售的数字录音设备中加入一套复制保护系统。而听证会上的问题则集中于复制代码系统（Copycode system），它由 CBS 唱片公司所开发，将一个信号嵌入事先灌制的磁带当中，以显示该录制品受著作权保护；安装在录音装置中的芯片一旦检测到这个信号，就会阻止对该磁带进行复制。不过，这种未经测试的技术到底是否有效呢？小组委员会要求国家标准局（National Bureau of Standards）进行试验；该局反馈报告称，这套系统会损坏音质，在某些情况下，还会阻止对不享有著作权的材料进行录音。所以，这些法案就被撤回了。

现在再度发生的问题是，时间对唱片公司不利。1987 年春，国会要求技术评估局（OTA）以冷静的眼光来调查家庭录音制作的问题，就像它之前对待诸如机场拥堵和测谎仪的精确性之类的问题那样。据信，这项研究（其顾问委员会的主席是来自布鲁金斯学会经济研究所［Economics Study Program at the Brookings Institution］的一名资深研究员）将对关于唱片业由于家庭录音而遭受经济损害的观点构成极大挑战，从1988年出台的该报告草稿看，它对唱片业的主张并不抱有任何同情。在定稿中，尽管该报告发现，家庭录音的现象有所增多，但它也承认，家庭录音对于事先灌制的音乐在销售方面究竟有哪些影响，其事实评估实际上远未搞清楚。

时间来到1989年的年中，正当技术评估局的报告发布之际，唱片公司与消费电子公司的代表齐聚雅典，宣称他们已经在数字磁带录音问题上达成了一项妥协，有待于在各国的法律中予以实施。它的核心在于一种新的技术措施，即系列化复制管理系统（Serial Copy Management System / SCMS），若将之植入一台数字录音机当中，则该机器能够对一盘原版的、事先灌制的盒式磁带进行录制——任何原版的、事先灌制的作品因而都能被无限次地录制——但不能对录制磁带进行再录制。雅典协议指示各方寻求各国政府在全世界范围内执行SCMS标准。对于美国唱片公司来说，这项妥协有助于它们避免立法拖延，而正是这种立法拖延，延缓了对图书馆复印问题的解决，并且打消了对录音带和录像带征收使用费的法案。对于设备的制造商而言，这就能够让它们的产品很快进入美国市场，并且能够获得丰富的预先灌制的录音带。不过，这项策略也存在一个主要缺陷：它没有将作曲家和音乐出版商的利益包括在内。

1990年6月，丹尼斯·德孔西尼参议员主持一项法案的听证会，该法案要求在数字磁带录音时安装SCMS。此时，作曲家和音乐出版商的代表在作证时，提出了相反的意见。他们主张，家庭录音将使其收入减少，并且，因为该法案没有任何关于法定使用费的规定，所以他们的损失将无法获得补偿。正当他们在国会推动这个法案时，索尼公司已经开始向美国输入数字磁带录音机，于是，这个新结成的联盟又针对这些录音机提起了一场诉讼，指控索尼公司的进口对他们的著作权构成了帮助侵权。德孔西尼的意思很清楚，除非在音乐作品上的利益已经得到解决，否则，他的法案不会再往前推进。

设备制造商们现在面临着一项艰难的战略抉择。他们可以拒绝支付法定许可使用费，然后眼睁睁看着雅典协议归于消灭——而有了这份协议，他们的前景就是能够将产品快速打入美国市场；或者，他们可以接受法定许可使用费，以及随之而来的接受他们自录像机出现以来一直抵制的一项原则——为他们的产品支付一笔使用费。在国会立法过程中，先例可以起到重要的作用，就像先例在法官造法中的作用一样，因此，如果在数字磁带或者设备的使用费上作出让步，就可能导致在其他复制媒介上也必须支付使用费，无论该媒介新旧与否，随之而来的是，这些使用费就会提高公司的产品价格并且导致销量减少。

约翰·罗奇（John Roach）是坦迪公司（Tandy Corporation）[①]的董事长兼 CEO，他领导着设备制造商一方的谈判工作，并且与唱片业

---

① 该公司起初为皮革制品公司，1963 年收购无线电器材（Radio Shack）公司而从事电子产品设备的销售，并在美国、欧洲和拉美地区广泛开设电子产品零售连锁店。2000 年，该公司改名为"无线电器材（Radio Shack）公司"。

协会、全国音乐出版商协会（National Music Publishers' Association）一道，苦心锤炼，终于完成了一项原则性协议，并鼓励其委托人在协议上签字。而后，行业的律师转向更为繁琐的任务，起草一份可为各方接受的具体的立法提案。一旦各方当事人达成协议，作曲家和出版商就撤回他们对索尼公司的起诉。

1992年《家庭录音法》（Audio Home Recording Act of 1992，简称"AHRA"）最终由国会通过，并经乔治·H.W.布什总统签署而成为法律，它不仅要求在美国出售的数字音频设备中加装SCMS控制系统，而且要求空白数字录音带和数字录音设备的生产商支付一种法定使用费（statutory levy），录音带按出售价格的3%支付，录音设备则按2%支付。这些使用费交存于版权局，并被分成两种基金，每年分配一次，其中的三分之二是录音制品基金（Sound Recordings Fund），三分之一是音乐作品基金（Musical Works Fund）。因此，举例来说，假如空白磁带每盘9美元，则录音制品基金可收取18美分，而音乐作品基金将收取9美分。录音制品基金中的4%（在每盘9美元的磁带上收取不足1美分）在录音制品的背景音乐师与声乐师之间分配，18美分中的剩余部分，按唱片公司60%、主要录音师40%的比例分配；音乐作品基金则由音乐出版商与词曲作家各半分配，每一方从每盘磁带中获得4.5美分。

著作权所有人为了换取这些使用费以及SCMS，甚至放弃了几乎是最微弱的威胁，即不再对私人录音提出权利主张。根据AHRA的条款，消费者出于私人的非商业用途，比如在车载磁带播放机上使用，就可以对一盘预先灌制的磁带——数字的或者模拟的均可——进行免费复制。但是，该法并没有明文规定，这种私人复制就不构成侵犯著作权——只是"根据本法不可提起任何侵犯著作权之诉讼"。免予承担侵权责任与禁止对侵权行为提起诉讼,这两者之间的区别很是微妙,甚至可能无从察觉。但是对著作权所有人来说,这种区别却有着某种明显的象征效果,至少让其保留了这样的感觉,以为私人复制在事实上是侵犯著作权的,并且他们要预防它在将来被引为对私人复制予以免责的先例。

相比于此后不出十年而令唱片公司备受困扰的各种难题,数字磁带录音只能算是一个普普通通的前奏。随着诸如CD刻录和互联网文件共享之类非正版复制数字工具的出现,这些难题接踵而至。尤其是互联网的发展,说明这些问题可能是全球规模的,而美国的立法者也有必要学习在其他国家达成的问题解决方案。从《家庭录音法》(AHRA)引入使用费方案来看,说明美国人愿意从国外借鉴解决问题的办法;自联邦德国于1965年通过一部法律,对于私人复制行为而向著作权所有人提供补偿以来,收取使用费已成为欧洲著作权法的一个特征。不过,美国也做好了输出自己的规范的准备,比如像SCMS这样的加密技术保护。我们需要面对的挑战在于,在这两种有时甚至是彼此竞争的著作权文化当中,解决好新技术的定位问题。

第 5 章　两种著作权文化

1986年3月,传媒企业家特德·特纳（Ted Turner）[①]斥资16亿美元从金融家柯克·柯克里安（Kirk Kerkorian）手里购买了米高梅公司（Metro-Goldwyn-Mayer）,这家电影公司一度辉煌但现在却亏损连连。此后3个月内,特纳把米高梅公司的电影制作与发行业务以及它那个著名的狮吼标志又回转给柯克里安,并且廉价出售了公司的电影实验室和房地产。这一连串的交易之后,就使得特纳用11亿美元的投资获得了一项资产——米高梅公司电影库中超过3600部的电影,包括像《北非谍影》（Casablanca）、《乱世佳人》（Gone with the Wind）和《绿野仙踪》（The Wizard of Oz）这样的经典影片。所有这些电影的著作权现在都控制在特纳手里,而不是在编剧、制片人或者导演的手里,更别说米高梅公司了。

特纳了解到,有工程师在最近开发出一种计算机辅助技术,能够把黑白片转换成颜色生动的——有些评论家甚至说过于鲜艳的——彩色电影,并且他意识到,这种黑白电影的彩色版肯定能够让米高梅电影库当中的许多黑白片在经济上重获新生。他的想法是,电视观众如果看到荧屏上播放的是一部黑白片,可能很快转换到别的频道,但如果是一部彩色片,他们就会坐下来一直观看。

[①]　特德·特纳（1938年— ）,美国企业家和媒体大亨,其于1980年创办CNN,成为美国最大有线电视新闻网。

特纳决定把米高梅电影库中的一部电影——约翰·休斯顿（John Huston）的《夜阑人未静》（*The Asphalt Jungle*）——做成彩色片，然后许可法国电视频道电视五台（La Cinq）播出此片，不料，这一决定让他在法国跟当地的著作权法来了个正面冲撞，因为法国有关电影导演、编剧和其他艺术家权利的基本观点，与在美国广为流传的观点迥然有别。法国著作权法认为，作者的权利是神圣的——无论这是一篇文字、一首音乐、一部电影，抑或其他任何原创性作品。法国的著作人身权原则（doctrine of droit moral）——即英语的"moral right"——赋予作者以控制其创作成果的权利，并且可以阻止任何人，甚至包括他们的出版商，以任何可能影响其艺术声誉的方式改动其作品。用一位法国学者的话来说就是，法国著作权法中所确立的著作人身权，旨在保证"文学艺术作品与其作者人格之间保持密切的纽带关系"。一家法国百货商店复制了一幅亨利·卢梭（Henri Rousseau）[①]的绘画，并对其中的某些图像作了改动后在橱窗展示，画家的孙女随即起诉该商店，还打赢了官司。其他的欧洲国家——事实上包括世界上的许多国家——也以各自的方式而采取相同的立场，这是从大陆法系引申出来的信条，而为很多国家遵行。

美国国会则坚决抵制那些试图将著作人身权原则引入美国著作权法的努力。国会议员理查德·格普哈德（Richard Gephardt）在1987年提出一项法案，禁止未经授权而修改电影作品，包括对黑白

[①] 亨利·卢梭（1844—1910年），法国著名的后期印象派画家，代表作有《睡着的吉卜赛姑娘》《梦》《战争》等。

片的彩色化，但是，多数观察家准确地预测到，该法案是不会获得通过的。1989年，至少是在美国，特纳就能够说，"我认为电影变成彩色的更好看，老兄，而我的电影就是这样的"。

眼看着如果在美国起诉而胜诉的希望渺茫，约翰·休斯顿的继承人遂联合该电影的编剧本·马多（Ben Maddow）到巴黎去起诉法国电视五台，称该电视台对《夜阑人未静》彩色版的播放侵犯了休斯顿和马多的著作人身权。不过，法国法院在着手解决这些诉讼请求之前，首先必须作出决定，对于在法国播放一部美国人摄制的电影，究竟应当适用何种法律体系。

根据"法律选择"（choice of law）规则，可以不以法院所在国家或者州的法律，而是根据其他法域的法律来审理案件。假设新泽西州的一家水管供应公司签下一份合同，供货给怀俄明州的一个买主，但该买主拒绝接收货物，于是供货人向怀俄明州当地法院起诉。在此情况下，该法院审案时就必须首先决定，究竟适用新泽西州还是怀俄明州的法律。同样的，当休斯顿的继承人及马多在巴黎提起诉讼时，当地法院也必须决定，用以解决本案争议的准据法究竟是美国还是法国的法律，前者是休斯顿及马多签订合同和完成电影摄制的国家，后者则是播放该电影彩色版的国家。

在法国的初审法院和上诉法院，休斯顿的继承人及马多轻松赢得了他们在诉讼过程中的最初几个回合的胜利。但是到1989年7月6日，也就是在该案的关键阶段，巴黎上诉法院（Paris Court of Appeal）却作出了有利于特纳和法国电视五台的判决，认定应当适用美国法而不是法国法，来处理在休斯顿及马多与雇用他们的电影公司之间的协议。而用以调整这个协议的，正是美国著作权法中一项独一无二的规则。根据"雇用作品"(work for hire)规则,雇用休斯顿和马多来摄制电影的电影公司,不仅是该电影著作权的所有人,而且本身就是电影的作者;作者可以享有的任何著作人身权,并不在休斯顿和马多身上,而是属于电影公司的。而该电影公司的权利已经为特纳所获得。

这一判决令大多数的评论家感到震惊,因为他们长期以来相信,有关作者问题的准据法应当是侵权行为地所在国——在该案中就是指彩色版电影的播放地即法国——的法律。因此,后来法国最高法院(Court de cassation)撤销巴黎上诉法院的判决,亦在意料之中。法国最高法院认定,应当适用法国法来确定《夜阑人未静》的权利归属,包括作者的著作人身权。因为根据法国法,唯有像休斯顿和马多这样的有血有肉的自然人,而不是诸如电影公司之类的法人,才能够成为作者,所以,电影的作者是他们而不是电影公司。

评论家们通常以著作人身权规则,以及美国拒绝引入该规则作为证据,说明这两种著作权文化之间存在着某方面的根本性与普遍性的区别:一种是欧洲的著作权文化,其他追随大陆法系传统的国家同属于此;另一种则是美国著作权文化,为属于英国普通法传统的国家所认同。欧洲的著作权文化以作者为中心,对作者赋予某种自然权利,借以控制其作品中的每一项可能影响其利益的使用(事实上,许多欧洲国家用来称呼它们保护文学艺术作品的法律的用语,从根本上讲并不是英美法中的著作权法[copyright laws],而是作者权法[author's right laws]——在法国称"*droit d'auteur*",在德国称"*Urheberrecht*",在意大利则称"*diritto d'autore*")。相反,美国著作权文化的核心则是一种严格的、功利主义的计算,用以权衡著作权生产者与消费者双方的需求，而这种计算就把作者置于等式的边缘位置。

按照公认的看法，这两种著作权文化分野的后果不仅具有哲学意味，而且表现在经济领域，表现在文学艺术作品交易的市场中。这种观点就认为，欧洲的立法者长期以来属于著作权的乐观派，他们总是把著作权水杯视为半满的，并且为了保护作者的利益，情愿把权利扩展至任何可能具有经济价值的方方面面。反之，美国的立法者长期以来则被认为属于著作权的悲观派，他们把著作权水杯看作半空的，并且反对将权利扩展至著作权作品的新用途上，除非著作权所有人能够表明，必须要以这些权利作为某种激励，才能继续生产出文学艺术作品。

关于著作权文化分野的这种公认的看法，司法先例为之提供了某种程度的支持。在索尼诉环球案中，美国最高法院拒绝将《著作权法》中的直白的命令——"你不应复制"——适用于对电视中所播放电影进行复制的行为，而之所以拒绝的依据在于，最高法院认为电影公司没有证明这种私人复制行为若不加以控制，就会减少它摄制电影的激励。然而就在三十年前，当联邦德国最高法院面临一起类似的案件时，它却作出了有利于著作权人的判决，其所根据的则是自然权利观念，即当人们对某一制定法的含义存有怀疑时，应当对该制定法作有利于著作权人的解释。该法院承认，1901年通过的《德国著作权法》对于为个人用途而制作的手抄复制本是予以免责的，但它认为，该法律制定时不可能考虑到机械录制装置；关于个人使用免责的规定，法院若必须在对之作广义解释抑或狭义解释作出选择时，往往会把天平朝着有利于著作权人的这一端倾斜，

第5章 两种著作权文化

从而认定这种使用构成侵权。

如果说著作人身权原则是欧洲的作者权文化的一个显著标志，那么，处于索尼案核心的合理使用原则，则标志着更加实用主义的美国文化。合理使用是一个鲜明的经济工具，任何时候，只要当事人进行著作权许可的谈判成本高昂，它就会把某种未经许可而使用他人著作权作品的行为辩解为一种合理行为。在法院支持以合理使用作为抗辩理由的绝大部分案件中——比如索尼案和威廉斯·威尔金斯案——由于就家庭录像或者图书馆复印而进行谈判的成本，超过了因使用这些复制件所带来的经济价值，因此，作品使用人就不可能试图通过谈判来获得许可。合理使用原则的运用，正是基于这样的实用主义观念，即半个面包总好过啥都没有：假如没有合理使用原则，由于著作权许可的谈判成本太高，著作权所有人就无法获得任何收入，而想要通过许可来使用作品的人，也基于相同的原因而无法得到复制件；假如有合理使用原则，那么，著作权所有人固然仍不能获得收入，但是，使用人至少能够得到一份复制件。

实际上，假如抛开诸如著作人身权、合理使用之类的标志性制度，这两种著作权文化还是有着许多共同之处的。两者的相似性，不仅表现在它们的市场都具有实践性，而且在于它们的法律有着相同的操作性前提。这种趋同现象不仅具有学术上的重要意义，而且正如特德·特纳在巴黎所见，这两种分歧性著作权文化的观念还为国际贸易带来了不必要的障碍；而更为重要的是，它们往往被用作在著作权国际贸易中采取保护主义姿态提供辩解的理由。

法国著作权法的历史基础，其实与美国著作权法明显相似。正如英国那样，著作权在法国也是随着王室垄断与国家文字审查制度的瓦解而出现的。如同英国、美国的法院早期在米勒诉泰勒案、唐纳森诉贝克特案以及惠顿诉彼得斯案中一般，在将近一个世纪当中，著作权法在法国也遭受着相同问题的折磨：著作权是作者的一种自然权利，从而可以永久存续吗？抑或它只是一种受到限制的公共政策工具，旨在鼓励文学艺术作品的生产？在整个辩论过程中，法国的出版商与印刷商就像英国的出版商那样，也是扯着作者这面大旗来发动斗争的。

比利时著作权学者皮埃尔·雷希特（Pierre Recht）如此评论道，"当精神权利'droit moral'的笃信者在谈到著作人身权时，他们的态度，就像宗教狂热分子在谈论圣物或者吉伦特派（Girondin）[①] 在解读《人权宣言》(Dedaration of the Rights of Man)时那样"。那些最富激情的作者权传统的鼓吹者，甚至将此规则追溯到中世纪；而持论较为平和的学者，则认为作者权追本溯源，是渗透在整个法国大革命中的个人权利的精神（spirit of individual rights）。但是，正如哥伦比亚大学法学院教授简·金斯伯格（Jane Ginsburg）在一项开拓性的研究中所表明的，法国出现的以作者为中心的著作权，只是在整个19世纪逐渐形成的。在此之前，法国法院通常也要权衡著作权使用人的需求与著作权所有人的利益，并且，就像美国同行所做的那样，法国在早期也有判决认为，若未能遵守形式

---

① 温和的共和派，法国资产阶级革命时期代表工商业资产阶级利益的政治派别，因其中很多人原是吉伦特省人而得名。于1791年10月至1792年9月控制立法议会，因是布里索的追随者，起初称布里索派（Brissotin），以激烈抨击宫廷的姿态出现。

要求——向国家图书馆（Bibliothèque National）呈交作品的两份复制件——作者即丧失起诉他人侵犯著作权的权利。

这些旧时的态度所造成的影响，在当代法国法中仍有持续。在法国，著作权并不是永久性的，只存在于某一规定时期，即作者终生加上死后70年（但著作人身权被认为是永久性的）。并且，正像美国的合理使用制度对于著作权材料的私人使用予以免责那样，法国《著作权法》对于"严格仅用于复制者私人用途的复制与复印"——无论这种私人复制系手工完成还是通过复印机之类的机械装置完成——也免除其责任。进而，如同美国的合理使用规则一般，法国的制定法亦规定滑稽模仿行为免予承担著作权责任。

法国和其他奉行作者权的国家，它们的法律其实并没有彻底地像自然权利逻辑所表明或者要求的那样，在权利范围上漫无边界，反观美国，国会倒是一直热衷于将著作权扩张至具有经济价值的作品用途上，而不是像表面所显示的那样，要严格地表明有激励的必要。"观其行而非听其言"，若以这样的政治标准来衡量就会发现，美国国会在一个世纪以来，通常是将著作权水杯看作半满而不是半空的——自1870年赋予作者以反对未经许可对其作品进行翻译和戏剧改编的权利以来，一直到1992年的《家庭录音法》以及著作权法对著作权保护期的不断延长，都是如此。众参两院的议员们可能常常会引用这样的原则，认为著作权所有人承担着说服国会的责任，以使后者意识到有必要将新的权利引入著作权的范围，但事实上，国会从未曾要求作者或者出版商证明其确实需要新的权利作为一种激励，以促进文学艺术作品的生产。

在19世纪行将结束之际，欧洲开始扩张著作权的范围，而作者权就变成了战斗口号,自然权利则是其理论基础。美国的立法者没有采用这套理论,但他们也不乏用以支持在当时扩张著作权的理论基础。调整美国著作权的是功利主义,现在,它同样为著作权的扩张提供了依据,只不过这次是与某种直觉联系在一起的,即随着著作权作品的市场扩大,一种兼顾平衡的激励制度要求把著作权也扩张至这些新的市场。但直到一个世纪之后,也就是到了20世纪70年代,这种直觉才第一次得以明确,因为那时在美国大学盛行所谓的法与经济学运动,首次通过研究"福利经济学",搞明白了著作权制度的运行机理。这种思想流派以消费者福利为参考标准,来衡量某一特定规则的可取性。某一部法律——比如反托拉斯法,人们说它是可取的,因为它通过促进竞争,保证消费者用可能的最低价格获得最广泛种类的商品。著作权法自然就成了这种经济分析模式的候选对象。

自18世纪后期的亚当·斯密开始,经济学家就在这个问题上著书立说,其中既能发现著作权的乐观派,也能发现悲观派。斯密否定了关于作家对于其出版的作品享有一种不受约束的自然权利的思想,但是他相信,"作为一种对博学之士付出辛劳的鼓励",给予某种受到限制的制定法保护是合理的。他认识到,著作权是一种垄断,但它并不是在商人卡特尔意义上的垄断,比如像出版商公会那样致力于控制书籍生产与提高价格的垄断,毋宁说,它是一种受到高度约束的财产权,让受到著作权保护的作品在市场上与其他作品进行竞争。著作权因此而区别于机构或者产业范围内的垄断。他写道,"因为它们不可能造成损害,却可能带来某种好处",所以它们"不应该与这些垄断放在一起受到责难"。

第 5 章 两种著作权文化

亚当·斯密这种温和的支持，几乎算不上是著作权的一个完整的理论基础。何况，他的话里还留有许多未解的问题。他说著作权"无害"和"可能带来某种好处"，到底是什么意思？难道是说，假如没有著作权，公众就不能获得如一部新的诗集或者一本地名辞典之类的东西了吗？有什么证据能够证明，作家和出版商必须要有著作权作为鼓励，才会投入必需的劳动与投资？有什么理由让人相信，28 年的著作权保护期，不多也不少，恰恰能提供合适的激励呢？

在 19 世纪早期，杰里米·边沁承担了这个任务，要为著作权提供一种确证。他的注意力集中在激励问题上，即如果没有著作权，作家是否仍会去写书，而出版商仍然会出版书籍。他首先引入这样的评论，"一旦有人做出发明，则全世界都会跟着模仿"，其结论就是，在一个竞争性市场中，只有法律可以阻止此类模仿，否则的话，具有创造性的个人将会发现，自己反而被竞争对手逐出了市场，因为竞争者"无需任何付出就能够拥有发明家耗费大量时间与钱财才得以完成的发明，这将使竞争者得以通过更低的销售价格，来剥夺发明家理应得到的所有优势"。简言之，"若无收获之希望，谁会费心劳力去播种"。

伟大的散文作家、政治家与历史学家托马斯·巴宾顿·麦考利（Thomas Babington Macaulay）① 接受了边沁关于激励为必需的观点，但他挑战了边沁——以及斯密——关于著作权没有或者极少是有害

---

① 托巴斯·巴宾顿·麦考利（1800—1859 年），英国维多利亚时代早期辉格派历史学家、政治家，撰写了《英格兰史》《古罗马叙事诗》等作品。

的这个明显的假设。麦考利提出此项评论的时机，正是在 1841 年英国议会下院举行的一场辩论会上，事涉著作权保护的适当期限这个纠缠不清的问题（从英国第一部著作权法开始，出版商就持续向议会施加压力，要求更长的保护期限）。议会下院正在考虑，是否要延长目前 28 年的著作权保护期限，变成像当时的法国那样，著作权在某一规定期限，即作者去世后 60 年终止。

麦考利反对延长著作权保护期限，但他在开头耍了一个辩论技巧，先是举出了支持著作权的情形。他这样开始阐述，"我们如果能够得到某种优良图书的供给来源，这当然是令人期待的"，而要确保这种供给，著作权比起王室或者贵族的赞助来说，都要可靠得多。"除非写作者能够获得大方的报酬，否则，我们无法获得这种供给；而对他们付酬的各种方式中，最不会遭人反对的就是借助著作权的方式"。不过，麦考利补充说，垄断是一种害处；著作权就是"为了奖励作家而加在读者头上的一种税"。因此，这才是麦考利主张的重心所在，"除非为确保获得好处所必需，否则就不应该让这种害处多延长一天"。

麦考利引用塞缪尔·约翰逊（Samuel Johnson）[①] 作为例子。"约

[①] 塞缪尔·约翰逊（1709—1784 年），英国历史上最有名的文人之一，集文评家、诗人、散文家、传记家于一身，尤以费时 9 年、以一己之力编纂完成并于 1755 年出版的《英语词典》（*A Dictionary of the English Language*）而闻名。这是第一部英语词典，也为他赢得了文名及"博士"头衔，故人们常称其为约翰逊博士（Dr. Johnson）。约翰逊其他较有影响的著述还有《诗人传》（*Lives of the Poets*）、诗集《人类欲望的虚幻》（*Vanity of Human Wishes*）以及小说《拉塞勒斯》（*Rasselas*）等。

第5章 两种著作权文化

翰逊博士在56年前已经去世了。我尊敬而博学的朋友们,如果法律真的变成你们所想要的那样,著作权保护期限被延长至作者死后60年,那么,到现在都还有人对约翰逊博士的作品享有垄断呢。"可是,麦考利问道,"难道因为约翰逊知道了这个著作权到1841年都还会存在,才让他乐于从事创作吗?难道因为这个,才让他殚精竭虑吗?难道因为这个,才让他焚膏继晷地写作吗?"虽然这种增加的激励对于约翰逊来讲并不大,但给读者带来的额外成本将会很高。"如果将它看作是对他的一种报偿,20年的保护期限与死后60年的著作权保护期限之间,就没有或者几乎没有什么差异。可是,它对我们来讲也没有差别吗?我花6便士就可以买他的小说《拉塞勒斯》;现在我可能就得付5个先令才买得到。……是我为此对一个像约翰逊博士这样的人过不去吗?那倒不是。……但是,我要抱怨的是,约翰逊的情况并没有变得更好,而我的情况却变得更糟;这对他来说不值一个法新,[①]而我却得为此付出5英镑。"

麦考利关于著作权的缺点的洞见,不仅适用于著作权的保护期限——下议院最终投票否决了关于延长期限的提案——而且适用于著作权的权利范围。对于某一特定的作品文本,著作权应当允许控制它的哪些用途呢?如果由权利人控制某种用途会超过"为确保获得好处所必需的程度",那么,还应当将著作权的"害处"扩张至这样的用途吗?一位读者可以阅读某一本书,或者复印某一篇文章,但这并不妨碍任何其他人阅读或者复制同一作品,正如一个学者可以复印一篇学术论文,并不会阻碍另一研究者对此论文进行

[①] Farthing(法新),英国铜币,等于1/4便士,于1960年末终止流通。

阅读或者复印。一位读者或者一百万个读者可以同时阅读同一部小说，而不会干扰任何他人来欣赏这部小说。可以将它与苹果作对比：一人吃掉了苹果，其他任何人就不可能再吃这个苹果了。

著作权所涉及的作品具有这种独一无二的特征——任何人对作品的使用并不减少其他人使用的可能性——就产生了一种在道德和经济层面的激烈争论。既然著作权允许文学艺术作品的创作者与出版商向获得这些作品的人收取价钱，那么，这就不可避免地抑止了那些不愿或者不能支付价钱的人来获得该作品，即便让这些人免费获得作品并不会损及其他任何人。但是，著作权的两难之处就在于，不给予其著作权将同样是有害的："若无收获之希望，无人费力去播种。"

对于斯密、边沁和麦考利在道德和实践上的直觉认识，肯尼思·阿罗（Kenneth Arrow，他在后来获得了诺贝尔经济学奖）在1962年发表的一篇论文中，为之提供了坚实的经济学依据。像边沁那样，他评述道：如果不能收获，具有创造力的个人以及受其委托而传播作品的商业企业就不会去播种；对此，他还补充了一个经济学观点：在自由市场中，不存在任何可以把使用者联合起来共同分担生产成本的有效机制。阿罗还论述道，一旦信息已经产生，再把它交给更多的使用者是没有任何成本的。假如有一家付费电视公司要向订购观看某一电影的用户收取7美元，那么，许多只愿意支付较低价格来收看电影的人，就会选择干脆不看这部电影。根据20世纪经济学的精确运算看来，这是不可取的，因为它在没有增加某一类消费者，即愿意并且能够支付要价的观众的福利的同时，却减少了另一类消费者，即被排除在外的那批观众的福利。

第5章 两种著作权文化

公共政策的两难困境在于，如果社会对于创造性作品不赋予财产权，那么生产者可以向作品使用者收取的价格就会趋向于零；他们的收入就会缩减，并且，使之生产出更多作品的激励也随之降低。但是，如果社会赋予创造性作品以财产权，则价格就会提高，从而作品所产生的信息就只能为较小部分和更加富裕（或者更愿意挥霍）的观众或者读者所用，即便该作品可以在不产生任何额外成本的情况下传播给其他任何人。

从根本上而言，这个难题在于，在许多情况下，知识、文学和教育生活中的信息和娱乐产品，其生产成本高昂而传播成本极低。对此难题的解决方法之一，是由政府对其认为社会公众所需要的创造性作品提供补贴，然后将生产出来的作品向公众免费发放复制件。当然，公众就得以支付较高税收的方式来付费，只不过他们所支付的费用跟某一作品对于任何特定纳税人而言的任何特定价值没有关联。例如，如果用所得税来支付这些补贴，富人在实际上就比穷人承担了更大份额的作品生产成本（美国《著作权法》规定，诸如商务部人口普查报告之类的美国联邦政府的作品不享有著作权，事实上就类似于这种补贴解决方案）。

对于知识产权所提出的公共政策问题，阿罗的分析很少有人持有异议。不过，另一位经济学家哈罗德·德姆塞茨（Harold Demsetz）却反对这种建议，他并不认为政府补贴能够解决问题。时任芝加哥大学经济学教授的德姆塞茨认为，仅仅像阿罗那样哀叹自由市场的失灵是不够的。市场失灵必须与政府补贴的缺点进行权衡比较，而对德姆塞茨来说，相比于政府干预的危险，私人财产权的不足反倒是危害较轻的。德姆塞茨一开头就提出了一个现今已为人耳熟能详的观点,他这样表述道,"如果被推荐用以避免信息'利用不足'(underutilization)的方法阻碍了人们从事为生产信息所必需的研究,那么,再说什么存在着信息的'利用不足',就几乎没什么用了"。不过,他为自己的论点提出了一个独特的巧妙手法。他主张,信息的生产与消费不可能彼此分开来进行判断。生产者所生产的就是消费者愿意付钱购买的东西,这在知识产品而言,跟早餐谷类食品以及汽车的情形相比没有什么不同。虽然在阿罗看来,为获取这些产品而收费是一件坏事情,但是,价格也确实带来好处,它既发出了关于消费者偏好的信号,又能为私人投资导向正确的方向。

德姆塞茨之所以不同意阿罗的意见,并不是认为阿罗的结论错误,而是认为他的结论还不够深入;他没有把自己的结论与市场现实结合起来。对知识产品赋予私人财产权,这从理论上看无论有多么失败,但它们确实存在好处,至少揭示了关于消费者偏好的信息,而这种信息通过政府补贴制度即使能够获得也是极少能够收集到的。财产权的逻辑就表明,人们在哪里能够从文学艺术作品中获得享受与价值,就要把财产权扩展至哪里。若不对此赋予财产权,就会剥夺生产者获得关于消费者偏好的信号,并据此而决定并指导投资的方向。从这个视角观察,英国和美国两百年来的实践直觉和经济分析,就与欧洲大陆的自然权利理论得出了完全相同的结论:只要许可使用的谈判成本不至于过高,著作权就应当扩展于经济价值的每一个角落。

如果说这两种著作权文化在实际运作和理论基础上存在这么

第5章 两种著作权文化

多的相同之处，那又怎么解释它们之间还一直存在着相互冲突的象征性标志呢？它们一个是雄心勃勃的作者权利，而另一个是讲求节制的功利主义。其中一个答案是，这样的标志恰好符合它们各自的民族文化。对于一位美国立法者来说，将自己的努力看作是讲求实际的（即便未加检验的）功利主义的例子，会比较舒服，同样，一位法国立法者会比较欣然地让自己的努力落入作者自然权利这口温柔陷阱当中。而且，这种标志还具有相当大的——并且容易受到外界影响的——政治力量。在美国著作权的政治圈内，通过相互冲突的利益集团之间达成共识而完成立法，已经成为主导性方法，因此，一种意图对严格估算的生产者经济利益与消费者经济利益保持平衡的理论基础，看起来就有用得多。

作者权与著作权这样的民族性标志，在国际著作权关系中所发挥的影响比在其他任何地方都要大。这也许不是碰巧，当年法国人如此信守作者权观念的时候，正是在国际上对法国图书的盗版开始变得猖獗，而尚需一些理论依据来证明法国图书在海外的经济利益之时。同样可能并非出于巧合的是，同一时期的美国却以实用主义、功利主义为由，拒绝尊重外国作品的权利：其时美国在知识产品上还是一个进口国，而非出口国。但是，随着著作权贸易的收支平衡发生转移，并且欧洲已经变成了美国作品的净进口方，著作权的象征性标志再一次受到操纵，以便对贸易施加影响。

国际著作权初看之下十分复杂，但它其实又非常简单。对于甲国的一位立法者而言，甲国是否应当对来自乙国的作品给予著作权保护呢？下意识的回答非常简单：不应当给予保护。保护的结果就是价格上涨，因为甲国国民必须为来自乙国的文学艺术作品支付费用,自然高过这些作品假如不受著作权保护而所需支付的费用;该价格中至少有一部分,是由甲国以版税形式支付给乙国的著作权人。从甲国的角度看,把财富留在本国当然被认为优于让财富流出,所以,更可取的方针就是拒绝对乙国的作品给予著作权保护。

比利时在19世纪初即奉行这一政策,对于来自法国这个更强大和更富裕的邻国的作品拒绝给予保护,以此确保其国民得到一种稳定而丰富的法语图书的供给,且其价格低于当比利时对这些图书给予著作权保护时所需支付的价格。不过,这一段经历的历史表明,简单的"药方"并不处处管用。比利时的出版商无需承担支付版税的义务,即可印刷和销售法国作者的书籍,可想而知,这足以降低他们出版比利时作家所撰写的法语手稿的意愿,因为需要对此支付版税。比利时作家于是向政府施压,要求同场比赛公平竞争,把著作权扩展适用于法国作品。同时,法国也在关注法国作者和出版商的收入损失,着力推动并最终达成了两国之间的著作权条约:彼此在将来向对方国家作者的作品给予著作权保护。

法国和比利时之间的著作权条约是依据互惠原则达成的。法国在其境内保护来自比利时的作品,其程度等同于比利时在其境内对来自法国作品的保护;同样,比利时对法国作品所给予的保护,相同于法国对于比利时作品的保护(一位国际著作权律师将互惠原则定义为"如果你给我挠挠背,我也给你挠挠背——但并不必然挠在相同的地方")。

互惠原则很少会给双方都带来一个同样好的交易。如果甲国从乙国进口的文学艺术作品多于它向乙国的出口,那么,拒绝对乙国作者的作品给予保护就会比较好,即便这样做就意味着放弃了为

第5章 两种著作权文化

其本国作者而向乙国寻求保护。或者，如果情况与比利时在19世纪的不同，假设甲国没有那么多的出版商遭到廉价进口图书的竞争，那么至少在短期看来，甲国甚至有更充分的理由来拒绝签订互惠性的著作权条约（长远的结果则是，因为它变成了不保护外国作品的避难所，所以它自己的重要出版产业也无法发展起来）。

有几个国家最初得出结论认为，互惠性的著作权关系不是一桩好买卖，所以，它们拒绝与法国一起坐到订立条约的谈判桌前。后来到了1852年，法国正是依据作者权理论而宣布了一项大胆的提议：法国的著作权保护将不仅扩展适用于来自像比利时这样同意保护法国作品的国家的作品，而且适用于对法国作品未给予保护的国家的作品。一个国家不问作者国籍而无私地，可能也是无偿地将文学艺术作品纳入其著作权保护范围，还有比这个更有力的对作者普遍权利的支持吗？当然，采取这一姿态也有其实用目的，因为这可能令其他国家心感不安而最终同意保护法国的作品；事实上，不出10年，就有23个国家与法国签订了著作权条约。而且至少来说，新法律稳定了法国的图书价格，因为出版商不用再忙着在国外与国内选题之间进行残酷的竞争。

美国作为一个正在开始形成其自身文学传统但整体上仍然属于书籍净进口方（从英国进口）的国家，在建国伊始就拒绝对外国作品提供保护，即使这样做意味着美国的作品在海外也不受保护，而且国内出版商还得就外国作品的廉价版本彼此竞相压价。将美国著作权扩展适用于外国作者，这股压力首先形成于19世纪30年代，那时，美国的作家和一些美国出版商再加上他们的英国同行一起施压，要求美国跟英国订立双边条约（查尔斯·狄更斯在1842年展开美国演讲之旅，到处宣扬支持国际著作权）。但是，美国的印刷商团结起来对付他们，这些印刷商由于进口图书的高关税而变相获得了保护，也就更没有意愿要向英国作家或者出版商支付版税了。

尽管无须承担向外国作者或者出版商支付版税的义务，但美国的出版商在排版印刷英国书籍上还是面临着相当高的费用。因此，为了避免在流行图书上打毁灭性的价格战，它们发展出一套"贸易礼让"制度，据此，每个出版商尊重其他同行对某些特定作者的作品的出版，亦即由美国出版商向其英国同行或者甚至向英国作者本人自愿付费而形成的一种关系。正如研究贸易礼让的权威法律学者罗伯特·斯普（Robert Spoo）所述，该制度"演变为一组复杂的专有权，以及用以确保这些权利的规则和侵犯权利的制裁"，并且它"在19世纪的大部分时间里帮助维护图书市场的稳定"。

正当美国拒绝以任何形式性条件而对外国文学作品给予著作权保护时，若干欧洲国家却正在从互惠原则走向更加世界主义也更为有效的"国民待遇"原则。与互惠原则不同，国民待遇要求每一个签订条约的国家承担义务，为条约所有成员国国民所产生的作品提供保护，保护条件与其保护本国国民的作品相同。因此，一个比利时人到法国起诉他人侵犯著作权的，就能获得法国给予其本国国民相同的保护，而不是比利时给予法国国民的那种保护。

就本身而言，国民待遇原则可能会让一些国家感到不那么舒服。比如，丙国拥有主要的著作权产业，还有一部保护各类文学艺术作品的综合性著作权法，而丁国拥有许多诗人，却没有什么作曲家，这样一来，丁国就可以制定一部法律，对诗歌给予保护而把音乐作品排除在外，其结果就是，丁国的诗人和作曲家在丙国都能受到充分保护，而丁国由于不保护音乐作品，其听众可以免费收听来自丙国的音乐。为了防止出现这种不平衡的权利配置，更为实用主义的倡导者就提议，国民待遇原则应当与最低保护标准制度相结合：某一成员国可以自由地按其选择的任何方式对待其本国国民享有著作权的作品，但是，在对待条约其他成员国国民的作品时，必须遵循某些最低的条约标准——比如在这些标准中包括为著作权保护对象下一个综合性定义，从而把诗歌与音乐作品均纳入其中。

1884年，也就是在出版商、学者和作家们——其中最有名的一位代表就是维克多·雨果（Victor Hugo）①——前后长达25年的会谈讨论之后，来自10个国家的外交官终于聚集在瑞士伯尔尼，开始根据国民待遇和最低保护标准原则，为一部多边著作权条约草拟条款。该条约于1886年签字，法国、德国和英国均属于创始成员国，但美国不在其列。美国代表只是以观察员的身份参加了伯尔尼会议，而且没有任何线索表明其政府将来会在条约上签字。1790年美国第一部著作权法即已经明文规定，允许"对于由非属于合众国公民的任何人所写作、印刷或者出版的任何地图、海图、书籍，可以进口或者销售，在美国重印或者出版"，而美国在那时仍然不愿意改变这种立场。

5年之后，美国才极不情愿地迈出了它保护外国作品的第一

---

① 维克多·雨果（1802—1885年），法国19世纪浪漫主义文学的代表作家，人道主义的代表人物，被人称为"法兰西的莎士比亚"。一生创作丰富，代表作长篇小说《巴黎圣母院》《悲惨世界》等，在法国及世界有着广泛的影响力。

步。1891年通过的《蔡斯法》(Chace Act)授权总统将著作权扩展至外国国民的作品，但它的实现方式在很大程度还是虚幻的。自1790年以来，美国就要求以办理某种手续——给作品打上版权标记、办理版权登记以及呈交作品复制件——作为获得著作权保护的条件，其中部分原因就是基于功利主义的假定，即规定作者遵守手续要求，其实是一个有效的检验标准，以此判断作者是否真正有意要求保护其作品。《蔡斯法》现在不仅将这些手续要求加诸外国出版商身上，还对他们增设了一项特别要求，即所谓的印制条款(manufacturing clause)，据此条款，若外国文学作品要在美国获得保护，就必须将所有的复制件都在美国排版印刷——这明显是对美国印刷商的一个妥协，否则的话，后者有可能反对通过该法律。

在接下来的一个世纪里，美国与伯尔尼联盟之间，就如同一个不愿意搞对象的情人与一位不断苛求的追求者之间的关系。《伯尔尼公约》分别在1908年、1928年、1948年和1971年进行修订，每一次修订都增设了更高水平的最低标准。例如，1886年《伯尔尼公约》的最初文本是允许条约的成员国规定，以手续要求作为获得著作权保护的一项条件，但是，1908年的修订文本宣布手续要求是不合法的，而正是这一规定，成为八十多年来美国加入《伯尔尼公约》的一块绊脚石。美国之所以一直坚持手续要求，尤其是印制条款，倒不是基于功利主义原因，而是由于印刷商和书籍装订商工会等强大的院外游说集团，它们自1922年开始就一再反对作出让美国《著作权法》符合《伯尔尼公约》要求的努力。

随着第二次世界大战临近结束，美国越来越成为著作权材料的主要出口国，要求美国遵守某种著作权多边条约的新的压力开始增加，而事实上，美国在1947年已经提议订立一个适合于两种著作权文化的多边条约，即《世界版权公约》(Universal Copyright Convention / UCC)。该条约的思想是只设定一项温和的保护要求，即成员国规定对作者和其他著作权所有人给予"充分和有效的保护"；关于作品保护的手续要求也得以保留，但只需在作品上附着一个版权标记即可，从而以简单之举来替代遵守那时在美国仍然存在的手续要求，包括在美国国内印制的要求。由于只有印刷工会反对这个新的条约，于是，美国在1954年批准该条约，自1955年起生效。

加入《伯尔尼公约》的许多国家——包括法国、西德和日本等国——也在《世界版权公约》上签字。根据国民待遇原则，这就意味着美国的作者和出版商可以在这些国家获得与这些国家给予其本国国民相同水平的保护，而美国却无需承担任何对等的义务。而且，《伯尔尼公约》有一项规定——所谓的"伯尔尼后门"——使得他们只要略施一个权宜之计，将作品在美国和某一个伯尔尼公约的成员国（比如加拿大）同时出版，就可以在世界范围内获得高标准的伯尔尼待遇（在那个时代，有许多美国书籍上印有"在加拿大同时出版"这样的说明性文字，原因之一即在于此）。

当1909年《著作权法》在1976年修订时，要求美国遵从《伯尔尼公约》的压力日益增大。修订后的美国著作权法在文字上去除了保护主义的"印制条款"，放宽了版权标记的手续要求，并且按照《伯尔尼公约》的最低标准，引入将著作权保护期限改为作者有生之年加死后50年。而后到20世纪80年代，美国开始意识到自己成了国际著作权界的弃儿，并且由于没有加入伯尔尼联盟，它与其他国家达成贸易协定的谈判努力正在遭受破坏,而美国的知识产权要靠这些协定才能够在其他国家得到保护。商务部长马尔科姆·鲍德里奇(Malcolm Baldridge)在国会听证会上作证指出,《伯尔尼公约》成员的身份将提高美国的谈判地位。最终,美国于1989年3月1日正式加入《保护文学和艺术作品伯尔尼公约》(简称《伯尔尼公约》)。

至少对于美国国会而言,遵守《伯尔尼公约》并不要求服从该条约的最低标准。然而,从一开始,《伯尔尼公约》的天才之处在于,它不仅将各成员国的那些有时看起来完全不相同的法律联系在一起,而且,无论进展多么缓慢,它都在总体上提高了保护标准。有时,这种伸缩性看起来可能过大。例如,世界知识产权组织(World Intellectual Property Organization / WIPO)作为管理《伯尔尼公约》的机构,其总干事阿帕德·鲍格胥(Arpad Bogsch)在1985年5月作为领头证人就美国遵守《伯尔尼公约》事宜而在美国参议院听证会上作证时,就直截了当地指出,《美国著作权法》即便有若干条文为《伯尔尼公约》所禁止,也已经达到了伯尔尼的最低标准。鲍格胥多年以来就是国际著作权领域的重要人物,显然具有更加长远的眼光,因为《伯尔尼公约》的天才之处作为一股不断上涨的浪潮,很快就会在美国显露无遗。在参加该条约之时以及在此后的数年当中,国会已经对《著作权法》做了实质性修改,目标就是要遵循《伯尔尼公约》的标准。

《伯尔尼公约》的一大弱点——但也有人称之为一种实力——以及《世界版权公约》的弱点就在于,要求各成员国遵守国民待遇原则,这从本质上来说是一种信任行为,亦即相信其他成员国至少会按照条约的最低要求，把著作权保护扩展于外国人的作品。所以，这些公约并没有真正的执行程序或者制裁措施；尽管《伯尔尼公约》允许成员国将违反条约义务的成员国起诉至国际法院（International Court of Justice），但事实上未曾发生过一例。对于著作权作品的净进口国来说，如果它们从能够免费使用本国和外国作品所得到的收益，大于本国作者由于著作权保护的扩展适用于国内外作者从而获得的收益，那么，它们就可能受到一种强烈的诱惑去欺骗其他国家。

最早对国际著作权的信任造成破坏始于20世纪50年代后期。从欧洲殖民势力中新近独立出来的国家——印度是其中独立呼声最高的——由于被要求承担其原先宗主国所承诺的条约标准而极为不满。它们最终威胁要退出《伯尔尼公约》与《世界版权公约》。1963年在刚果首都布拉柴维尔（Brazzaville）举行非洲著作权研究会议（Africa Study Meeting on Copyright），该会议通过的推荐文在前言中宣布："从其现有形式看，国际著作权公约是有意设计的，以便满足知识作品出口国的需求。欲使该等公约获得全面而普遍之适用，须视非洲大陆的具体需要而进行复查和检验。"这些造反者精明地将他们的需求集中于最为迫切的社会需求上：为教育和学术目的，可以不受约束地使用那些享有著作权的作品。他们明显采取的策略是，威胁要在国际著作权中制造混乱——在西方，这个有效而可怕的用语就是"破坏稳定"。

1967年，伯尔尼成员国在斯德哥尔摩举行会议，来处理这些新的需求。令西方国家吃惊的是，这些造反者成功地说服各成员国在《与发展中国家相关议定书》（*Protocol Regarding Developing Coun-*

tries）上达成一致意见，让它们留在《伯尔尼公约》，但实质性地减少它们遵守最低要求的义务，具体方式是将公约规定的著作权最低保护期限缩减 25 年，允许它们在支付"公平报酬"的基础上，"为教育或者文化目的"而复制外国作品，并且对这些作品进行广播或者翻译。

《斯德哥尔摩议定书》（Stockholm Protocol）将美国置于一个尴尬的地位。美国虽然当了一个多世纪的国际著作权盗版者，并且离加入《伯尔尼公约》还有好大的一截距离，但是，它又是一个主要的著作权出口国，在教育和学术类图书上有着强烈的经济利益，而这些图书，又是非洲、亚洲和拉丁美洲国家希望能够更自由地加以利用的对象。1967 年 12 月，美国版权局局长在日内瓦的一次"伯尔尼—世界版权公约"（Berne-UCC）联合会议上提出恳求，呼吁扭转"似乎正在全世界发生的对作者权利的危险的侵蚀"，此时，他的听众当中肯定少不了讽刺挖苦的。美国，这个臭名昭著的盗版者和实用主义、功利主义的鼓吹者，突然把它曾经用来挖苦《伯尔尼公约》老牌成员国的象征性标志——作者——当成了它自己的标志。美国于是带头迫切要求达成妥协，于 1969 年 9 月在华盛顿主办了一场"伯尔尼—世界版权公约"联合会议。由这些会议所形成的华盛顿推荐文（Washington Recommendation）为 1971 年在巴黎最终解决冲突打下了一个基础。它是一个妥协，一方面提高了《世界版权公约》成员必须提供的著作权保护水平（其方式是声明："充分而有效的保护"包括了进行复制、广播和公开表演的专有权），另一方面则放宽了《世界版权公约》和《伯尔尼公约》的保护标准，声明其成员可以为教育、学术或者研究目的而翻译、复制享有著作

第5章 两种著作权文化

权的作品,只要获得强制许可并且支付合理报酬。

针对一项条约的最低要求而加以抨击,很少有像对待后来夭折的《斯德哥尔摩议定书》那样直接的。假如某一类新产品,或者著作权作品的某种新技术用途,为一些国家创造出可以充分利用两个世界的机会,那么,就会产生更多微妙的作弊诱惑:也就是说,无论本国还是外国的产品,只要它们在本国使用的,一律按作品使用收取版税,但是,收到的版税只向本国国民支付。从20世纪60年代中期开始,新技术就提供了这样的机会,人们可以利用家庭录音设备在盒式磁带上进行录音,而针对家庭录音带收取版税的法律制度,则提供了这样的作弊手段。不过,这次抓住机会的倒不是美国,也不是传统上的那些盗版国家或者来自第三世界的发展中国家,而是作为伯尔尼联盟中坚力量的欧洲国家,它们精明地操纵着作者权利的口号来达到保护主义的目的。

1993年春,世界知识产权组织的著作权部门负责人米哈伊·菲彻尔(Mihály Ficsor)[①]亲赴华盛顿,就"国民待遇"这个令人头疼的问题在众议院知识产权小组委员会作证。"自1971年以来",他这样开头道,"尽管至今已经过去20多年,但《伯尔尼公约》却没有再作过任何修订,也许,公约自通过以来直至1971年的最近一次修订,最重要的发展就在作品创作、传播以及作品保护的条件上"。他所考虑的数字技术和其他技术,此时正在全世界范围内把

---

① 哈伊·菲彻尔于20世纪70年代担任匈牙利版权局局长,1985—1999年在世界知识产权组织任职,1992年起担任负责国际著作权与邻接权事务的助理总干事。

著作权作品带入千家万户。菲彻尔用"保护的条件"一语,显然是意味着,从新的家庭录音收费中所获得收入的实质性部分,其实并没有交给著作权作品的作者和著作权人,而是进了作品复制行为所在国家的个人和公司的口袋。

听证会上的另一位证人是美国娱乐业集团 MCA[①] 的副总裁兼总法律顾问罗伯特·哈德尔(Robert Hadl),他对此则持不同意见。"经济保护主义正在抬头",他说道,"在一些国家,著作权作品的进口远远超过了出口。这股保护主义的新浪潮导致这些国家放弃采用国民待遇原则,因为在这些国家,它们根据新设立的权利而向美国国民支付的费用,将超过对其本国国民所支付的费用。有的国家采用了互惠制,诸如'首次固定'之类的新的形式要件概念、以邻接权与著作权为基础而加以区别对待、文化基金扣除,以及'配额',等等,这些做法的目的都是为了限制把钱付给美国国民"。

导致这个难题的部分原因在于,虽然《伯尔尼公约》与《世界版权公约》均要求对作者权和著作权提供国民待遇,但是,律师们可以就某一特定权利在事实上是否属于作者权或者著作权提出异议——他们也确实这么做了。若干欧洲国家规定了公共借阅权(public lending right)——最先由丹麦在 1946 年采用——以向作家补偿因图书馆读者对其书以借代买而丧失的潜在收入。这种公共借阅权是否属于由《伯尔尼公约》所保证的作者权利的组成部分?(只有德国已经对此予以肯认)如果属于,那么,《伯尔尼公约》成

[①] 即,美国音乐公司(The Music Corporation of America),从事音乐和电视产业,旗下有音乐出版公司和一家唱片公司,并发行电视节目和家庭录像。

员国的所有国民，无论其居住何处，均得分享从公共借阅中所获得的收入。抑或，公共借阅费只是向当地作者发放的一种政府补贴？（部分国家认为如此，比如英国，它在作者和图书馆之间历经长期而痛苦的斗争之后，于1979年采纳了这样一种权利）如果是这样，那么伯尔尼成员国就没有任何义务让外国人来分享该收入。

这些落在作者权或者著作权定义之外的权利，并不是通过逃避国民待遇要求而获得价值的唯一来源。《伯尔尼公约》要求其成员国保护的只是"作品"与"作者"。如果出于某种原因，某一特定产品并没有达到"作品"的构成条件，或者如果其创作者并不符合"作者"的条件，那么，这同样可以用来逃避国民待遇的要求。歌唱家或者音乐家是"作者"吗？对表演的录音是"作品"吗？美国《著作权法》的回答是肯定的；而欧洲大陆的作者权理论，则认为它们都不是。这些差异性特征，导致了国际著作权收入分配的不平衡，比如，甲国国民的产品在乙国获得了保护，然而乙国国民的同类产品却不能在甲国得到任何保护。

各国在诸如录音制品之类的产品上采取不同的做法，源于两种著作权文化的差异。美国的著作权文化在本质上属于功利主义，它所关注的并不是作者或者作品存在与否，而是要问著作权是否为确保信息和娱乐产品的生产与传播所必需。因此，美国著作权法倾向于将所有的文学和艺术创作成果，包括录音制品在内，统统纳入著作权的范围；由于国民待遇原则，使得美国对外国的录音制品也给予著作权保护，即便产生该录音制品的国家——例如法国——可能并没有把著作权扩展于录音制品，从而并无义务对那些产自美国的录音制品提供著作权保护。

那些服膺作者权理论的国家拒绝保护像录音制品这样的产品，但这并不是说它们从一开始就采用某种厚颜无耻的策略，逃避向外国国民付费。毋宁说，它产生于作者权理论的两项原则：其一，只是有血有肉的自然人作者，而不是像电影公司或者唱片公司这样的法人，才具备著作权保护的资格；其二，某一作品欲获得著作权保护，必须真正具有创造性，显示出"作者人格的印记"（impress of the author's personality）。尽管录音制品或者电台、电视台的广播可能缺乏为构成作者权所必需的创造性这一自然人因素，但是，国家毕竟需要培育其本国的唱片业与广播事业，并且想要给予它们某种知识产权的保护。答案就是创立一种新的知识产权制度，即"邻接权"（neighboring rights），而之所以叫这个名字，是因为这些被稀释的、保护水平较低的权利与作者权殿堂是倚墙而立的。

邻接权这个观念是缓慢演变而来的，它最初的原理是为了填补由条件苛刻的作者权理论所造成的空隙，到后来却变成了一个保护主义者故意编织的谎言。它肇始于照相术，这是对作者权文化提出挑战的第一项技术。针对这些通过技术手段所产生的图片是否属于"作品"的问题，欧洲人最终巧妙地予以化解，方法就是将摄影师称为作者，并且认定在照片上存在其人格印记。电影也被归入作者权的范围，只是证明起来稍为费劲一些。但最后，录音制品问题把欧洲立法者逼到墙角了。表演者和录音棚内的音乐家可能属于可被称为作者的这一撮人。但是，录音制作者与录音技师又算什么呢？实时直播的电台与电视台广播，尽管它们在编辑制作过程中需要创造性，但也似乎被安置在作者权的殿堂之外了。对此的解决方案是，在录音制品和广播节目上所存在的根本就不是作者权，而是被宣布为邻接权。

一个国家一旦将某种产品上的权利称为邻接权，那么它就不必承担任何由《伯尔尼公约》或者《世界版权公约》所规定的义务，自己想怎么对待它都可以。例如，当一国规定针对录音设备和空白录音带收取版税时，它就可以只向其自己的国民发放版税收入，即使其中复制的大部分是国外的录音制品。它也可以只考虑满足其自身的目的——例如，对本国的作者和艺术家给予补贴。能够对这些国家有所约束的，只能通过其对于实行良好的国内政策的感受、《伯尔尼公约》《世界版权公约》之外的其他国际条约，以及出于国际礼让的考虑。

法国1985年的家庭录音法对于空白录音带和录像带规定了一种法定版税，而它就是一个恰当的例子，说明一国如何利用邻接权的思想来促进其国内经济的发展，然而牺牲了外国作者的利益。按照法国法，基于法国社会与文化目的，首先要从向家庭录音带收取的版税总收入中扣除25%（这里可能包含了对法国电影制片人的补贴）。剩下的钱再分成三份——音乐作品的作曲家、表演者、录音制作者各得1/3。因为音乐作曲属于《伯尔尼公约》规定的"作品"，所以美国作曲家作为"作者"，有权根据《伯尔尼公约》来分享分配给作曲家的那1/3。但是，既然表演者和录音制作者都不是"作者"，美国人就不能对留给表演者或者录音制作者的那1/3提出任何主张，因为在法国，它们只归邻接权的主体所享有。《保护表演者、录音制作者和广播组织罗马公约》(*Rome Convention for the Protection of Performers, Producers of Phonograms and Broadcasting Organizations*，简称《罗马公约》)是规定这些邻接权的国际义务的主要渊源，法国是该公约的成员国，但美国并未加入。

法国的私人复制法为美国的表演者和录音制作者提供了一个范围较窄的替代方案：只要录音制品或者电影在法国首次"固定"——亦即录制——他们就可以从录音和录像盒带的销售收入中参与分配。电影和录音需要在法国国内固定，这项要求就是美国著作权法中一度存在的印制条款在高卢的孪生兄弟。这是一项明目张胆的保护主义措施，旨在扶持当地的唱片业和电影业；它也像美国的印制条款要求的那样，对权利人施加了繁重的义务，所以不可能吸引那么多的人来采用。"固定"要求当然是《伯尔尼公约》所不能容忍的一种手续要求，但是，既然它适用的是邻接权而不是著作权，所以《伯尔尼公约》的禁止性规定也奈何它不得。

从美国的角度看——它由盗版者变成了著作权卫士——国际著作权保护的这出戏确实演得颇为辛辣讽刺。美国在长达一个世纪当中与外国不发生著作权关系，之后才勉强向双边协定打开了门户，但仍然设定了义务繁重的条款。再过了60年，美国在著作权贸易中出现了某种越来越大的顺差，这就推动它向《伯尔尼公约》靠拢，而它那个充斥着手续要求的著作权法现在开始拖后腿了。而当美国刚刚成功地促成了低水平保护的《世界版权公约》，第三世界国家就威胁要退出这个条约。1989年美国最终加入伯尔尼联盟，此时却发现伯尔尼联盟中资格最老的一些成员国正忙着打保护主义牌，以便将桌面上所剩的最佳利益席卷一空。当然，从长远的角度观察，当前在知识产权国际关系中汹涌而起的保护主义，并不是什么新鲜事物。从法国—比利时订立第一份条约以及早期美国拒绝承担著作权国际义务之时起，著作权就已经成为保护主义的一张

第 5 章 两种著作权文化

牌,各国根据其当前以何种安排对于促进国家利益最为有利的观念来打这张牌。

在加入《伯尔尼公约》的 10 年之前,美国已经联合欧共体,致力于改变包括著作权在内的知识产权国际关系的发展方向。关税与贸易总协定(General Agreement on Tariffs and Trade, 简称"GATT")在东京回合谈判行将结束之际,提出了《关于阻碍假冒产品进口措施的协定》(*Agreement on Measures to Discourage the Importation of Counterfeit Goods*)的提议,其背后的一个动机,就是相信倘若伯尔尼方法无法让经济不发达的国家提高它们的知识产权保护标准,那么,贸易方法——以关税让步来换取高标准的知识产权保护——就可以做到。而且,由于《伯尔尼公约》以及其他的知识产权公约都缺乏有效的执法手段,美国和欧洲就希望 GATT 的争端解决程序——它以贸易制裁作为后盾——可以刺激各成员遵从条约标准。

尽管这项反假冒的行动计划没有实现,但它为后续提议打开了大门,并最终扩大为《与贸易有关的知识产权协定》(*Agreement on Trade Related Aspects of Intellectual Property Rights*),简称"TRIPS"),于 1994 年 4 月 15 日作为修订 GATT 协议的组成部分而获得通过。TRIPS 协定明确结合了体现在《伯尔尼公约》以及其他知识产权条约中的保护标准,并且引入了自身的最低标准。TRIPS 协定的最大贡献是在执法方面,它授权世界贸易组织成员在其国民由于另一成员未遵守 TRIPS 标准而遭受损害时,可以向世贸组织的专家组起诉;如果专家组裁决该成员确未遵守的,则受害方可以对侵害方动用在别处被禁止的贸易制裁。这无疑解释了为什么美国要不遗余力地——事实证明它得手了——将《伯尔尼公约》的著作人身权义务明确排除在根据 TRIPS 协定而可强制执行的标准之外。对于美国来讲，它在 1989 年参加《伯尔尼公约》时同意这些义务是一回事，但如果可能由于未遵守协定而受到制裁，那就是完全不同的另一回事了。

TRIPS 协定中的著作人身权问题，通常被描绘成在美国人强硬的功利主义与欧洲人浪漫的自然权利之间所发生的一个冲突。但是，这种观点可能模糊了一个更为持久的关于著作权国际关系的真相，它一直可以上溯至早期的法国—比利时条约：各著作权部门之间的区分远甚于一国边境线的内外划分。美国的图书出版商跟一位在法国的图书出版商——就这一点而言，还包括与一位法国的电影或者唱片制作者——所具有的共同利益，远大于他跟一位在美国的图书馆馆长的共同利益。而美国的图书馆馆长也跟法国的图书馆馆长有着更多的共同利益。随着 TRIPS 协定的实施，爱尔兰音乐出版商抱怨美国《著作权法》对公共表演权的一项免责规定违反了《伯尔尼公约》（并因此违反了 TRIPS 协定）的最低标准，而这很容易让人想到，美国的音乐出版商——他们已经就这项免责规定在国会展开斗争——该如何地为爱尔兰人加油鼓劲了。

在过去这个世纪，著作权已经逐渐扩大了它的范围，无论是在国内还是国际上。从国内来看，新的使用方式——无论是翻译、编剧、复印，还是家庭录制——引发了这种扩张。在国际上，条约关系已经夺取了著作权在国外市场的价值。一些国家熟练地操弄着著作权与作者权这两个象征性标志，以便为其在国内的权利扩张以及在国际贸易中的立场转换获得合理解释。最近将著作权引入国际贸易市场——知识产权在这里可以被用来与稻米或者菜籽油补贴进行交易——就预示着,国内与国际的著作权关系将更趋复杂,并且可能使它们的那些相互竞争的象征性标志的力量趋于减弱。在新世纪的大问题是,在一个连线的——或者无线的——世界里,著作权能否完成它的历史使命。

第6章 "技术问题要由技术来解决"

20世纪的一项颠覆性革命是发明了能够以数字形式获取文字、声音和图像的技术；它可以把书写或者朗诵出来的一行诗句、具有最微妙差别的一个乐句、从电影中捕捉到的快速闪过的一幅图像，都变成崭新的数字代码0和1。20世纪90年代已经明显可见，大多数在21世纪的娱乐产品和信息产品都将由数字记录、数字存储、数字传输与数字接收。这场数字革命预示着，它既会给著作权法造成新的紧张，也会带来新的机会，无论是在国内还是在全世界。

数字形式几乎是不可抗拒的，归结起来无外乎它具有以下三个因素：保真度、便捷性与普遍性。把一场音乐表演或者音频视频表演录制在一张CD或DVD上，其拥有的清晰度和耐久性远远超过在录音带或者录像带上的模拟录制。单独一张CD，宽不过一张茶碟，而且比它更薄，但它能够将一套总计26卷的印刷版百科全书，包括其中的每个词语和每张图片统统进行数字压缩，外加压缩奉送一部词典和世界地图。一个数字装置，尺寸仿佛一叠纸牌大小，却能够存储和播放4000首歌曲。即使一位业余爱好者也能够制作出数字复制件，而它忠实于原件的程度丝毫不逊于商业性复制件。数字格式还使得修改和整合不同的艺术种类变得更为容易。它不仅能够把一部黑白默片变为彩色电影，再配上从数字目录中采样选取的声音，而且演员的形象也可以加以修改——比如让他们变老一些或者变得年轻点——不同影片中的演员一旦被还原成数字0和1，还能被无缝整合为一个新的作品。

数字形式胜过任何其他形式，在于它的一个吸引人之处：它能够适应现代数字计算机的运算能力和互联网无远弗届的可接入性。无论是超大的商用主机还是小巧的个人笔记本，计算机已经主导着国内和全球的商业。互联网越来越成为购物选择、寻找工作以及个人与商务通信的媒介。到2000年下半年，41.5%的美国家庭在使用互联网，这一数字比一年半之前增加了58%。随着监管与技术障碍的迅速消除，被数字环境包围的前景正变得愈加接近，这是十年前任何人都无法想象的。

对于娱乐和信息公司来讲，在21世纪来临之际，互联网所提供的不仅是让它们产品获得巨大的新兴市场，但同时也是一种威胁，因为广泛的、未经授权的复制行为将摧毁它们的每一个市场，无论是旧的还是新的。在私人复制的领域，著作权法从来就不是一个有效的工具，而根据互联网的逻辑，每一个复制都可能是私人所为。根据帮助侵权规则，集中化的侵权设备制造商须承担法律责任，从而有助于改善私人复制的问题，但是该理论是否管用也不无疑问；与索尼公司的Betamax录像机不同，互联网有能力将责任完全分散化，从而让所涉及的软件不构成侵权，设备也不侵权。互联网的全球规模，只能使这些问题更加复杂。当音乐的文件共享服务发生在一个断然拒绝与世界上其他国家发生著作权关系的国家时，美国的唱片公司又该如何应对呢？

纳普斯特（Napster）是一家创办于1999年的互联网音乐共享服务提供商，其创立人是年仅18岁的退学大学生肖恩·范宁

（Shawn Fanning），而它也成了让著作权所有人感到恐慌的第一个主要的象征。纳普斯特运用已有的数字技术——搜索引擎、即时通信工具、文件共享软件——装配而成，凭借由数字压缩技术所产生的效率，使得用户能够方便快捷地在互联网上共享数字音乐文件。范宁宣称的目标之一是，避开商业性的CD分销体系中已经建立起来的渠道，为地下乐队和其他新节目提供一批现成的、连线的观众。但纳普斯特的主要目标——当然这也逐渐发展为其主要成就——是使得任何人只要用一台连接互联网的电脑，就可以免费复制任何在纳普斯特另一用户电脑上所存储的音乐。这就有力地说明，任何用户实际上可以复制任何他想要的已录制的音乐。

为了享用这种服务，用户得从纳普斯特公司的网站下载——这也是免费的——它的音乐共享软件。如果用户选择成为主机，跟其他用户分享存储在其电脑硬盘的音乐，那么，该软件就会把这些歌曲名称传输至纳普斯特的中央目录，以供其他所有用户的使用。即使该用户选择不跟其他用户共享他的音乐收藏，但他只要输入他想要的作品的标题（例如"Secret Garden"［神秘园］）或者演唱者的姓名（例如"Bruce Springsteen"［布鲁斯·斯普林斯廷］），再点击"查找"按钮，就可以免费复制任何在纳普斯特目录中检索到的音乐。纳普斯特服务器接着就会给出一份在该标题或者演唱者姓名项下的音乐文件列表。轻点几下鼠标，用户就可以从中选定一个文件，而服务器就会路由到主机用户的电脑硬盘，并且从主机用户的电脑那里主动下载文件至请求方用户的电脑上。纳普斯特开张之后短短数月，估计已有2000万用户下载了这个音乐共享软件；而在人数最多的时候，使用该服务的用户高达7000万。

第 6 章 "技术问题要由技术来解决"

1999年6月,也就是在肖恩·范宁想到"点对点文件共享"(peer-to-peer file sharing)这个主意之后不到一年,美国的几大唱片公司就在行业协会美国唱片业协会(RIAA)的率领下,并最终联手音乐出版商和几位录音师,对纳普斯特提起诉讼。著作权所有人一方的法律理论,就是霍姆斯大法官在《宾虚传》案中首先提出的、最高法院在索尼诉环球案即"Betamax"案中进一步提炼的那一套理论。原告承认,纳普斯特并不能被认定为直接侵权,因为它既未复制,也未存储原告的作品,而只是使他人能够复制这些作品,因此,原告指控这种服务应当对其用户的直接侵权承担次要责任:特别是,纳普斯特要为帮助侵权承担责任,因为它明知而帮助其用户实施了直接侵权行为,并且还要承担替代责任(vicariously liable),因为它能够监督和控制用户的行为,并且在经济上有获利。

2000年7月下旬,联邦地区法官玛里琳·霍尔·帕特尔(Marilyn Hall Patel)批准了著作权所有人提出的初步禁令动议,这就等于在案件判决作出之前,有效地关闭了纳普斯特。帕特尔法官判定纳普斯特是帮助侵权人——"明知侵权行为而引诱、导致或者实质性帮助他人实施侵权行为"——因为它知道或者应当知道用户的复制行为,并且,若无纳普斯特的软件,用户想要复制的话,即便并非全无可能,也将是难以完成的。就替代责任而言,纳普斯特可以阻止用户作违法性使用,这一事实就意味着,它具备对其用户加以控制所必需的能力;而且,虽然该服务现今尚未产生任何收入,但它已经成功地构建起了一个用户平台,以后可以从中获利。法院否定了纳普斯特方面的主张,后者认为其服务就像索尼公司的 Betamax 录像机一样,具有实质性的非侵权用途。帕特尔法官的裁决认为，用户的复制行为，并非像在索尼案中那样是以时间转换为目的的合理使用，而且，纳普斯特称其获得授权来发行那些无名艺术家的新作品——"这是那种迟迟不会摊到桌面上的东西"——并不具有充分的广泛性，从而不足以构成一种实质性的非侵权用途。

由于面临着这项威胁要关闭其业务的裁定，纳普斯特向第九巡回上诉法院提起了一项紧急上诉，而上诉法院在两天之后即下达裁定，暂停执行初步禁令。在随后的一份意见中，上诉法院这样解释道，尽管它基本同意下级法院对纳普斯特责任的评估，并且"颁发一份初步禁令以阻止纳普斯特参与侵犯著作权的行为，不仅应当而且必需"，不过，它又认为该禁令的范围过大，"因为这样就等于让纳普斯特承担全部责任，确保原告的作品不会在该系统中受到任何复制、下载、上传、传输或者发行"。上诉法院的裁决认为，采用下述做法也许更为适合，即由原告承担责任，"向纳普斯特发出通知，告知在纳普斯特系统中可以获取的原告享有著作权的作品或者包含该作品的文件，然后纳普斯特才有义务阻止用户接触该等违法内容。不过，纳普斯特也有责任在该系统范围内进行巡查"。

宣布一项关于合理分配责任的原则是一回事，但如何将它适用于杂乱无章的互联网现实，却是另一回事。根据巡回法院的命令，帕特尔法官修改了初步禁令，要求唱片公司向纳普斯特提供其遭受侵权的每一个作品的标题、主要表演者的姓名以及在纳普斯特目录中列明的一份或者多份录音制品的名称。这里留有一个尚未回答的问题，假如纳普斯特收到了这样的通知，那么，它简单地阻止接入所有带有该标题的文件，是否就算遵守了该通知的要求呢？如果一位颇有头脑的用户将"Secret Garden"（神秘园）列表时，不是用该作品的标题,而是用以这首歌曲为主题歌的电影的名称"*Jerry Maguire*"(《甜心先生》①),那么情况又将如何呢?帕特尔法官随后又发出一份关闭网站的裁定,其中暗示着纳普斯特要为放任歌曲在网上通行而承担责任:"除非已经尽到了每一步努力,事实上做到了最终的零容忍,否则你就做得不够好。……标准就是把侵权的情形一直缩减至零。"纳普斯特再度提起上诉,但这次上诉法院维持了帕特尔法官的裁定。

2002年1月中旬,该案出乎意料地突然中止审理。在诉讼过程中,纳普斯特已经向一些唱片公司寻求许可,后者允许其继续提供服务;当时的想法是,纳普斯特支付版税之后,就可以成为唱片公司打入互联网市场的一个媒介。但是,主要的唱片公司在那时已经通过两家合资公司——"MusicNet"和"pressplay"——建立了自己的在线服务系统。虽然"MusicNet"于2001年6月跟纳普斯特签订了一份许可协议,但纳普斯特现在又回到了法院,不过这次是它向帕特尔法官提出主张,认为该协议的条款非常苛刻,构成了著作权的滥用——根据这项规则,企业若将其著作权用于反竞争或者其他不正当之目的,会因此受到惩罚。1月16日,帕特尔法官发出声明,她准备批准纳普斯特关于调查唱片公司文件的请求,以证明纳普斯特提出的关于权利滥用的主张,而这一声明在隔日就得到了唱片公司的答复,请求将诉讼中止30天。美国唱片业协会主席希拉里·B. 罗森(Hilary B. Rosen)告诉《纽约时报》,称其团队已经请求中止,"以解决该项诉讼"。不过,双方此后展开的讨论被证明没

---

① 中国港台地区将该电影的片名译作《征服情海》。

有取得任何成果。2002年6月3日，纳普斯特提出破产申请，到9月3日，随着对其服务业务进行重整的努力失败，包括肖恩·范宁在内的公司所有在编雇员，均遭解雇。

由于帕特尔法官连续发布多项裁定，在纳普斯特上共享的歌曲数量不断减少，用户就转向其他的免费服务提供者那里，比如"KaZaA"与"Morpheus"，因为它们不受该司法裁决的约束，从而可以像纳普斯特一度所做的那样，提供无限制的已录制音乐的接入服务。这些较为新近的服务，可以向用户提供更快的传输速度，不仅能够接触使用音乐文件，而且还有照片、文本和软件等文件。与这些免费服务相比，唱片公司方面的"MusicNet"与"pressplay"这两大服务系统在最初所提供的条件，则看起来顶多算是局促与呆板的——它们向用户收取每月9.95美元到24.95美元不等的费用，而用户只享有对数量有限的歌曲进行复制的权利。

2001年10月初，唱片公司联手电影制片公司向位于洛杉矶的联邦法院起诉"KaZaA"和"Grokster"，而后者则提出抗辩，称其不可能对于用户的侵权行为承担帮助侵权的责任，因为它们没有像纳普斯特那样的用于检索——并最终过滤——用户歌曲的中央服务器，它们的运行并不受制于集中控制；它们是真正的"点对点"服务。这一抗辩主张，可谓真正击中了让著作权人感到恐慌的要害之处，终有一天互联网会让权利人面对亿万的侵权人，却找不到一个机构来承担责任。几乎在一个世纪前，ASCAP的创立拯救了作者、作曲家和出版商，使他们无需为保护其市场而去追着单个的侵权人收取使用费。美国最高法院的"*Betamax*"案判决强调，著作权所有人有权针对侵权设备而提起诉讼，至少在该设备不具有实质性非侵权用途的情况下。但是，这里涉及的是一种存在于包罗万象的基础设施（互联网）当中的（文件共享）技术，而且看起来，无论是著作权机构还是著作权规则都无法让它停下来。对于著作权所有人来说，著作权之外的某种解决办法似乎势在必行。

在一个免费且容易获得复制的数字世界中，著作权还能够（can）——或者正如有些人所提问的，应当（should）——存在吗？这些问题为1995年6月在阿姆斯特丹举行的为期两天的会议确定了主题，该会议由皇家荷兰科学院（Royal Netherlands Academy of Sciences）和阿姆斯特丹大学信息法律学院（University of Amsterdam's Institute for Information Law）召集。参加会议的有政府官员、业界代表、著作权执业律师和学者——还至少有一只"著作权牛虻"（copyright gadfly），主张在数字时代应当彻底打碎著作权。"感恩至死"（Grateful Dead）乐队曾经的词作者约翰·佩里·巴洛（John Perry Barlow）引用"信息需要免费"（information wants to be free）这样的咒语来支持他的主张，"我们搭在一艘正在下沉的船上驶向未来。这艘船上堆满了著作权法和专利法教条，而当初把它造出来所要承载的表达形式和方法，完全不同于现在要它承运的不切实际的货物"。在他看来，"我们需要开发一套全新的方法，以适应这个全新的环境"。

尽管巴洛的提法引起在场的著作权保守派的某种抱怨，但是，国际出版商协会著作权理事会（International Publishers Copyright Council）的法律顾问查尔斯·克拉克（Charles Clark）所作的另一番演说，还是在午餐和茶歇时间吸引了人们的注意，他的演讲标题是《技术问题要由技术来解决》（*The Answer to the Machine Is in the*

Machine)。在克拉克看来，问题不在于如何阻止人们获取和使用著作权作品，毋宁说是在于"如何监测这些获取与使用行为"。他的答案是，征召那些用以免费传播作品的数字系统。克拉克描述了全球范围内的几个项目，旨在搭建他所谓的"记录与付费"系统的结构，从而可以追踪单个作品的使用情况，并为付费做好准备。

克拉克认为，如果机器是解决由机器所导致的问题的全部答案，那么，其设计方案就必须体现为技术保护措施，利用计算机代码将搭便车者排除出去。但克拉克确认，还存在着一个尚待解决的问题，即"强调技术保护的主导性立法尚付阙如"。

引入技术保护措施，在某种程度上就如同约翰·佩里·巴洛关于彻底打碎著作权制度的提议同样激进，因为这些措施也可能跨越著作权的许多安全阀——合理使用、思想与表达的区分、法定免责事由——而这些安全阀如同专有权那样，本身也是著作权的组成部分。技术保护措施以及对这些措施的立法支持，就直接挑战了著作权作为一个平衡系统的这一前提。它们也挑战了为各类知识产权所共有的、更加根本性的前提：相比于构筑围栏以及禁止推倒围栏的法律，财产法是财产所有人与使用人之间的一个成本更低而效率更高的协调机制。

在20世纪90年代中期，许多政策制定者还未准备好放弃利用传统的著作权规则来解决互联网的问题。美国专利商标局局长布鲁斯·莱曼（Bruce Lehman）在1995年7月阿姆斯特丹会议上的发言，就是以这样的评论开头的，他认为数字技术对于著作权所有人控制其作品的使用，"既不是第一个，也可能不是最后一个"挑战。针对数字挑战的全球化特征，他主张把答案放在构建更加有力、更加

第 6 章 "技术问题要由技术来解决"

接近一体化的国际保护标准上。

作为专利局长,莱曼也是知识产权工作小组(Work Group on Intellectual Property Rights)的主席,该小组属于克林顿政府的信息基础设施任务组(Information Infrastructure Task Force)的一部分。1995 年 9 月,工作小组发布一份《白皮书》,其中包括的一项建议就是严格适用著作权中的复制权——这项权利可以追溯到美国的第一部著作权法——从而将各类互联网服务提供者的运作,从全国性的电话公司到小规模的电子公告牌运营方,通通纳入著作权的控制范围。如果说在调整著作权中间人的行为方面,帮助侵权与替代责任在互联网环境中已经不那么起作用了,那么,《白皮书》就是要用传统的著作权规则,干脆把这些中间人变成直接侵权人。这是由于计算机和互联网的本性使然,当一个电子信号在系统中运行时,它就会发生临时复制,而次数可能多达几十次。甚至在互联网出现之前,律师们已经在辩论这样的问题了,即计算机运行过程中不可避免作出的瞬时复制是否侵犯了著作权人专有的复制权,抑或这只是微不足道的行为,不值得法律的关注。为了回避规则上的争执,《白皮书》采取了一种严格按字面解释的观点——临时与否,复制就是复制——所以,一位家庭用户,只要以电子方式浏览了某一作品,即属于侵权人,而且,一个网络服务提供者,只要某一著作权作品是通过其服务器的,则其亦属于侵权人。《白皮书》的结论就是,网络服务提供者作为直接侵权人应当对于通过其设备的电子信号严格承担责任,而这样的信号不说每日有几十亿,也得每日以亿计。

《白皮书》这样或那样的提议终于引来了批评的大爆发,随后

139

为实现这些提议所引入的立法，也是同样待遇。图书馆和教育团体联合起来组成了"数字未来联盟"（Digital Future Coalition / DFC），对《白皮书》建议的涉及面过宽而大加抨击。消费电子、通信、计算机和互联网公司也加入其中，它们所关注的是，为了判断是否侵犯著作权而需要对无数的信息实施监控，这是不可能完成的任务。布鲁斯·莱曼不曾预料会有如此激烈的反应。时隔6年之后，他这样评论道，"这些公司中没有一家因为这个原因而关门倒闭。它们没有一个经历过哪怕一丝的不便。而且，我仍然认为，让它们承担某些责任，以便让它们在执法过程中提供一点点帮助，这又何错之有——因为正是它们控制着电子信号进出的管道"。不过，事情到1996年秋季趋于明朗，数字未来联盟与其支持者一起，有效地阻止了为实现《白皮书》而进行的立法工作。

这场争论还有国际化的一面。罗伯特·奥克利（Robert Oakley）教授在参议院司法委员会（Senate Judiciary Committee）为数字未来联盟作证时警告称，克林顿政府已经将有关修订《伯尔尼公约》的提案提交到世界知识产权组织的议事日程上，该提案与《白皮书》的立法提议"实质性相同"，而这样一来就可能"使尚处于搁置状态的立法内容变成国际法"。他提出，这将等于是向国会提出一个既成事实，迫使国会通过立法，以使美国法符合新的国际规范。

布鲁斯·莱曼也意识到这样的指控，认为政府正试图利用WIPO条约的进程而将国会锁定在某种国际共识之中，但是，他在日内瓦之所以采取主动姿态，还另有原因。从历史上看，主导《伯尔尼公约》进程的是欧洲国家，它们提出了对美国著作权人不利的提案，因而，他将此看作一个时机，以使美国这个相对年轻的《伯尔尼公约》成员国可以来设定国际著作权的议事日程。"我就想到，如果在日内瓦解决问题，这种方式有利于美国主动出击，开始把以前没有的一些东西——而不是欧洲人的议事日程——以及我能够争取到的支持美国著作权产业的一些东西，都放到桌面上。"

率领美国代表团参加1996年12月WIPO谈判的莱曼局长如果认为他可以在临时复制问题上从日内瓦寻求某种外国舆论的支持，那么他就错了。按照美国《白皮书》所采用的方法，提议中的《WIPO著作权条约》(WIPO Copyright Treaty)第7条对《伯尔尼公约》规定的复制权作出定义，包括对著作权作品的"直接和间接复制"，"无论是永久的还是临时的，也不论采取任何方式或者形式"。但是，欧盟委员会(European Commission)已经于1988年发布了它自己的关于数字著作权的《绿皮书》(Green Paper)，而该委员会的《后续报告》(Follow-Up Paper)则远不如美国提议那般教条主义，其中提到，"成员国看起来都同意，永久性电子方式存储属于一种法律所限制的行为，但是，对于临时和瞬间的复制行为，则各方存在不同意见"。

在WIPO的外交会议上，其他国家也回避了它们看作是对著作权的一种不合理扩张的提议。电话公司和互联网服务供应商的代表向出席会议的代表们解释道，在提议中的临时复制条款，忽视了"数字世界的现实"，在其中，每天有数以亿万计的著作权作品通过在电话通信设备的存储电路中的临时存储而被复制。等到12月20日外交会议结束时，第7条已被取消，取而代之的是一个模棱两可的"一致同意声明"(Agreed Statement)。该声明认为，复制权完全可以适用于数字环境，对著作权作品进行数字存储的行为构成复制，但是，关于临时复制是否也包含在复制权中的问题，留待各成员国自行规定。无论如何，莱曼坚持不懈的努力还是产生了一个具体成果：它首次将电话公司带到了著作权政策的谈判桌前，这一新的发展再加上互联网公司的出现，将在今后数十年当中打破著作权的政治经济结构。

由于临时复制提议未获成功，这就为1995年《白皮书》提出的另一项建议带来了新的紧迫性，该建议要求国会通过法律，禁止制造或者销售任何以规避保护著作权免受侵犯之技术措施为主要目标的产品，而这正是查尔斯·克拉克在阿姆斯特丹呼吁的那种立法。这项提议背后的思想就是，对著作权所有人施加初始责任，要求在其作品周围竖起技术保护网，同时也对国会施加责任，要求其将破坏技术保护措施的行为规定为违法，这就好比在刑法中规定，出售撬锁设备的行为构成犯罪。反技术规避的提议在稍作改动之后，成为美国提交1996年WIPO会议提案的一部分，不过，该项提议在这次会议上的遭遇，倒是好过临时复制提议。但是，有几个代表团——主要来自非洲国家——提出反对意见，认为该提议过于宽泛，会把过多的无辜产品纳入法律调整的范围。外交会议最终达成了一项实质上降低了要求的条文，规定由条约的成员国提供"充分的法律保护和有效的法律救济，以反对规避有效的技术措施"。

《WIPO著作权条约》在"充分而有效的"反规避措施上降低标准，就为克林顿政府在准备有关实施该条约的立法时，提供了实质性自由。事实上，在外交会议结束后不出一个月，莱曼局长就暗示道，美国法已经包含了充分的反规避机制，从而无需为了使美国法律符合条约标准而另行立法。不过，最终引入的立法，却标志着另一个相反的极端，它不仅把规避著作权人用以保护其专有权之技术措施的行为规定为违法（即1995年《白皮书》的提议），而且所禁止规避的技术措施包括了对著作权作品作任何的使用：例如这样一种技术措施，使得人们在科学研究过程中无法从一篇期刊论文中复制一两段话，哪怕这样的复制是符合合理使用要求的。

在一次近乎即兴发言的讲话中，众议院商业委员会（House Commerce Committee）主席托马斯·布利莱（Thomas Bliley）议员评述了被国会内外的许多人士所忽视的克林顿政府法案的一个真相。布利莱说，这个法案也许可以被称作《数字千年著作权法》（*Digital Millennium Copyright Act*，简称"DMCA"），但事实上，"政府法案中的'反规避'条款其实是为内容提供商创设了全新的权利，而这是与著作权法完全背道而驰的"。确实，更准确地说，反规避提议也许应被称作反著作权的法律（*anti*-copyright law），因为它们挑战了从著作权法产生伊始即处于其核心地位的原则：在保护文学艺术作品方面，法治方法相比于设置物理障碍的方法而言，更加公平也更有效率。当然，来自著作权所有人方面的启示则是，他们可能无法再依靠法治方法来保护其作品的价值了。

等到DMCA于1998年10月28日通过时，政府法案的批评者已经取得成功，因为有一部分反规避条款被砍掉了，同时还赢得了少数几个免责规定，比如针对密码研究、反向工程和安全测试等行为。不过，他们未能获得任何可以与著作权法的合理使用抗辩相提并论的例外规定。同样令该法律的批评者失望的是，它禁止对于数字规避工具进行交易或者其他商业行为。与图书馆复印和家庭录像的情形非常相似，人们在规避技术措施时常常需要利用这些既可用于合法目的也可用于非法目的的设备。尽管 DMCA 对这些设备工具的规制，大体上遵循了"*Betamax*"案所采用的方法——允许销售具有实质性非侵权用途的设备——但是，它的免责范围实际上更为狭窄，因为根据 DMCA 所规定的合法用途，远窄于著作权法的规定。1998 年 12 月 15 日，距 DMCA 通过不到两个月，主要的唱片公司就宣布推出《保护数字音乐行动计划》(*Secure Digital Music Initiative*，简称"SDMI")，这项举措是与主要的互联网、计算机以及家用消费电子产品公司联合采取的，意在设计出一种标准技术，阻止他人未经授权使用数字录制的音乐作品。它们的观念是认为，只有通过联合行动，才能确保在消费型家用设备中大规模地加入这种新技术。正如 RIAA 的希拉里·B. 罗森所述，由 SDMI 设计的"自愿、开放的安全说明"，"将使消费者能够便捷地获得他们所选择的音乐作品。艺术家、制作人、歌曲作者、出版商、唱片公司以及音乐界其他人士如果知道这是一种更为安全的方式，他们就会受到鼓励，更多地采用这种新的方式来提供音乐作品"。

SDMI 最初的努力集中于设计一个共同的安全框架和说明，以确保它在不同制造商的设备之间保持兼容性。合作者们同意，SDMI 主要的安全技术就是水印，这项技术是在所灌制的音乐当中嵌入一种弱的背景声音，而这种背景声音是人们在欣赏音乐时无法察觉的，实际上也是不可拭除的——很像在信纸上的水印。一台经过特定设计的 CD 播放机，在监测到水印后就不能播放，也不能录制带有水印的作品，除非给它另外设定具体条件。提议采用的水印被精选到只剩下少数几个——这些水印的评价标准是鲁棒性[1]、可靠性与整体表现——这时SDMI开始采取另一个步骤来进一步检验这项技术，其中原因，部分是为了虚张声势，部分也是出于小心谨慎。莱奥纳尔多·基亚里廖内（Leonardo Chiariglione）[2]通过全球互联网发表一封公开信，其中公布了一份名为"黑客SDMI"的挑战书，任何人若能够从他们的水印中释放出4个预先挑选的音乐样本，就能分享他们提供的一笔数额达1万美元的奖金（另外两项是非水印技术，属该挑战书中不太重要的部分）。

根据挑战书的条件，参赛者首先要下载一组为每一水印技术选定的歌曲。每一组包含两首歌曲，其中第一首歌曲有两种版本——其中一个版本带有一个水印，另一个版本则没有水印。第二首歌曲则只有唯一版本，带有一个确定的水印。挑战的目标是，为第二首歌曲制作一份复制件，但必须去除其水印。参赛者先要分析第一首歌曲的带水印和不带水印这两种版本，以确定水印的位置和特征，然后利用这些信息为第二首带水印的歌曲创制出一个拭除水印的复制件。参赛者将已拭除水印的复制件提交给SDMI网站上张贴的"神谕"（"oracle"），后者会以电子邮件的方式给予回复：若水印已被拭除而音质没有降低的，显示为接受；否则显示为拒绝。

爱德华·费尔顿（Edward Felten）时为普林斯顿大学计算机科学专业的一位副教授，对他来说，真的很难拒绝"黑客SDMI"的

---

[1] 指系统的健壮性，即控制系统在一定的参数摄动下，维持某些性能的特征。
[2] 莱奥纳尔多·基亚里廖内是意大利工程师，1988年发起数字领域的ISO标准化行动，后成立MPEG（Moving Picture Experts Group，即运动图像专家组）这个专门制定多媒体领域国际标准的组织，从而闻名于世，被称作"MP3"之父。

挑战。费尔顿的长期研究课题就是调查消费电子产品与计算机软件中的安全与隐私问题,而最近他正在调查大众传媒上的著作权保护问题。他对于任何SDMI技术都能发挥作用的这一点表示怀疑;他认为,通过承担这项挑战就能帮助这个行业意识到,他们的目标应当定得适可而止。"只要你足够努力,技术就能解决任何问题,的确有某些技术专家称此为'不可思议的想法'。"按照费尔顿的观点,"关于SDMI,音乐界似乎就有许多不可思议的想法"。而且,当DMCA还只是一个法案,正在全力争取国会通过时,费尔顿就和其他的计算机科研专家一道向国会展开游说,寻求一个避风港,并最终变成了关于密码研究的一项免责规定。不过,他认为最终获得立法通过的这项免责规定,还是范围太窄了,无法为研究团体提供一个必需的活动空间,因此,他欢迎这个挑战,把它当作一个用以调查水印技术而不必担心受到音乐界报复的机会。

与费尔顿一起对音乐样本发起攻击的还有来自普林斯顿大学的另一位教授与三位研究生,其他挑战者包括来自莱斯大学的三位研究人员以及来自施乐公司帕洛阿尔托研究中心(Xerox PARC in Palo Alto)的一位研究人员。对于每一组挑战者来说,起点都是对匹配为一组的两种版本——带水印与不带水印的同一首歌曲——进行比较,以试图确定两者之间的差别特征,并借此而找到水印。"一旦我们知道了这个水印,就能设计出一个特定的反措施来战胜水印:在已知的那个版本上先进行试验,如果做成功了,再开始试用到挑战版上。"在费尔顿看来,有些水印比其他水印更容易识别。"我们很快找到了一个水印——在某一音调上的一个符号是后来加进去的——我们也很快发现,整个水印就被搁在这个范围很窄的音调波段内。一旦你知道了水印，只要把音量调低至该音调的范围，你就能把它制服了。"最大的障碍是挑战书规定的三个星期的时间限制。要不是因为这个，"当然连大学外面的人都能完成这个挑战。任何人只要有充足的时间和有关信号处理的一般知识，就能做成此事"。

挑战赛结束，但并未公布结果。费尔顿认为他的团队已经解决了所有4个水印；作为证据，他根据SDMI的"神谕"发给他的证明指出，水印已经从每一首被黑客入侵过的歌曲上拭除了。SDMI的执行主任基亚里廖内则回应称，这样主张胜利为时过早，因为尚未确定在水印拭除之后，录制音乐的质量是否仍然保持原样（黑客可能不止拭除了水印，还可能把全部音乐也去掉了）。而且，黑客行为还必须经受可重复性检验；假如它们除了应用于挑战赛中所采用的歌曲而不能应用于其他歌曲，那么意义就小多了。

在2001年1月下旬举行的"未来音乐联盟"（Coalition for the Future of Music）的一次大会上，费尔顿与基亚里廖内就挑战赛的结果展开了辩论——这次同样没有什么结果。到了这个时候，费尔顿的结论就是，只有通过同行评议并且将结果公之于众，才能让他的主张获得支持。他已经准备了一篇论文来描述自己的研究结果，该文于2001年2月下旬被获准在匹兹堡市举办的信息隐藏学术研讨会上宣读——这是一个深受诸如水印技术等研究者欢迎的论坛。随着4月26日会议日期的临近，费尔顿不断被这种想法所困扰，即使他已经拒绝在挑战赛的保密协议上签字——也因此放弃了1万美元的现金奖励，但是，如果他公开自己的结果，那么根据DMCA，他仍然可能面临法律责任。SDMI的管理层对于费尔顿提交论文一事，也有自己的担心。挑战赛所采用水印的基础技术，有许多是耗时多年从事研究与开发才得到的；如果费尔顿的论文将这种技术曝光，其中牵涉的这些公司，就得眼睁睁看着它们的投资价值消失殆尽。马特·奥本海姆（Matthew Oppenheim）身处RIAA的管理层，兼任SDMI基金会的秘书，他这样评论道，"如果这些公司想到会让它们王冠上的明珠暴露于世人面前，它们当初是绝对不会参与进来的"。

4月9日，费尔顿还没来得及查看当天的邮件，就收到了系主任的召请，后者也收到了马特·奥本海姆致费尔顿邮件的副本。信中提到费尔顿计划于本月晚些时候在信息隐藏学术研讨会上宣读一篇论文，但是敦促他"重新考虑您的意图，并且避免将从挑战赛中获得的秘密信息进行任何的公开披露，而是与SDMI就此展开建设性对话，如何既能让您将研究结果的学术方面与人分享，又不危及各项技术所有人的商业利益"。信中声称，若将该项研究结果公开，"就会在公共挑战赛所限定的范围之外，为他人攻击享有著作权的内容提供方便和鼓励"，从而置费尔顿及其同事于"直接违反协议的地步"。因为挑战赛协议书并未授权参赛者公开研究结果，所以"您可能受包括DMCA在内的联邦法律的执行约束"。该邮件的另一个副本亦送给了信息隐藏学术研讨会的会议主席。

自接到奥本海姆的来信，直到信息隐藏学术研讨会开幕之前的那两个星期当中，费尔顿几乎每天都与SDMI以及"Verance"公司的主管人员通话，后者所提供的水印技术是本次挑战赛的重要组成部分。根据"Verance"公司的观点，并且从负责其中大部分联系交涉事宜的该公司首席技术官看来，费尔顿的论文披露了敏感的专有信息,涉及一种被商业许可的产品,从而超出了该论文的学术目的。但是,依照费尔顿的观点,"他们的立场似乎是在说,几乎所有关于他们技术的任何技术细节的讨论,都超越了这条界线"。甚至在一个公众可接入的网站上公开了该论文的一份非经授权的早期草稿之后,双方的电话联系仍然持续不断。

费尔顿与SDMI代表的最后一次通话,是在研讨会开幕的前一天。他与合作作者在此前已经达成一致意见,只有在任何利益相关方表示同意的情况下,他们才会授权发表论文。"会议开始前最后一天临近结束时",费尔顿回忆道,"这一点变得越来越清楚,就是将来总会有人来披露论文内容的"。当天下午4点,他们正式决定,不再宣读这篇论文。

4月26日上午晚些时候,按照会议日程该由费尔顿宣读论文了,但他并没有宣读论文,而是宣布了一份他昨晚写好的简短声明——"读这份声明大概花了1分钟时间"。站在假日酒店的大堂里,面对与会人员、记者和电视摄像镜头——"会议举办者决定,他们不想在一次专门用于研讨科学论文的会议上,发生任何像记者招待会那样的事情"——费尔顿说出了他的失望,"我们将不会在今天宣读我们的论文"。费尔顿在声明提及,RIAA、SDMI和"Verance"公司已经"提出威胁,如果我们执意宣读或者发表我们的论文,它们将提起诉讼",并且指出"诉讼是成本高昂的,需耗费时日,并且具有不确定性,也不会考虑另一方的事实理由",故而他"希望终有一天,我们能够通过正常的科学论文发表程序,向你们,各位同事们,报告我们的研究结果,以便让你们自己来判断我们的工作"。

费尔顿还承诺,"我们将继续为这些价值,也为我们发表自己论文的权利而斗争"。这显然在 RIAA 引起了轩然大波;此后一个星期,该组织即发出一条新闻简报,声明 SDMI "没有——也未曾——意图对费尔顿教授或者其合作者提起任何法律诉讼"。无论如何,费尔顿的承诺不是在哗众取宠,因为即便在 4 月 26 日记者招待会之前,他都一直在跟电子前线基金会(Electronic Frontier Foundation)[1]的律师讨论有关 DMCA 以及网上言论自由的问题,这个基金会是一家以技术为导向的民权组织。"这次谈话自然转向了我们目前的境况。他们知道我们立场,也知道我们的困境,并且非常同情我们。"

6 月 6 日,费尔顿及其合作者由电子前线基金会代理,向位于新泽西州特兰顿市(Trenton)的联邦地区法院提起诉讼,控告 RIAA、SDMI、"Verance"公司以及美国司法部长约翰·阿什克罗夫特(John Ashcroft),对 DMCA 提出挑战,认为该法律构成对言论自由的一种违宪性限制。在该案中,与费尔顿及其合作者一道作为原告参加诉讼的还有一家计算机专业组织 USENIX,[2] 它已经接受费尔顿的挑战赛论文,准备在 8 月中旬的一次研讨会上宣读该论文

---

[1] 简称"EFF",是一个由律师、志愿者、工程师及其他各界志愿人士组成的非营利性组织,主要工作是维护用户在电子世界中的基本权利。

[2] USENIX 是一个高级计算机系统协会(the Advanced Computing Systems Association),成立于 1975 年,取意"UNIX 用户团体"(a Unix users' group)而得名。USENIX 协会(USENIX association)将工程师、系统管理员、科学家和技术人员联合起来攻克计算机世界的尖端问题。USENIX 大会(USENIX conferences)则成为了报告和讨论在计算机系统各方面发展中最前沿信息的核心会议。

（该诉讼之所以将司法部长阿斯克罗夫特列为共同被告之一，是因为 USENIX 计划对研讨会听众收取门票，这就可能因其违反 DMCA 的行为系出于争取商业优势或者谋取私人经济利益之目的，从而牵涉刑事制裁）。被告的答辩是，正如此前 RIAA 的新闻简报以及后来与原告的直接交流中所反映的那样，他们无意起诉原告，无论在过去还是将来，因此，并不存在任何需要由一家联邦法院来受理的实际案件或者争议。

11 月 28 日，联邦地区法官加勒特·E. 布朗（Garrett E. Brown）作出了有利于被告的裁定，驳回诉讼。"具有讽刺意味的是"，布朗法官评论道，"被告已经说了，我们不想起诉你们，而原告显然决定借由他们自己提起诉讼的方式，以此作为催化剂而形成诉讼"。在其口头发表的意见中，布朗法官阐述道，"原告把自己比作受到当局迫害的当代伽利略。但恐怕更为切题的类比是当代的堂吉诃德，担心受到被他们视作巨人的风车的威胁"。电子前线基金会法律部主任辛迪·科恩（Cindy Cohn）则试图乐观看待这个结果。"由政府和唱片业所发表的声明，表示它们现在承认，它们不可能利用 DMCA 来压制科学。如果它们真的言行一致，科学就能够继续发展而不会退缩。它们若是倒退食言，EEF 就会站出来。"

DMCA 成为言论自由派抨击的一个天然目标，因为它缺乏许多的安全阀——比如，合理使用、思想与表达的区分——而从历史上看，正是由于这些安全阀，才使得著作权免于受到《宪法》第一修正案的抨击。布朗法官在特兰顿市驳回了费尔顿以违反第一修正案为由所提出的诉讼，而就在同一天，位于纽约曼哈顿的第二巡回上诉法院也作出一份判决，维持一审法院关于驳回以第一修正案抨击 DMCA 的判决。这就是环球电影公司诉科利案（*Universal City Studio, Inc. v. Corley*），涉及用 CSS（数据干扰系统 [Content Scramble System]）——用于保护录制在 DVD 上的电影，使其无法在未经授权的 DVD 播放机上播放或者复制——来抗衡 DeCSS，后者是用于解密设有 CSS 密码的 DVD 的一种计算机程序，以使这些 DVD 能够在未经授权的设备上自由播放与复制（DeCSS 是由一名挪威少年乔恩·约翰森 [Jon Johansen] 和两位在互联网上的亲密伙伴一起开发的，它通过拆解一台经过授权的 DVD 播放机，从而确定 CSS 的密匙）。原告是 8 家主要的电影制片公司，它们指控被告埃里克·科利（Eric Corley）违反了 DMCA，因为后者在其杂志《2600：黑客季刊》（*2600: The Hacker Quarterly*）的网站上公布了可供下载的 DeCSS 计算机代码，同时提供 DeCSS 网站的链接。被告答辩称，根据著作权法的合理使用抗辩以及《宪法》第一修正案的言论自由保证，他们的行为是受法律保护的。

联邦地区法官刘易斯·A.卡普兰（Lewis A. Kaplan）撰写的一份详尽无遗的判决书，作出了对被告不利的裁判。上诉法院维持卡普兰法官的判决，并且认为，尽管通信"并不仅仅因为它是以计算机代码语言的形式表达而丧失其作为'言论'受到的宪法保护"，但是，代码的功能性特点必然约束其根据第一修正案所获得保护的范围。"正如任何计算机代码所能够做到的现实情形，必然影响到它在宪法上的保护范围，像 DeCSS 这样的一种解密程序，其能力就在于对原告享有知识产权的材料进行未经授权的——事实上就是非法的——使用，这也必然影响并且限制其受到第一修正案保护的范围。"

第6章 "技术问题要由技术来解决"

DeCSS 只是让电影公司感到忧惧的开始。很快，压缩技术的提高，宽带服务变得更加便宜和强大，以及数字存储设备的价格不断降低，这些都使得家庭用户之间交换电影文件成为可能，变得跟他们共享录音制品一样的轻松简单。事实上，早在 2002 年，诸如 Morpheus 之类的文件共享服务商在向其用户提供的接入服务中，就已经不仅包含音乐文件，还有故事片，包括当下正在发行的电影。对于电影公司来说，难题不仅是在非法复制件上；而且在于它的发展前景，因为对于新发行电影的免费复制，将会破坏该电影从剧院放映，到 DVD 销售，到家庭付费点播，再到免费电视播送的这样一个仔细安排的时间进程。甚至免费电视播放，也受到了所谓的个人视频录像机的威胁，这种设备能够使观众不仅可以选择录制广播电视节目以供后续观看，并且可以将节目中付费播出的广告自动加以删除，即使是正在播出的节目。

当环球城市电影制片厂联合华特迪士尼制片公司在 1976 年起诉索尼公司时，Betamax 录像机还只是用质量相对较低的录像带来录制模拟信号的电视广播节目。与之形成对照的是，从数字广播节目中制作的高品质的数字复制件，将与 DVD 的销售直接构成竞争。对电影制片公司来讲，这样的前景就会严重影响到数字高清电视广播的吸引力，同样地，消费类电子产品的制造商就可能不情愿将安全技术添加到它们的产品当中（消费者也表示反对：加密的电视信号将阻止他们出于诸如时间转换的目的而私下复制节目，而这样的目的是最高法院在索尼诉环球案中所明确加以认可的）。由于电影制片公司与家用消费电子产品的制造商未能就加密标准达成一致意见，弗里茨·霍林斯（Fritz Hollings）参议员引入了一项法案，要求政府确立可资引用的标准，除非电影制片公司与设备制造商在规定时间内达成了它们自己的标准。

过去的著作权战争，只是偶尔发生的，类似一种宗教狂热，但是，今天为了反对未经授权而在互联网上使用作品所发动的"十字军东征"，则处于持续推高的热情中——几乎到了一种狂暴的程度，这是前所未见的。2002年夏季，由众议院的"法院、互联网和知识产权小组委员会"（subcommittee on Courts, the Internet, and Intellectual Property）主席兼少数党成员引入了一个法案，给予所有著作权人以一种有限的私力救济特权，对于"在一个公众可接入的点对点文件交换网络中对他或她享有著作权的作品，未经授权而发行、展览、表演或者复制的"，可以采取措施使之丧失实施此类行为的能力甚至将之破坏。对于著作权所有人越来越具有攻击性的策略，使用者共同体这一方的反应也毫不示弱。2001年夏天，一位来自俄罗斯的计算机程序员迪米特里·斯克里亚罗夫（Dimitry Sklyarov）在拉斯维加斯举行的一次会议上遭到逮捕，他去那里是为了宣读他的一篇论文，内容涉及如何解密Adobe系统电子书的反盗版代码，而在这一事件中，有大约100名示威者到Adobe公司位于加州圣何塞的总部游行，要求将他释放，而他本来有可能成为根据DMCA遭到刑事指控的第一人。在与电子前线基金会的代表会晤之后，Adobe公司要求将斯克里亚罗夫释放，并且宣布了该公司的决定，撤销对他的指控。

正如SDMI——它被RIAA主席兼总法律顾问卡里·谢尔曼（Cary Sherman）认为现在正处于"冬眠期"——所证明的，以及在加密措施方面受到的不断增强的压力，DMCA的反技术规避条款变成了著作权道路上的一段不合时宜的弯路。任何能够加密的东西，若付出一定成本，其实都能够被解密，而且，任何能够为人所见所闻——当然是指在消费者愿意为此支付费用的情况下就能够看到或者听到——的视听符号，也都必然是可以被复制的，有时甚至无须规避加密技术。在被问到是否有任何技术，能够完全阻止未经授权的复制时，爱德华·费尔顿告诉《商业周刊》(Business Week)的记者，"它们所做的，顶多是使复制变得更困难了，需要花更多的时间。一个恰当的类比是道路上的减速带。你设置的并不是一个阻止复制的障碍，而是在设置了一个减速带，来阻挠那些想要非法复制的人"。道德也起到了一定的作用。"Verance"公司的水印技术在 SDMI 挑战赛中经受考验的时候，彼时担任该公司董事会主席的戴维·莱博维茨（David Leibowitz）这样评论道，"音乐界和电影界的口头禅是'秉持诚实'（keeping honest people honest）。它的理念就是，一个人如果在其他方面诚实的话，就不会去做如此这般不诚实的行为。假如他们能够有一种简单便宜的方法来享用这些产品和内容，就不值得冒着不诚实的坏名声去那样做了"。

1995 年夏天，查尔斯·克拉克在阿姆斯特丹对着齐聚一堂的著作权专家们声称，技术问题要由技术来解决，而那时他在心里考虑的，不仅是计算机具有的阻止复制的能力，更是计算机凭借尽可能最快捷、最廉价和最直接的方式，将作者与读者联系起来的能力。两个月之后，克林顿政府的《白皮书》给这个刚刚起步的娱乐和信息事业起了一个名字：数字点播机（celestial jukebox），其时，它提议采纳的不仅有反规避措施，还有著作权管理信息的规则，以便让使用人知道作品的作者和著作权人的身份,以及他们是否愿意让人使用该作品。

在这个世纪之交,问题并不在于著作权法能否提供数字点播机运行所必需的工具,而是当社会爆发出一种前所未有的反对著作权法的声音时,能否让著作权发挥出该法律所意图的功能:将娱乐和信息市场组织起来。

第 7 章　左右为难

　　美国政府 1995 年《白皮书》提到的数字点播机，引出了这样一幅图景：在距离地球数千英里之外同步环绕着一颗由技术操纵的卫星，它等待用户的指令——就像在老式的自动点唱机里投入一枚硬币，然后按一下按钮——以使该用户通过一个家庭或者办公室的接收器，连接到一个巨大的娱乐和信息库，而这个接收器兼具电视机、收音机、CD 和 DVD 播放机、电话、传真以及个人电脑的功能。多年以来，付费电视已经能够让用户订购按照排定时间表播出的电影或者电视节目，其实它就是指向未来的一个路标，而到那时，可供人们按需点播的信息和娱乐产品实际上有着无穷无尽的选择。

　　自英国《安妮法》以来，著作权的宗旨就是让文学艺术作品的生产受制于市场力量的约束，这一点倒是与数字点播机的经济学十分吻合。因为数字点播机能够记录用户在娱乐与信息产品上所作的每一次选择，以及在某些情况下所支付的价格，这就向著作权所有人提供了一种比他们在以往所采用的更加精确的方法，来计算消费者对产品的需求，从而可以使他们更加精确地作出投资分配，以满足这种新兴的消费偏好模式。此前诸如复印机和录像机之类的技术往往会威胁破坏著作权的激励功能，但数字点播机与这些技术不同，反而能够保证著作权的激励功能。

　　说来有点儿矛盾，正当数字革命使得著作权的应用前景趋于

152 完备之际，新技术却对著作权本身的合法性提出了质疑。首先，一场由 IBM 公司引导的运动，将计算机软件纳入其实并不适合的著作权名下，这就为著作权带来了附带性损失，因为由此引发了整整一代的知识产权界人士反对著作权。其次，尽管数字化展现出著作权可以不受交易成本的阻碍而进行许可，但是，由于大量涌现的未经许可的数字复制件，那些曾经令威廉·帕西诺备感沮丧的模拟复制件变得大为减少，从而在实际上冲淡了著作权法律的规范力量。与此同时，一个有欠考虑的关于将著作权保护期限额外延长 20 年的立法提议，目的虽然只是为了将受到珍视的作品保留在公共领域之外，但此举进一步使得著作权的公众形象被污名化了。

1964 年 5 月，美国版权局颁发第一份计算机程序的登记证，它就已经有所预感，认为著作权可能并不是保护这种新对象的恰当方式。那时适用的著作权保护期限是 56 年，而这样的保护期对于一种正在急速变化的技术来说，似乎显得过长了。而且，正如霍姆斯大法官在马戏团海报案的判决中所阐明的，著作权的保护标准较为随意，这样一来，它所维持的技术垄断，若放诸专利法，则可能由于专利法采用更为严格的保护标准而应当被归入公共领域。但是，一种至关重要的信心最终占据了上风，其相信传统的规则可以磨平任何的棱角。那时处于这种过分乐观精神中的版权局副局长乔治·卡里就这样评论道，"从根本上讲，一个计算机程序就是一系列指令；它可能就像一本'操作'手册"。

如果从投资于开发更新、更好的计算机程序的角度来看，那么问题就在于，传统上采用的著作权并不保护有关操作的思想，而这恰恰是计算机程序中最有价值的部分。美国法院自 1879 年以来

第 7 章 左右为难　　235

已经将实用性方法排除在著作权保护范围之外，那时的最高法院就曾这样判决，对于用以解释某种新的记账方法的文本，作者可以就其用于解释该方法的确切的词句享有著作权，但是，若要保护该方法本身，则只能采用专利法。美国国会在通过 1976 年《著作权法》时，把这项规则明确写入法典，特别规定著作权并不扩展适用于任何"思想、程序、步骤、方法、操作方式、概念、原理或者发现"。

专利法对权利的保护更为严格，而在保护资格上同样采取严格标准，并且其保护期限是相对较短的 20 年，因此，专利法相比于著作权法，更适合于鼓励在技术发明上的投资，同时在未授予垄断的地方则保持市场自由。然而，专利局对于新出现的软件专利申请冲击却没有做好准备，大量的专利申请在 20 世纪 80 年代都快把专利局给淹没了，而且，从软件开发者的需求来讲，专利制度本身简直不够友好：那时在专利审查员中很难找到软件方面的专家；用于衡量计算机程序的发明性（inventiveness）的"现有技术"（prior art）信息实在稀疏少见；专利审查程序可能耗资成千上万美元并且费时长达 3 年多——在许多情况下甚至要更长得多——而计算机程序的有效寿命常常都还没有那么长；即使已经由专利局授权的专利，也很少能够经受住他人在法院提起的专利无效之诉。那时只有相对极少量的软件开发者才愿意将其计算机程序的命运托付给专利制度，也就不足为奇了。

从以下这些方面看，计算机程序的著作权保护模式确实更具有吸引力：软件设计人花上 20 美元即可取得著作权登记，然后就能够直接走上联邦法院，并且对侵犯著作权的行为可以主张范围广泛的各种法律救济——禁制令、扣押、销毁侵权复制品、法定损害赔偿和律师费赔偿——从而不必千辛万苦地走完漫长的或者说彻底的专利审查程序。然而，由于著作权明确排除了对任何步骤、方法或者操作方式的保护，因此从现实的角度看，任何软件开发者都无法期待法律来保护其产品中最具创新性、功能性的要素：亦即用户得以利用计算机强大功能的那些步骤与方法。但是在整个20世纪80年代，还是有许多软件开发者对著作权寄予厚望，希望借助这部保护条件宽松而在保护范围上持霍姆斯式标准的法律，再加上某种若无其他现成保护方式即扩张著作权保护的司法本能，来保护他们在计算机程序的基础性方法上所作的投资。

一度，美国一些法院对此也不负厚望。1986年，在第一起涉及计算机程序著作权保护的主要司法判决中，一家联邦上诉法院认定，针对用于口腔实验室管理的一个计算机软件，其著作权涵盖的对象不仅是该程序中明确的代码行，而且包括该程序的"结构、序列和组织"（structure, sequence and organization）。法院声称，该程序中唯一不受保护的部分，是它最基础的种子概念（seminal concept）——即"对口腔实验室的有效组织"。尽管如此判决也许达到了某种大体上的正义，但是，该判决显然背离了一个世纪以来的著作权法理。假如法院以同样方式处理像《罗密欧与朱丽叶》这样的传统文学作品，那么，它就必然作出跟所有司法先例背道而驰的判决，认定该剧本当中的所有成分——角色类型、历史事件、古老的情节设计——都受到著作权保护，除了该剧本中最基本的概念，即一对儿来自两个敌对家庭的、命运多舛的恋人。

著作权排除对功能性的保护，这一点深深地植根于著作权法对文学和艺术的关注。最大可能地保持艺术作品之间的差异，才能在最大范围内实现艺术当中的社会利益；毕竟，所谓艺术的方法，就是从语言、线条或者音乐中折射出每一个体作者的观点。相反，科学技术的目的是功能性的，它要求在某一项技术方案的各种变换形式上投入较少的资源，而将更多的资源投入到该方案的可予证实的改进上。如果说著作权方式就是将投资引向丰富的表达（abundant expression），那么，专利方式就是将投资导向有功效的表达（efficient expression）。斯坦福大学统计系教授布拉德利·埃弗龙（Bradley Efron）在下面这段评论中就抓住了这一区别："假如莎士比亚幼年早夭，我们将永远看不到《哈姆雷特》，但是，假如牛顿同样地夭折了，我们今天肯定还是会有微积分。当然，这也是科学的巨大优势所在。如果看到微积分，人们可以将之改进，但很难想象会有一本改进版的《哈姆雷特》。"

著作权法有一种充满活力的自我纠错（self-correct）能力。在几年时间里，每一家联邦上诉法院在面对计算机程序的著作权保护问题时，几乎都从口腔实验室案判决所偏离的主题，回归到主流观点上来。第二巡回上诉法院的这份判决后来被广泛遵循，它在其中认定，著作权禁止竞争对手复制的，是计算机程序代码行的文本内容，但是，由于可保护的表达与不受保护的思想之间所存在的区别，它也任由竞争对手复制该程序中得以进行最有效操作所必需的基本要素；"一组模块越有效率，就越接近于体现在该程序的结构特定方面的思想或者方法"。可以理解的是，任何使用过个人电脑的人，都会提出这样一个问题：著作权在事实上是否并不足以保护创新性软件？整个20世纪80年代，一股前所未有的具有极大创造性的软件洪流在市场中泛滥——分析表格程序、数据库管理器、桌面出版系统程序和电脑游戏,而对这些产品给予知识产权保护的最明显的来源正是著作权。如果著作权能够支持在这样一系列令人眼花缭乱的创新上进行投资,那又怎么说它存在不足呢?

答案就在于,对这些投资给予保护的,在很大程度上并不是著作权。各州的商业秘密法即便不说它更为重要,但也发挥了同样重要的作用。"源代码"(source code)——程序员编写计算机程序的形式——是可以供人阅读理解的,但执行该程序的计算机是无法读取的。"目标代码"(object code)——为计算机执行源代码而必须转换的形式——则是可以为机器读取但通常不为人所阅读。窍门就在于,软件开发者通常只是以不可破译的目标代码形式来销售其程序;而把基础的、可供人阅读的源代码则作为商业秘密加以保护,这样,他们就试图将处于其程序核心地位的创新性步骤和方法掩藏起来,以避开竞争者刺探的目光。事实上,软件业界公认的看法是把源代码比作一个公司的"王冠上的明珠"。

20世纪80年代至90年代发生的计算机—著作权之争,被其中一位参与者称为"软件战争"(softwars),而其核心在于可兼容性(compatibility)问题:即对于一个被人广泛使用的计算机平台而言,其所有人是否应当被允许利用著作权来阻止竞争者销售那些可以在该平台上与其他产品进行交互操作的软件?早期的打字机生产商从来没对QWERTY键盘设计寻求著作权保护,即便这样做就能在打字机的销售上形成一种有效的垄断,因为很少有用户愿意忘掉他们已经熟悉的QWERTY键盘,转而费时费力地去掌握由某个竞争者提供的不同设计的键盘。相反,对于一家计算机公司而言,却往往挡不住这样的诱惑，通过对于控制平台进入的界面主张著作权保护，从而垄断其硬件或者软件平台。

1984年，苹果电脑推出了它在市场上取得骄人成绩的麦金托什（Macintosh）个人电脑。①成功的原因之一是，该机器属于用户友好型，使用了一个形象、直观地吸引人的图像用户界面，代替了以往用户为了操作计算机而必须打字输入指定的字母或者数字命令的做法。麦金托什机用户通过操纵手控鼠标，就能在计算机显示器上把光标指向若干图标中的某一个。例如，他只要简单地把显示器上的文件图标，拉到一个垃圾桶图标，然后点击鼠标，就能够删除这个信息文件。后来微软与惠普推出了类似的图像用户界面，即微软的视窗（Window）以及惠普的新浪潮（New Wave），用于它们跟苹果公司竞争的电脑上。苹果公司遂提起诉讼，认为后者侵犯了麦金托什机界面"在视觉与感觉上"（look and feel）的著作权。

苹果公司运用一种巧妙的策略来推销它的麦金托什机。它要求其他为麦金托什机编写应用程序的软件开发者必须利用该机器的图像用户界面，这样一来，苹果公司就提高了麦金托什机的效用以及后续的销售；随着电脑销量的增加，应用程序的销售以及编写出更多应用程序的激励也随之提高。在短时间内，麦金托什机界面就不仅成为一个吸引用户的特色，而且会变成用户的一种使用习惯，这就非常像在一个标准的打字键盘上近乎通用的QWERTY字母排列。任何竞争者若想采用一个不同的图像界面，就必须得说服

---

① 即麦金托什机，此后苹果公司将之简化为笔记本电脑商标"Mac"。

消费者打破麦金托什习惯，再来学习操作一种新的格式。反之，如果为了克服这种营销障碍而模仿麦金托什界面的话，就将面临一场侵犯著作权的诉讼。

1992年8月，旧金山的联邦初审法官沃恩·沃克（Vaughn Walker）揭开了苹果公司的著作权策略。沃克法官在苹果诉微软案（Apple v. Microsoft）中这样评论道，"纯粹功能性的东西，或者为实现功能性目的而对这些东西所做的编排，完全不属于著作权的范围，这就好比其他的普通用户界面的例子"，比如"电话拨号盘、按钮以及电视机或者录像机的遥控器"。他进而补充道，"在同类产品中，如果用户界面的功能性要素或者这些要素的编排具有相似性，并不意味着它们就是非法复制，毋宁是竞争产品在功能性因素上的标准化"。沃克得出结论认为，假如承认苹果公司所提出的"视觉与感觉"主张，"那就等于允许它席卷全部的财产权益，其权利所及范围"不仅针对视窗和新浪潮，而且"还包括其他采用了此类界面标准特征的桌面图形用户界面，而此举可使苹果的著作权主张无须经受法院在历史上曾经采用的严格审查"。

诸如苹果诉微软案之类的判决推翻了1986年口腔实验室案所采用的宽泛的软件保护范围，这就意味着著作权无法再被用来保护软件程序中的基础方法或者步骤，但能否说著作权至少对软件开发者的商业秘密策略还是能够有所支撑呢？计算机生产商为抵挡竞争者所采用的第二个著作权策略是，在它们计算机的操作系统中暗藏一把数字锁，必须用数字钥匙才能打开在电脑上运行的各种应用，而只有付费的公司才有权获得数字钥匙。竞争者的主机电脑可能比IBM的电脑运行更快、价格更便宜，但是，假如竞争者的机器无法运行其潜在客户为IBM主机所采购的那些价格昂贵的应用，那么，竞争者还是没有希望可以赢回这些客户，来使用他们的产品。

IBM以及其他为计算机平台构建护城河的公司所采取的策略是，将数字锁和数字钥匙——它们所谓的界面说明书（interface specifications）——保持为商业秘密。商业秘密法允许竞争对手合法地探寻某个商业秘密，可以采用的手段包括众所周知的反向工程（reverse engineering）——检查某个已经售出的产品，如有必要还可对之作化学或者电子分析，以便识别该产品中包含的秘密（根据商业秘密法，任何人均可以自由地对可口可乐的样本进行化学分析，以获得它的秘密配方，然后根据解析所得的配方，自己生产软饮料并且进行销售）。在计算机程序上存在的一种反向工程，被称作"反汇编"（disassembly），通过这种手段，可以将某一程序的目标代码转换为可供人阅读的源代码；然后再通过对源代码的分析，获取该程序基础性的、不受著作权保护的方法。然而，著作权对此设置了一道障碍。反汇编必然要先采取一个初始步骤，即竞争对手至少要将该程序的全部目标代码进行复制。既然有复制，这就可能被解释为是一种侵犯著作权的行为。

软件战争的最后一场大仗就在这个问题上，即著作权法是否阻止为发现某一程序中不受著作权保护的方法或者步骤之类的特定目标而进行反汇编。20世纪80年代，美国任天堂（Nintendo）公司和世嘉企业（Sega Enterprises）作为电子游戏与电子游戏机的两大生产商，正是试图为此目的而利用著作权，以便阻止竞争者制作那些能够在任天堂和世嘉游戏机上运行的电子游戏。它们的目的在于，把可兼容电子游戏的市场仅仅留给它们自己的产品以及被许可第三方的产品,后者愿意为进入这两个世界上最流行的电子游戏平台而支付费用。这两家公司的策略是,对目标代码主张著作权,而当竞争对手意图将其电子游戏在任天堂和世嘉的游戏机上运行时,又必须复制这些代码行。两家公司就等于有效地在它们的游戏机中安装了一把电子锁,并且声称它们对开锁的钥匙享有著作权。世嘉诉崇盛案(Sega v. Accolade)于1991年10月由旧金山的联邦地区法院立案受理,而且跟苹果诉微软案一样受到人们的密切关注。1992年4月,初审法官作出了有利于世嘉公司的判决,责令同为电子游戏生产商的崇盛公司停止销售它所开发的游戏,原因是崇盛公司在开发这些游戏时,先行复制了世嘉公司的电子游戏,然后进行反汇编,用以发现打开世嘉公司"Genesis"游戏机的钥匙,从而可以在该游戏机上玩崇盛公司的游戏。

第九巡回上诉法院显然意识到了初审法院所发布的禁令,可能影响崇盛公司在圣诞节期间销售电子游戏,于是决定加快该案的审理进度,安排在7月20日举行法庭辩论。3个月之后,该法院作出全庭一致意见的判决,而且其措辞不仅涵盖电子游戏,还包括了所有的计算机程序。"如果要获取在某一享有著作权的计算机程序中所体现的思想和功能性要素,反汇编是唯一的方法,并且如果这样的获取是有合法理由的,那么,反汇编从法律上来讲,就是对著作权作品的一种合理使用。"合理使用作为一个安全阀,首次在著作权法上得以确立,是在1841年关于乔治·华盛顿书信的案件中,而后分别在威廉斯诉威尔金斯案与"Betamax"案中被用来为美国政府以及索尼公司解围,现在则为电子游戏公司与电脑公司打开了一扇竞争之门,这些公司想要销售可以与竞争对手的产品交互操作的数字产品。

在为法庭撰写判决时,斯蒂芬·莱因哈特(Stephen Reinhardt)法官系统地检查了《著作权法》在著名的第107条中所规定的构成合理使用的四个要素。第一个要素是被告的使用目的,这对于崇盛公司较为有利,因为"本案所争议的使用只是一种中间性使用,即便由此导致的任何商业性'使用',也都是间接的或者派生的"。尽管"崇盛公司的最终目标是发行可以与'Genesis'游戏机兼容的游戏,但是,它之所以复制世嘉的代码并因而构成对享有著作权的材料的直接使用,直接目的只是为了研究'Genesis'游戏机可兼容性的功能性条件,以便它能够修改其现有的游戏,应用于'Genesis'游戏机"。更进一步而言,"崇盛公司想要研究这些条件的话,舍此而别无他法"。

第107条的第二个要素,是著作权作品的特征,这也是有利于崇盛公司的。"因为世嘉公司的电子游戏程序包含有不受著作权保护的方面,对此若不加以复制,是无从进行检验的,所以,我们只能给予它们一种较低水平的保护,低于对传统文字作品的保护。"第三个要素即对被保护作品的复制数量,这一条对崇盛公司不利,因为它在完成反汇编的第一个步骤时,完整复制了世嘉公司的电子游戏。不过,法院引用索尼诉环球案指出,仅有这一事实并不因此排除合理使用。最后,在第四个要素即市场影响上,法院的结论是,"既然消费者很可能两种游戏都购买",因此没有任何根据可以推定,被告的电子游戏实质性地影响到了原告的市场。

没有人会真的认为在计算机程序上所做的投入不需要任何形式的知识产权保护。问题只是在于采用哪种保护形式最符合软件生产者与消费者的利益。相比于著作权法给予计算机程序的低水平保护，替代方案之一是制订一部量身定做的——特别的——知识产权法律，用以满足这些产品的特殊需求。此类专门定制的法律也有很多的先例。美国《专利法》中就有特别条款，保护诸如椅子、灯座之类的工业品设计，以及水果、蔬菜的新品种。1984年通过的《半导体芯片保护法》(Semiconductor Chip Protection Act)也是应半导体产业的需求而专门制定的，它保护在制造半导体芯片时所使用的错综复杂的模板。早在1969年，IBM公司的一位律师就发出提议，对计算机程序提供特别保护；该提议将计算机程序的三个组成部分——概念、文档和代码序列——分别采取不同的保护方式，为期5至10年。

特别法模式也有其批评者，他们主张，法律的调整范围过于狭窄其实是一种缺点，而不是优点。例如，《半导体芯片保护法》的一个关键性条文就因为一项很快过时的技术而大受牵连。不过，这种主张并非反对"特别"这个概念本身，因为这些法律可以采用修订的方式来适应新技术，就像《著作权法》调整对象的范围就时常由国会予以修改。另一种反对意见是，由于这些法律是新近推出的，因而可能在投资人最需要确定性的时候，打断了他们在新技术上的投资。但是，对计算机软件提供著作权保护的这一段动荡历史表明，一部旨在达到某种预定程度的创新，并且考虑到调整对象特殊性的特别法，不论其结果如何地不确定，也都会比著作权法的表现更好，因为后者不加区分地将各种对象纳入其中，并且提供的是较低水平的保护，这样做不会带来什么好处。

如果说国会应当行动起来，有选择地将新的对象纳入著作权之中，那么，国会更应当迅速行动起来，将文学艺术作品的新技术用途纳入著作权的控制之下。之所以必须迅速采取行动，是源于习惯难改的政治现实。想当初为了将诸如家庭录音录像之类的私人使用方式纳入著作权的控制范围也采取了立法行动，但这一过程给人的教训是，一旦某种新技术广泛传播开来，并且个人已经习惯于对它免费使用时，实际上就无法再要求国会禁止这种使用了。但是，新用途的市场将至少部分地替代旧用途的市场，并且，对新市场的使用若不加控制，将不仅剥夺生产商继续从事其业务之所需的收入，而且掩盖了他们需要借以获知大众偏好的信号。国会在有关法律责任的规定上含糊其辞，然而过去30年来最高法院的判决却显示出，法院拒绝将这种模棱两可的制定法用语解释为包含了新的技术用途（这种司法节制[judicial restraint]看起来与最高法院的政治构成完全无关）。①

著作权所有人长期以来对于其作品的使用进行划分，无论多么粗糙，但它毕竟能够估计出使用者的偏好——举一个标准的例子，出版社对那些急于想在一部小说刚刚推出就能先睹为快的读者，收取定价相对较高的精装本的价格，而对那些愿意等到一年后才推出的小说简装本的读者，则收取相对较低的价格。数字技术提供了一种前所未有的手段，可以优化完善对创造性作品的定价。唱片公司确定一个相对较低的价格，许可某一网络广播者（webcaster）

---

① 司法节制是指一种司法决策理论，它鼓励法官在行使其权力时有所限制，在解释法律时仅仅依据法律的立法本意并且遵循先例，而且认为法官在推翻一项法律时，除非该法律明显违宪，否则应当严加斟酌（*Black's Law Dictionary*, 8 ed. 864, [2004]）。

播放一首歌曲，但用户对该歌曲只能听一遍。如果支付一个更高的价格，就可以在规定时间内无限次或者永久地收听该歌曲；或者可以下载该歌曲，但仅限于该用户的电脑（在限定时间内保留或者永久保留）；或者可以下载，并且将歌曲的复制件传输至该用户在汽车内所安装的播放器，或者传输至其他人的电脑上。这种做法实际上存在着无限的可能性。

差别定价的一大好处是，通过针对消费者偏好的量身定价，避免单一定价的无效率，以及有人可能会提到的不公平问题。例如，著作权法的"首次销售规则"（first sale doctrine）规定，一旦著作权所有人出售了书籍或者其他著作权作品的复制件，那么，购买人无须著作权人的同意，即可向任何他人再销售或者出租该特定的复制件。这项规则所带来的效果是，著作权所有人只有一次机会能够从特定复制件的销售中获得收入，所以，该复制件在第一次出售时的价格，通常高于假如著作权人还能从该复制件后续的每一次销售或者出借中获得收入时可能确定的价格，并因此而使一些潜在的购买人望而却步（这就部分地解释了为什么DVD的售价相对较高而DVD出租店收取的租价相对较低；假如电影公司从一张DVD的每一次出租中都能收到一份使用费，那么，DVD的售价就会降低不少——也可以推定DVD的租价将会有所上升）。那么，由此得出来的指示就是，应当建构可以使著作权人实行差别定价的权利，除非交易成本——著作权人与使用人为确定彼此身份并进行谈判所需的成本——过高从而阻止这样的做法，就像在书籍再销售的情形中所显示的那样。

数字技术，包括数字点播机在内，则为解决长期以来妨碍著作权作品充分利用的交易成本问题提供了光明的前景,而交易成本的问题无处不在,无论是威廉·帕西诺请求就期刊复印而要求付费,还是电影制作人在完成一部关于20世纪50年代的纪录片时,为了从年代久远而被人遗忘的录音制品、电台广播以及电视节目录影中使用若干片断而努力想要获得许可。在确定是否应当扩展著作权以涵盖某一创造性作品的新用途时,其中的核心就是交易成本问题。从历史上看,美国国会曾经拒绝将著作权扩展至私人使用的领域,就是因为交易成本会以独特的方式阻止著作权所有人与使用人通过谈判达成许可协议(威廉·帕西诺花了50美元才收回10美元,这样做仅仅是为了确立一项法律原则,并不是一种正常的商业做法)。《著作权法》第108条对图书馆复印作出免责规定,以及在威廉斯·威尔金斯案与"Betamax"案中所适用的合理使用规则,无一不显示了著作权法在交易成本问题上的回答。国会和法院承认,这些成本阻碍了当事人通过谈判来达成许可协议,于是干脆将本来属于对著作权材料的侵权性使用行为予以免责,而这样做正是建立在实用主义基础上的,即对社会而言,能得到半块面包(公众不向著作权所有人支付任何费用,但能够免费使用)总好过最终没有任何面包(公众不支付任何费用,但也不得使用)。

用来说明交易成本敏感性的另一个例子是,《著作权法》对"公共"表演法律责任的限制。国会之所以决定,对于儿童在生日派对上演唱"生日快乐歌"的行为不施加著作权责任,其实跟对于隐私的顾虑关系不大,更多地是因为认识到,假如对这些分散各地且为时短暂的使用行为要加以识别和谈判,不仅成本高昂,而且不可能真正做到。电视和电台广播之所以被纳入《著作权法》关于公开表演的定义中，正是因为对一组数量相对较少且容易识别的广播电台电视台施以法律责任是较为容易的。但是，如果不是面向大批公众同时广播某一著作权作品，而是通过数字点播机传输给其用户，采用用户点播一次就播放一遍的方式，那么，法院还能将之称为公共表演吗？

交易成本作为著作权政策的一个指示，有可能变成某种困扰。国会与法院在采取行动时，常常假定交易成本是不变的，但事实上，无论就制度还是技术而言，交易成本都具有不确定性。

实际上，如果决定将著作权扩展于交易成本过高的领域，就有可能激起为降低交易成本所必需的市场力量。假如霍姆斯大法官没有说服他的大法官同僚们，认定所有的商业性表演根据1909年《著作权法》都是"营利性的"，那么，维克托·赫伯特就可能在其起诉尚利餐馆的案件中败诉，并且，美国作曲家、作家与出版商协会（ASCAP）在试图对广播电台以新技术方式使用音乐作品而发放许可证时，也将面临一道不可逾越的障碍。也许，尽管ASCAP历经奋斗，已经很好地消解了这个障碍，但是，许可音乐表演的交易成本，仍将是不可克服的。数字点播机已经显著降低了交易成本，因为它通过技术应用，使得著作权所有人与使用人可以就电子存储的作品进行单独的许可谈判，而其成本实际上就是机器运行所需的电费。著作权所有人将其作品存入某个电子检索系统，该系统为每个作品配上价格标签，根据作品的不同使用方式而分别定价。假如使用人想要以公布的价格制作一份复制件，系统就会为他制作复制件，并且从他的账户上进行电子划账。数字点播机可以减少许可谈判的交易成本，许可的对象既可以是诸如期刊文章之类的作品全文，也可以是作品中的小片断。

通过制度安排来降低交易成本，无论在数字点播机范围之内还是之外都将继续发挥作用。1913年，一大帮作曲家、作家和出版商共同参与组建ASCAP，而到了20世纪70年代，一群充满活力的出版商骨干则组建了著作权结算中心（Copyright Clearance Center，简称"CCC"），来收取复制使用费。CCC的成就表明，国会在扩展著作权方面举步不前，如何阻碍了那些为减少交易成本而付出的制度性努力，以及这种大胆的设想又可以如何促进这种制度性努力。CCC的组织者可能缺乏威廉·帕西诺那种打破旧习俗的激情，但是，与帕西诺当初提出的每复印一页收取2美分使用费的解决方案相比，他们有一个更加雄心勃勃的计划。而且，与帕西诺不同，他们获得了出版界和作者方面及时而广泛的支持。

不过，最初关于将作者纳入其理事会的这项战略决策，阻碍了CCC所付出的努力。出版商想要的是一个像ASCAP那样便宜的一揽子许可制度；但作者们并不想这样。亚历山大·霍夫曼（Alexander Hoffman）是道布尔戴（Doubleday）出版社[1]的一位副总裁，也是CCC早期富有远见的领导者。他回忆道："作者们担心'树立这样一个先例，就会在某种程度上或者以其他方式削弱个人作者控制其作品的能力'。"CCC为了把作者们留在理事会，就建立了一套交易报告系统（Transactional Reporting System），确保使用人每复制一

---

[1] 成立于1897年的一家美国出版公司，也译作"双日出版社"。该出版社1947年成为美国最大的出版公司，2009年与克诺夫（Knopf）出版集团合并成为道布尔戴-克诺夫出版集团，现为企鹅兰登书屋的一部分。

个作品均支付费用。出版商则在图书扉页的底部印上一个图例，说明该图书的复制件所应支付的费用，使用人就会按其制作的复制件计算费用，并定期将费用汇给CCC，由后者在累积金额之后再向其成员分配。

这种做法固然有助于缓解作者的疑虑，但是，这套服务还是变成了交易记录的一个噩梦。CCC与超过700个用户签约，之后只从55个用户那里收到了报告。交易报告系统也给出版商方面造成了某种沉重的负担。威廉·帕西诺在1978年从CCC那里收到第一份使用费清单，他在审看之后很快就做了一道算术题："在我们期刊所发表文章的首页打上CCC的识别性文字，为此，每篇文章要多花我们0.93美元。记录显示，1978年头6个月发表的文章有2622篇，这样，为CCC识别性文字所花的费用就是2430美元，但此项收入却只有732美元。"

在经过痛苦的3年之后，著作权结算中心陷入困境。如果许可收入几乎不能补偿出版商为参加该组织而付出的费用，那就很少有出版商会继续当它的成员，愿意参加进来的则更少。成员的减少意味着可供许可的作品也会减少，而如果一个许可服务系统所能提供的作品范围很不稳定，那就几乎无法吸引并且保留这些用户，靠他们付费来支持这个事业。著作权的法律环境也存在问题。新《著作权法》第108条所涵盖的只是图书馆复印，但是，许多非图书馆用户——包括教育机构与企业——在解读威廉斯·威尔金斯案的判决之后认为，它们的复印行为构成合理使用，从而不必为此获得著作权许可。霍夫曼和理事会认识到，如果CCC想要生存下去，就得采用胡萝卜加大棒的办法：所谓胡萝卜就是一种新的低成本的许可系统，它承诺能够让人使用一个即使说不上全面但内容广泛的作品库；大棒则是一项可强制执行的法律规则，大意是指，未经许可进行复印的，不论是在办公室还是图书馆，均构成侵犯著作权。

CCC新的许可机制效仿ASCAP，称为年度授权服务（Annual Authorization Service）。在这个新的服务模式中，CCC将根据每一使用人所复印的数量进行稽核，并且将稽核结果转换为一个统计模型，这样就能够计算出该使用人复印某一特定出版商的作品的次数。在每家出版商为其作品具体确定可以接受的许可使用费之后，CCC利用这个以稽核为依据的统计模型，算出它应当向每个使用人收取的许可使用费，并且加总得出它应当向每一出版商分配的金额。通用电器公司于1984年10月成为该服务系统的第一个用户，其报告支付的年度使用费超过10万美元。

要挥舞著作权大棒，就得抓住典型案例，采用一种仔细筹划的策略。在最初的一连串诉讼案件中，出版商很快赢得了与几家"复印店"的和解，这些复印店所复制的，是大学教授从某些著作权作品当中选定并且布置给学生作为必读材料的文选。在一起受到广为宣扬的案件中，出版商与纽约大学达成了一份和解协议，起因是纽约大学的几位教师通过一家当地的复印店，复制了由他们汇集而成的课程阅读材料（在该案中，艾伦·莱特曼站到了对照相式复印设置保护围栏的另一边。[①] 莱特曼于1976年到纽约大学法律系任教，

[①] 莱特曼此前在威廉斯·威尔金斯案中，是起诉美国政府的期刊出版商一方的代理律师，参见本书第3章。

并协助该大学的总法律顾问跟出版商进行谈判）。最终进入审判程序的第一起复印店案件是基础文库出版社诉金考快印店案（*Basic Books v. Kinko's Graphics*），在该案中，法院判决对于金考复印店提出的合理使用抗辩不予支持，出版商最终获得一笔包括损害赔偿金和律师费在内的总额为190万美元的和解金。

接下来的一起大案是1985年对德士古公司（Texaco）提起的诉讼，该公司早先已经签约了用于结算的交易报告服务，但CCC的管理人员相信，该公司大量瞒报了实际复印的数量。要命的是，该案与威廉·帕西诺起诉美国政府但最终败诉的那起案件具有诸多相同之处。就像国家医学图书馆与国家卫生研究院一样，德士古公司也是对期刊文章制作单独的复制件，以供其雇员使用；这些雇员都属于研究人员，并非盗版者；被起诉到法院的只有少数几起被认为构成侵权的情形；出版商并没有对这些文章的作者支付稿酬；并且，这些文章都是那种常常被引为合理使用例子的科学作品、事实类作品。

但是，以下两个显著的事实是有利于出版商的。与国家医学图书馆和国家卫生研究院不同，德士古公司是一家商业企业；根据最高法院在"Betamax"案中所创立的规则，德士古公司必须承担一项艰巨的任务，证明其行为并未对出版商造成商业性损害。而且，即使出版商关于其收益损失的陈述听起来令人怀疑，就像帕西诺未能成功地主张其订户流失那样，然而在该案中，出版商还有一项帕西诺所无法提出的财产性主张：它们在CCC的收入损失。

1992年7月23日，地处纽约曼哈顿的联邦地区法院作出了有利于出版商的判决，判决所倚重的主张是，CCC对于任何非经

第7章 左右为难

授权的复印行为均排除作为免责理由。著作权案件的法官意见往往很少引用微观经济学的术语，但是，皮埃尔·勒瓦尔（Pierre Leval）法官在德士古案的判决却是一个例外。勒瓦尔法官评述道，"困扰著作权法在复制领域实施的一个难题，就是在进行少量复印时，为达成一个许可协议所需支付的交易成本"，他注意到，"一笔金额2美元的许可使用费，却可能很容易地导致几百美元的交易成本，还得浪费许多的时间"。不过，在提到CCC时，他的结论却是，"在这种模式中，私人合作的灵活性已经对于这些看起来似乎难以克服的难题，找到了实际的解决办法。德士古公司无法再像国家卫生研究院在1973年向索赔法院所成功提出的那样，声称相同的主张了"。上诉法院维持了勒瓦尔法官的判决，而最高法院也拒绝对此案进行再审。

数字化可以消减著作权的交易成本，然而无论这种情形多么令人信服，历史却没有提供什么证据，表明国会将很快地把专有权扩大至某种尚未被规制的使用，并试图通过数字技术而实现著作权许可。立法者的不情愿是可以理解的。选民反对为某种此前免费的使用而交一笔税；投资人在犹豫是否要支持可能没有任何市场前景的技术；而类似ASCAP和CCC这样的可以填补漏洞的集体管理机构可能无从产生（这在许多国家被证明很少成为一个问题，因为与美国不同，它们在几乎每一种能够想到的著作权使用领域都有一个集体管理协会）。但至少在美国，著作权的边界问题可能还得继续打磨。

另一种交易成本是著作权法律调整范围的不确定性。随着莱曼局长1995年《白皮书》的发布，电话公司不可能有信心认为，数十亿的临时数字复制件通过其电信网络传输而不会让自己暴露在著作权责任之中。也没有一家互联网搜索公司会感到这样做是完全安全的，它们将用户导向数百万的网站，其中的一些网站毫无疑问就是在提供侵权内容。律师们在为这些公司提供咨询服务时，不得不回答一长串问题：如果公司要为检查每一个网站而付出高不可攀的成本，那么公司干脆什么都不检查，是否就是安全的？如果公司将自身限定在监测那些存在特别违禁但并不涉及著作权的内容——例如儿童色情图片——的网站，而当其在例行监测过程中偶然遇到某个看似可疑的盗版网站时，若该公司对该盗版站点未予拦截时，是否要为侵犯著作权而承担责任？以及诸如此类的问题。

随着《白皮书》的发布，著作权人、电话公司、网络服务提供者都得出结论，认为唯一的解决办法就是立法。他们的妥协方案就是由比尔·克林顿总统签字生效的1998年《数字千年著作权法》（Digital Millennium Copyright Act，简称"DMCA"）的第二编，其核心是提供了5个避风港，从而完全豁免了网络服务提供者因侵犯著作权而承担的金钱赔偿责任，只要它们遵守该法律所规定的基础性规则。为"暂时性数字网络传输"（transitory digital network communications）提供的避风港，其基本要求是电话公司必须留在电话服务的传统范围之内：在用户选定的点对点之间，按规定线路将用户选择的材料进行在线传输，不做任何修改。对于像谷歌或者优兔这样的提供搜索或者存储服务的网络服务提供者，DMCA为它们提供避风港，免除其承担金钱赔偿责任，而相应的条件主要是，网络服务提供者收到侵权通知后——该通知一般由著作权所有人本身发出——应当立即终止链接或者删除侵权内容（即：DMCA所谓的"通知—删除程序"[notice and takedown procedure]）。

第7章 左右为难

著作权应当延续多久，这个问题是对著作权是否信奉功利主义原则的检验，因此，在引发关于著作权法正当性（legitimacy）的那些问题当中，没有比它更能引起深入思考的了。正因为如此，英国上议院在唐纳森诉贝克特案中就著作权究竟应该是永久保护还是有限时间的保护而展开了长达数个星期的争论，吸引了包括埃德蒙·柏克和大卫·加里克在内的文坛名流的广泛关注。1841年，下议院就提议中的扩大英国著作权保护期至作者去世后60年而展开辩论，这是托马斯·巴宾顿·麦考利提出的议题，他问道：假如约翰逊博士知道其著作权在1841年仍然存在，是否会让他焚膏继晷地写作。

等到1997年美国提议将著作权保护期延长20年，改为作者有生之年加70年，却没有引来这样的争吵。事实上，这项法律修正案通过时，只是泛起一点点的涟漪，在参、众两院听证会上作证的18位证人当中，除了来自美利坚大学法学院的彼得·贾西（Peter Jaszi）教授，其余所有人都赞同对法律作如此修改。正如以往对著作权保护期的延长，国会通过简单地照搬在其他国家业已完成的同类立法，就回避了关于保护期之于著作权激励的影响这一难以回答的实证性问题。因此来看，美国第一部《著作权法》正是模仿了最初在英国实行的保护期，即14年再加上可续期的14年。过了200年之后，关于作者有生之年加70年的提案，则是照搬欧盟1993年《著作权保护期指令》（*Term Directive*）中关于延长保护期的规定。

欧盟的《著作权保护期指令》内含玄机，导致美国的著作权人争相提议，要求将美国法的规定改为与欧洲新的著作权保护期一致。根据该指令,如果作品的起源国给予的著作权保护期短于欧盟新规定的保护期——就像美国当时规定的保护期为作者有生之年加50年,那么,来自该国的作品只能按较短的期限而在欧盟成员国受到保护。在为参议院听证会事先准备的一份声明中,歌手兼词作者鲍勃·迪伦(Bob Dylan)①显示出他已经掌握了国际著作权法的错综复杂之处,他主张道:"由于适用有关较短保护期的规则,我们的作品将在欧洲人的作品于同样时期内仍然受到保护的很久之前,就被停止保护了。S.438号[延长著作权保护期]法案的通过,将是朝着美国人和欧洲人的作品拥有平等的竞技场,纠正对美国创作者的不公正待遇而迈出的一大步。"在欧洲受到不平等待遇的"不公正",这当然不仅仅是美国著作权保护期延长的一个托辞,但是对于在美国其著作权保护期限即将届满的许多重要作品而言,想要提出一种"公正的"权利主张确实变得更加困难。乔治·格什温(George Gershwin)的《蓝色狂想曲》(Rhapsody in Blue)②在1998年进入公共领域;《了不起的盖茨比》(Great Gatsby)是在2000年;米老鼠漫画是在2003年;小说《飘》是在2014年。

延长著作权保护期的赞同派关于在欧洲受到不公正待遇的主张,获得了某种支持。美国词作家协会(Songwriter's

---

① 鲍勃·迪伦(1941年—),美国摇滚乐、民谣男歌手,词曲创作人,作家,演员,画家。1991年格莱美终身成就奖,2016年获得诺贝尔文学奖,成为第一位获得该奖项的作曲家。
② 美国作曲家乔治·格什温(1898—1937年)写给独奏钢琴及爵士乐团的乐曲,融合了古典音乐的原理以及爵士的元素,发表于1924年,获得了巨大成功,使他成为世界级作曲家。

Guild of America）主席乔治·戴维·韦斯（George David Weiss）在众议院特别小组作证称，"当著作权进入公共领域，基本上就无人可称为获胜者；而只有失败者"。"为什么"他这样问道，"对于一家音乐出版商或者任何在手上控制着那些著作权作品的人来说，如果他们看不到什么可以从中收回投资或者获得利润的可能性，谁还会投入资金来利用——或者修复——某一件处于公共领域的作品呢？"这个颇为夸张的问题令委员会的各位成员无从反驳，但是，贾西教授给出了一个完整的答案："关于公共领域的讨论，如果集中在关于古典作品的高质量重印本是否会比制作便宜、面向大众市场的简装本而付出更高或者更低的成本上，那么，这是看轻了公共领域这一概念，忽视了这个概念的更加核心的功能，即它是每一代富有创造力的人们从中获取材料的来源，以供他们按照自己的想象来重新创作出新的以及具有新价值的作品。"假如那时他能够看到数字复制的能力，贾西教授可能还会再加上一条理由，即只需非常少量的资本投入，就能让那些落入公共领域的原作产生出堪称完美的复制件。

延长著作权保护期的法案之所以能够如此轻易地通过立法程序，其中一个原因是，该法案与家庭录像和照相式复制的情形不同，它没有遇上什么天敌。正如在该修正案通过之后，《波士顿环球报》（Boston Globe）的一篇文章所观察的那样，"延长保护期一事……提供了一个教科书级的例子，说明当一项立法将集中起来的利益给予小部分人而让所有人分摊成本时，想要针对该项立法而在华盛顿组织起反对力量，该是如何地具有挑战性"。在该法案通过时，政治力量也起到了某种重要的作用。根据艾伦·K.奥塔（Alan

K. Ota）在《国会旬报》(*Congressional Quarterly*)所发表的详细报道，当时，在一件完全不相干的著作权提案上形成了立法僵局，牵连到著作权保护期延长法案，迪士尼公司董事长迈克尔·艾斯纳（Michael Eisner）于是找参议院多数党领袖特伦特·洛特（Trent Lott）见面商谈，后者在之后提到了两人的简短谈话，"他非常有兴趣看到这个著作权法案。这是经过深思熟虑的。我想我们有必要这么做。我同意他的看法"。三个星期之后，几位电影制片公司的CEO就保护期延长法案向众议院议长纽特·金里奇（Newt Gingrich）施加压力，他当时正在环球影城实地参观。根据美联社的一篇文章，在众议院法案的13位最初提议人（sponsors）当中，有10位收到了迪士尼公司的政治行动委员会的献金，数额最多的是每人5千美元，付给了著作权小组委员会的主席和一位资深成员。在参议院，该法案的12位提议人当中，有8位接受了迪士尼公司赠与的钱物。1998年10月7日，美国国会会期临近结束之际，保护期限延长法案在参议院进行表决，结果以一致同意而通过。同一天，众议院也以口头表决的方式通过该法案。三周之后，克林顿总统签署《著作权保护期限延长法》(*Copyright Term Extension Act*，简称"CTEA"），法案生效。

　　如果说CTEA是因法案"将集中起来的利益给予小部分人而让所有人分摊成本"所带来的成功，那么，这些分摊成本给某些人带来的刺痛，可能更甚于其他的社会大众。其中的一位名叫埃里克·埃尔德雷德（Eric Eldred），他在1995年已经搭建起一个非营利性网站，准备将处于公共领域的经典作品——《红字》(*The Scarlet Letter*)是其中的第一部——做成高品质的电子版予以发行，并且

第7章 左右为难

网站已经吸引了每天超过 2 万的访问量,这也证明了那种认为只有著作权才能维持经典作品的高品质版本的主张,可谓言之不实。根据 CTEA,有两部于 1923 年发表的作品就得从埃尔德雷德的网站排除出去,他于是求助于劳伦斯·莱西格(Lawrence Lessig),这位当时 37 岁的哈佛法学院教授正将自己打造为在法律与数字背境的交叉领域中最具创造性的美国思想家之一。莱西格同意在以埃尔德雷德为主要原告的一起案件中担任代理人,对这部新法律的合宪性问题发起挑战。

埃尔德雷德的案件从哥伦比亚特区的初审法院开始,一路打到美国最高法院,在此进程中,莱西格对法律问题的关注重点是有所转换的,但是,有一项源于著作权基础的主张则保持不变:美国《宪法》赋予国会以对著作权和专利进行立法的权力,要求该权力的行使是为了"促进科学和实用技术的进步",这就意味着,任何立法如果不能做到这一点,就将在宪法上被认为是存在瑕疵的。大多数经济学家同意,延长著作权保护期限是给将来的作品带来回报,它们在时间上相距久远,以至于不能为当下的创作提供任何真实的激励,由此莱西格知道,若以此为据发动攻击的话,就能够让这项立法在整体上失效。但是,作为一个谨慎的战术家,他转而选择只针对已经存在的作品来挑战著作权保护期的延长,因为以这种情形来反对延长著作权保护期,会更加地令人信服:作品一旦创作完成,即无需进一步的投资激励,对此主张,谁能反驳呢?

联邦地区法院驳回了埃尔德雷德的宪法性诉求,而后在巡回上诉法院,由三位法官组成的合议庭也作如是裁判,但有一位法官持反对意见。最终，美国最高法院还是作出了不利于埃尔德雷德的判决，其中有两位大法官持反对意见。关于延长著作权保护期限的经济学问题固然令人怀疑，但并没有打动美国最高法院。正如鲁斯·巴德·金斯伯格（Ruth Bader Ginsburg）大法官撰写的多数派意见所述，"无论它们是如何地可以争辩或者可能是不明智的，我们都不能对国会关于这一条命令的决定和政策判断自由地进行马后炮式的批评（second-guess）"。在这里起决定作用的只有《宪法》，而"我们并不能得出结论，认为CTEA——它在延长著作权保护期的问题上继续保持了国会这个未曾中断的惯例，即把将来的和现存的著作权同等对待——表明国会行使了其根据《宪法》著作权条款（Copyright Clause）所不允许行使的权力"。实用主义驱使最高法院作出这一裁判，假如法院以其未为创造性活动提供某种激励为由而将著作权保护期延长的立法判为无效，那么，国会行使其在著作权立法上的其他权力——例如，扩大著作权保护对象的范围，或者扩张该法律规定的专有权——不也将受制于同样的严格审查吗？哪怕是对著作权法作出最细小的立法调整，也可能受到法院马后炮式的批评。

169　　约翰·保罗·史蒂文斯（John Paul Stevens）大法官提出反对意见，他反驳了多数派意见依赖于有关延长保护期的未曾中断的历史，以使现有作品与将来作品同样受益。"事实是，国会不断地根据某种对《宪法》的错误解释而行事，这并不能限制我们将某种违宪性做法宣告为无效的义务，假如它最终在一起合适的案件中受到了挑战的话。"斯蒂芬·布雷耶大法官的反对意见则是从更广泛的层面上推翻法院意见，他主张该法律无论适用于现有作品的著作权还是将来的著作权，都是违宪的。布雷耶回到了他最初关于著作权的经济学怀疑论，这是他在1970年获得哈佛法学院终身教职的论文中所探讨的主题。[①] 根据"一份由包括5位诺贝尔经济学奖获得者在内的经济学家们所提交的法庭之友意见（amicus brief）所作的"分析，布雷耶认为，"这似乎可以这么说，例如，从第75年开始直到将来，在20年时间内有1%的可能性每年赚取100美元，那么它在今天只值不到7美分。有哪个潜在的莎士比亚、华顿[②]或者海明威会被这样一笔钱打动呢？"

当有关延长著作权保护期限的争议诉至法院时，决定其成败的问题是它是否违宪而不是说这样做是否明智，这样的唯法主义（legalism）真是太合适上报纸头条了，因而，那些一路追踪该案到最高法院的社论对此提出了广泛批评，认为延长著作权保护期限纯属固执己见。《纽约时报》早在该法案提交国会时就已经施加影响，反对延长保护期，而现在则发出警告，认为"这一判决几乎肯定为今后出台更多糟糕的著作权期限延长法律而铺平了道路"。其实不止《纽约时报》一家持此观点。在《华盛顿邮报》《华尔街日报》和《福布斯》杂志等新闻媒体上刊登的批评性报道，在很大程度上扩大了对于著作权持怀疑态度的公众范围，这种怀疑态度始于20世纪80年代一帮法学教授反对将著作权扩大至软件的企图，并且在90年代进一步增强，因为那些激进主义分子担心DMCA的反

---

① 关于布雷耶论文的观点及其争论，参见本书第1章。
② 伊迪丝·华顿（Edith Wharton，1862—1937年），美国女作家，其代表作品有获得普利策文学奖的《纯真年代》。

技术规避措施将导致公共领域的终结。反对著作权,很快变成了一项草根运动(grass-roots movement)。

很少有人预见到,接下来将会发生什么。

第 8 章 与免费进行竞争

在迈向 21 世纪之际，美国著作权法发生了一件有趣的事情。在过去的两百年里，著作权法通常是把新技术纳入其中，而现在，随着 1998 年《数字千年著作权法》(DMCA) 和著作权保护期限延长的立法，类似做法实际上已出现停顿。作为著作权法改革通常采取的第一个步骤，众议院知识产权小组委员会 (House Intellectual Property Subcommittee) 在 2013 年 3 月发起一系列的听证会，"以确定著作权法在数字时代是否仍然适用"，但是，在长达两年的时间里，虽经过前后 20 天的听证，形成了卷帙浩繁的证言，却并没有推出任何实质性的立法。立法陷入停滞，不仅在美国表现突出，欧洲也是同样如此。在世界主要经济体中，只有中国正在忙着按照西方的标准，对其著作权法作出重大修改。

立法的安静倒不是因为缺乏压力性话题。在国会引入 DMCA 的避风港规则之时，单独下载一部电影还得花上几个小时。而在今天，同样的事情分分钟就可以搞定，如此一来，发生侵犯著作权的情形就发生了大规模增长。一个互联网平台，假如不能与每天通过其服务器发生的数以百万计的侵权作品保持安全距离，它就面临着司法裁判的风险——以法定赔偿计，每一件被侵权作品须赔偿 750 美元至 3 万美元（构成故意侵权的，则每件作品赔偿 15 万美元）——那么，平台就算再有钱也得赔到破产。美国版权局提出的一项关于孤儿作品的法案，本来是广受各方支持的，却未能在国会获得通过，这令许多创作者感觉受到重挫，因为他们把那些受著作权保护的作品作为进行再创作的材料，并且如果能够找到这些作品的所有人的话，事实上他们是愿意付费的。

171　　　导致立法停顿的主要原因是，著作权的政治经济形势发生了某种变化。从历史上看，作为著作权所有人的公司在国会辩论中起着主导作用。然而，在新世纪来临之际，可以清楚地看到，电影制片厂、唱片公司以及图书和音乐出版商作为一方，与快速崛起的互联网公司形成了势均力敌之势。2011年，著作权人方面在参议院和众议院进行立法游说，其中涉及的两项法案——《阻止网络盗版法》(*Stop Online Piracy Act*，简称"SOPA")与《保护知识产权法》(*Protect IP Act*，简称"PIPA")——将扩大网络服务者的责任，从而导致后者可能因为提供离岸盗版网站的链接而承担责任，然而，硅谷对此的反应简直令人难以置信。一些网站发出帖子，号召网民起来反抗，从而引发数以百万的电子邮件涌向国会议员们。事情的结局是，全网之内有数以千计的网站实行一整天的关闭。谷歌公司在其常规主页上采用黑色标识，这样当人们点击该标识时，就会显示这样一条禁令："请告诉国会：停止审查网络！" (Tell Congress: Please don't censor the Web!) 旁边还有一份最终收集了超过七百万份签名的请愿书。国会的反应则是将这两项法案束之高阁。一个月之后，一项同样旨在加强知识产权保护的名为《反假冒商品贸易协定》(*Anti-Counterfeiting Trade Agreement*，简称"ACTA")的文件，同样在欧洲引发了大规模的抗议；并且在当年7月遭到欧洲议会的否决，这是该机构在历史上首次针对一项贸易协议而行使否决权。

　　互联网公司的超大规模加上其平台的超高人气，不仅说明了

第 8 章　与免费进行竞争

这些公司的政治影响力,而且解释了它们反对著作权的原因。平台的繁荣发展得益于网络效应经济学,即一个系统若使用的人越多它就越有价值(电话系统是网络效应的一个早期例子)。像谷歌和优兔这样的平台,它的发展要靠用户,它的收入依赖于广告,因此,它不仅必须要能够吸引用户,从而可以向用户推销广告,而且必须把用户保留在这个平台上,以便可以做更多的广告。要想吸引用户,最好的招数还得靠娱乐和信息,而且平台如果能够免费获得这些内容,那就再好不过,因为一旦用户每次用流媒体观看或者下载一段视频就得付一次著作权使用费的话,那只会缩减平台的用户基数以及所提供服务的价值。所以从一开始,抵制著作权这一点已经深深地嵌在这些平台的经济基础之中。

此后的两次形势转变,为解开这个著作权僵局带来了希望。首先,互联网长期以来游离于政府管制的好日子快到头了,这些公司原本主张,假如它们必须像传统媒体在过去那样承受管制压力,那么创新就会受到阻碍,但现在,这种声音开始减弱了。到 2018 年,国会相关委员会在多个议题上审查互联网公司的作用,包括提供仇恨言论、虚假新闻、性交易广告,以及损害用户隐私。这是第一次出现这样一种政治意志,要让互联网的所谓"蛮荒西部"(Wild West)变成文明之地。其次,随着广告拦截技术的广泛使用,以广告为基础的营利模式渐失优势,互联网公司开始转向苹果公司早先采用的模式,它们与娱乐公司订立著作权许可协议,自己再向使用这些内容的用户收费。无论是否来得太晚,这总归表明,互联网产业愿意向数字点播机当中投币了。

这些变化看起来似乎要把著作权恢复到它在立法进程中的那

个令人熟悉的位置了。然而就在这一切变化发生之时，刚刚受命行事的立法者却发现，他们所面对的著作权市场，相比于二十年前的情形已经面目全非，其中最显著的变化，恰是免费产品的大行其道，令人触目惊心。在著作权市场中，其实一直有免费产品的一席之地——人们可以从公共图书馆借书来读而不是去书店买书；可以通过电台欣赏音乐而不是跑到音乐厅去。但是，著作权所有人总还是能够从这些产品中获得收入，因为图书馆需要为馆藏书籍付费购买，电台要为其广播音乐而支付许可费。与之相反，著作权所有人在今天却要跟这些绝无可能向他们付费的产品进行竞争，而这些产品的数量远远多于以往的任何时候。其中的一些免费产品固然是拜盗版所赐，但也还有大量的免费复制件，却完全是合法的——有的是基于著作权中被扩展的合理使用规则所带来的，而另外的一些免费作品，则简直是在挑战塞缪尔·约翰逊（Samuel Johnson）的那句大实话"除了傻帽儿，没人不是为了钱而写作"（no man but a blockhead ever wrote except for money），它们从业余创作者的笔记本电脑中喷涌而出，而这些作者本就不指望，甚至未曾有过借此获得经济回报的念头。

2002年，美国电影协会主席杰克·瓦伦蒂（Jack Valenti）怒斥那些对享有著作权的电影进行网络盗版的行为，声称："没有商业模式可以与免费相竞争"。瓦伦蒂的主张并非没有先例。20世纪50年代的好莱坞就曾寻求将免费的广播电视纳入其控制范围，因为它们担心新技术可能导致人们宁愿呆在客厅的沙发上看电视而不是去电影院看电影。20世纪80年代，电影制片公司又将目标对准了录像制作者，瓦伦蒂把录像机看作"波士顿扼杀者"（Boston

Strangler），① 因为它威胁到了电影的票房收入。然而，每次提出这样的立法倡议之后不出十年，无论是饱受污蔑的电视机还是录像机，却都先后成为电影产业的强劲的利润核心。互联网技术与这些先驱者有区别吗？抑或，它也会成为一种为著作权产业带来更大利润的来源？合理使用规则的急剧扩张，特别明显的是在谷歌图书馆案件中，再加上史无前例的免费的、自助出版的娱乐与信息大爆发，这些都要求明天的立法者必须首先仔细地考虑这样一个问题：著作权能否与免费竞争。

2002年，谷歌公司联合创始人拉里·佩奇（Larry Page）向公司CEO埃里克·施密特（Eric Schmidt）展示了一款图书扫描仪，它只需操作一下，就能翻开图书封面并且将整本书的内容数字化。由此谷歌公司开启了一项宏伟的计划，欲将世上所有已经出版的书籍都加以扫描、数字化，使得其内容可以通过谷歌搜索引擎而为人们广泛获得，从而实现谷歌创建的目标，即"整合全球信息，供大众使用，使人人受益"。谷歌公司的下一步，是将保存在图书馆书架上的数百万书籍分为三类，以供其进行数字化：一类是时间久远从而已经落入公共领域的图书；另一类是数量更大的属于当下的图书，它们较易于确定著作权的所有人，也便于公司申请获得使用许可；第三类则是大量的孤儿作品，它们的著作权所有人不易搞清

---

① 杰克·瓦伦蒂于1982年曾在国会作证时表示：录像带对于美国电影制片人和美国公民来说，就像"波士顿扼杀者"进入了单身女性的家里。"波士顿扼杀者"是指曾于1962到1964年间在波士顿实施性侵并杀害13名独居单身女性的连环杀手，而后该事件被拍摄成同名电影。

楚或者难以寻求许可，而正是由于这一原因——或者也是谷歌所希望的——它们可能落入合理使用的范畴。

就这三类图书而言，无一不面临着挑战。按照经验，在 1923 年之前出版的任何作品，在美国就已经落入公共领域，因此，任何人均可以合法进行免费复制。不过，照着一个抽象的日期画一条线固然容易，而想要确定某一作品出版的实际日期，则可能是一件麻烦事，因为作为一个法律概念，出版具有高度的技术性，可能因时代而变化，这对于过去 80 年或者更早时候所发生的相关行为而言，更是令人难以捉摸。对于当下的图书，谷歌的计划是想让出版社允许其在网页显示购书选项，从而当某一用户的搜索关联到该图书的标题时，就会提供一个在线书店的"购买此书"（Buy This Book）的链接，以此提高图书的销量。但是，此类图书也伴随着著作权风险，因为图书出版合同常常将电子出版的权利保留在作者手里，只能通过逐一审查每本图书的出版合同，才能回答数字化权利究竟归作者还是出版社所有的这个问题。至于第三类亦即孤儿作品，则是最令人担心的，因为谷歌公司如果不能获得关于著作权所有人的信息，以便从中获得一份使用许可的话，那么除非被认定为合理使用，否则，它的数字化计划将变成一场以史无前例的规模实施的侵犯著作权行为。

由于在 21 世纪最初的这段时间里，美国国会对著作权政策领域不予理会，美国法院就理所当然地变成了著作权改革的主战场。同样理所当然的是，由司法所创设的合理使用规则，成为了法院用来调整著作权以适应新技术的重要机制，这就为谷歌公司针对其数字化项目寻求免予承担著作权责任，指明了希望的方向。1973 年的威廉斯·威尔金斯案判决认定,国家医学图书馆对医学期刊论文的照相式复印构成合理使用,但是,该判例即便能有所帮助,也收效甚微:该案涉及的作品使用是非营利性的,而谷歌的复制行为则是为了吸引新的用户和获得广告收入;前者的使用目的是为了医学研究,而非为了满足无聊的好奇心;前者复制的论文是根据研究人员的特定要求,而非针对整本图书,且以数百万计的量级进行的无差别复制。谷歌公司试图获得一纸免费通行证,希望就寄托在近年来宣称的转换性使用规则(transformative use doctrine),该规则系美国最高法院于1994年在"Pretty Woman"案中所采纳,以便将滑稽模仿行为纳入合理使用的范围。那么,可否采用某种方法对这一规则作一番伸缩,以便将谷歌公司的数字化计划纳入其中呢?此时,谷歌公司碰到了一份天大的运气,因为就在2005年9月20日,美国最大的图书作者组织即作家协会(Authors Guild)向法院提起一项集体诉讼,指控谷歌公司将数百万的著作权图书系统性地数字化,构成了"大规模侵权",而受理该案的是纽约南区法院(Southern District of New York),这样一来,如果对该法院所作的一审判决不服,对应的上诉法院正是第二巡回上诉法院。美国最高法院在"Pretty Woman"案中明确界定转换性使用规则时,所倚重的是一篇发表在《哈佛法律评论》上的重要文章,而其作者皮埃尔·勒瓦尔(Pierre Leval)恰好就是第二巡回上诉法院的法官,这家巡回法院如同全国的任何法院那样,在扩张转换性使用的范围方面表现得雄心勃勃。

假如作家协会本来可以在其他的联邦法院起诉谷歌,为什么它还是选择了纽约南区法院呢?该协会的办公室确实坐落在纽约市，但作为一审原告的律师，通常会千方百计地挑选管辖法院，然后选择到最有获胜机会的法院去提起诉讼。这个问题的答案恐怕是，就像美国的大多数著作权律师那样，作家协会的代理律师相信，没有哪家巡回法院会将一项专门适用于诸如滑稽模仿之类批评性作品的规则，扩大适用于像谷歌那样的针对数百万图书纯粹进行复制的行为，哪怕是第二巡回法院，亦断不敢作出如此判决。事实上，在作家们提起诉讼之前五天，一家权威的著作权博客网站上出现了一个帖子，证实作家协会的律师对于该案胜诉抱有很大的期待。威廉·帕特里（William Patry）是研究合理使用的一本专题著作的作者，他在这个帖子中写道，虽然他认为谷歌图书馆项目"妙极了"，并且他将"乐观其成"，但他最终的结论是，"谷歌对此采取肆无忌惮的做法（chutzpadik manner）实乃冒险之举，事实上，他们到目前为止的所作所为，在我看来，已经是在实施侵权，这就是对大量图书的复制，即便并没有让这些复制件可以为人们所获取"。

这些作家靠著作权为生，而令他们始料未及的是，这个富得流油的对手所依靠的恰恰是免费享受著作权，因此，他必定会全力以赴为其所提供的服务作出辩护。谷歌公司在有关合理使用的案件上已经具有丰富的抗辩经验，因此，当作家协会在2006年酝酿起诉该案时，谷歌就向斯坦福大学互联网与社会中心（Stanford Center for Internet and Society）许诺给予200万美元，而该中心由劳伦斯·莱西格创建，这位法学教授同时也是社会活动家，曾经参与将一起关于著作权保护期延长的案件打到美国最高法院。①莱西格的这家中

---

① 指埃尔德雷德案，参见本书第7章。

心随后宣布，成立一个合理使用项目（Fair Use Project），而据其网站介绍，该项目将"为一系列项目提供法律支持，旨在澄清及扩展合理使用的边界，以便提升创作自由和保护重要的公众权利"。

谷歌公司起初采取了两个步骤，以使自己能够被纳入合理使用的范围。第一，它重提1935年的君子协定，[①] 即为研究目的而复制某一作品的少量部分属于合理使用，因此，它可以向用户提供从每一件著作权作品当中复制的"片段"（snippets）——大约相当于一页纸的八分之一。第二，它采用了一种"选择退出"（opt-out）程序，谷歌为此而将其数字化计划推迟三个月，从而为"孤儿作品"的出版社提供机会，以便向谷歌公司提交出版社不希望被复制的图书清单。在此之后，谷歌将对出版社在选择退出清单之外的那些图书进行扫描。第一个策略所存在的问题是，尽管谷歌在其网页显示的仅仅是片段，但这些片段来自于整本图书的数字复制件，而该复制件本身是在未经著作权所有人同意的情况下所为，并且，将这些片段汇集起来看，也可能构成实质性数量。第二个策略的问题是，它推翻了几个世纪以来形成的规范，它假设著作权人的同意是被保留而不是被授予的。无论谷歌公司如何心怀善意，但它关于选择退出的提议还是成功地引起了它曾经竭力讨好的出版社的敌对情绪。在作家协会提起集体诉讼一个月之后，5家主要的出版社也对谷歌提起了侵犯著作权诉讼。

数字化项目其实还面临另一个障碍。一家超级有钱的互联网

[①] 指图书馆与出版业的双方代表在1935年达成的谅解，根据当时的技术而允许在一定范围内进行复制。参见本书第3章。

公司固然愿意为合理使用而赌上几十亿美元，但是，作为非营利性的图书馆，又是为何甘愿将自己暴露在同样的风险之下，而将其馆藏图书任由谷歌公司的复制机器使用呢？在这一点上，美国宪法中有一项奇特的规定可以为谷歌公司解围。《美国宪法》第十一修正案为各州提供了民事诉讼的豁免，而根据美国最高法院的解释，该条款赋予的主权豁免包括了为寻求损害赔偿而提起的知识产权诉讼。因此，当拉里·佩奇向其母校商讨此事时，密西根大学作为一家州立机构就知道，将它馆藏的七百万册书籍交由谷歌公司进行数字化，虽然其中含有受到著作权保护的作品，但它并不会暴露在任何的经济风险之中。对于后来参加了该项目的加州大学、德州大学和威斯康星大学而言，情况同样如此。与谷歌展开合作的高校中，只有牛津、普林斯顿和斯坦福这些私立大学，才必须把谷歌公司的接触使用其藏书的范围限定为已经属于公共领域的作品。作为合作的回报，谷歌公司将向每家图书馆免费提供一套从其馆藏中所复制图书的数字版本。

　　谷歌图书馆系列案件的多数诉讼达成了和解，但是，随着双方当事人在作家协会诉谷歌公司案（*Authors Guild, Inc. v. Google Inc.*）中的法律风险变大，为该案贴上一个妥协标签的意愿就显得愈加强烈。对于谷歌公司而言，一旦败诉就意味着不仅要领受高达十亿美元损害赔偿金的著作权判决，而且将因此确立一个司法先例，从而阻止其本想在网络平台加以扩张的免受著作权束缚的其他计划。对于作者和出版社这一方来说，如果此案判决确立的是这样一个先例，认为以营利为目的而系统性复制数以百万计的享有著作权的图书，却仍然可以构成合理使用，那么，他们今后自己出售数字许可的前景就将大打折扣；至少在美国，他们将永远注定要与免费进行竞争了。由于此案对双方均是利益攸关，因此可以毫不奇怪地发现，该案在经过数轮程序性混战之后，双方要花两年半的时间反复进行和解谈判，而事件的高潮出现在2008年10月，双方最终达成一份协议，包括附录在内共计超过200页，其中目的无非就是为了转换出版市场。

双方提交的这份和解协议，主要集中于那些仍然受到著作权保护的绝版图书，按照谷歌公司的估计，此类图书在所有已出版图书中占70%。根据该协议，谷歌将继续对此类图书进行数字化，以供其制作搜索的索引，并且在许多情况下会向用户显示该图书的全文，而作为回报，谷歌公司将向著作权所有人付费。付费方式是：对于在某一具体截止日之前已经登记其权利主张的著作权所有人，每一本已扫描图书至少支付60美元，另外加上谷歌公司将来从广告、机构用户订阅以及向消费者销售中所获得收入的63%，所用这些费用统一付给一家根据该协议而设立的叫作"图书权利登记处"（Book Rights Registry）的机构，再由该机构负责向权利人发放。为每件具体作品所设立的一套算法，将根据销售数据进行调整，并由著作权所有人作出修正。

这起案件的承审法官是纽约南区联邦地区法官陈卓光（Denny Chin）。[①] 和解协议很少是必须经由审理案件的法官批准的，不过，

[①] 陈卓光法官1954年出生于香港，幼年随父母移居美国，先后毕业于普林斯顿大学与福特汉姆法学院，1994年起担任纽约南区联邦地区法院法官，2010年起担任联邦第二巡回上诉法院法官，为当时美国联邦巡回法院中唯一的亚裔法官。

本案由于作者一方提起的是集体诉讼，这一程序设计就使得案件一旦作出判决，将对数以百万计的本身并未实际到庭的集体诉讼成员产生约束力，因此，根据《联邦民事诉讼规则》（Federal Rules of Civil Procedure），陈卓光法官必须确定该和解协议是否"公平、充分与合理"（fair, adequate, and reasonable）。

各路反对者，包括学者、隐私保护倡导者、谷歌的竞争对手以及美国司法部反托拉斯局（Antitrust Division of the U. S. Justice Department），纷纷投书法院，发表了几百份评论意见，其中还包括来自法国和德国政府的尖锐批评，它们对于其本国作者的作品在美国所享有的福利深表关切。这些反对声音足以令陈法官大受困扰，于是，他促使当事人重开谈判。修改版和解协议于2009年11月呈交法院，它在某些方面压缩了前一版和解协议的范围，但是，尽管如此，从实际效果来说，它还是将谷歌图书馆项目转变成了一家包罗万象的书店以及订阅服务的提供者。

修改版和解协议还是招来了另一轮的反对意见，因此陈法官在2011年3月对此拒绝予以批准。在驳回该协议的法院意见中包含这样一种看法，即如果允许谷歌销售整本图书而不仅仅是片段的形式，那就将"放弃在起诉状所界定范围之外的那些权利主张"。考虑到已有6800个——"相当大数量的"——集体诉讼成员已经选择退出该诉讼，而且，仍然留在诉讼当中的成员将不仅要放弃针对过去已造成的损害提出权利主张（这是集体诉讼的通常范围），还将"放弃在其创造性作品上的某些财产权利，以及——通过沉默的方式——授予谷歌公司一项在将来使用其著作权作品的许可"，因此，陈法官的结论是，当事人所提出的和解协议未能满足"公平、充分与合理"的标准。

纯粹就规模而言，这份和解协议也令陈法官颇感困扰。在他看来，由于只有谷歌这家公司"未经著作权人同意而对大量书籍进行复制"，因此，该协议将使得这家公司对于那些无人主张权利的作品（unclaimed works）形成事实上的垄断。其次，"谷歌公司未经事先同意而复制他人的著作权作品，但最后却把相关责任放到为保护自身权利的著作权人的身上，这样做恐怕也与著作权法的宗旨不相称"。正如该和解协议的国外反对者所评论的那样，从美国承担的著作权条约义务上来讲，这种不相称性（incongruity）是不允许的。最后，鉴于国会为制定有关"孤儿作品"的立法所付出的"持久努力"，陈法官认为，"关于谁应当被赋予'孤儿作品'的监护责任，设定何种条件，以及采取哪些防护措施等问题，更适合交由国会来决定，而不是通过这样一份由自身利益相关的私人当事人之间所达成的协议"。

陈法官提到的"孤儿作品"立法草案，已由美国版权局起草，随后进行了一轮公开征求意见，结果有来自各界的个人与组织提交了超过850份的书面评论，而且相比于前述和解协议，立法草案采取了一种非常简单的办法来解决问题。根据该草案，如果某一用户以"善意且合理勤勉"的方式采取行动但最终仍未能成功找到著作权所有人，那么，著作权所有人针对该用户所寻求的法律救济，将只被限定为"合理补偿"（reasonable compensation）。进而，如果是非商业性使用，并且应著作权所有人的请求而立即停止使用的，那么连这个缩减版的法律救济也将被完全免除。它为用户有效地提供了一个 DMCA 所不及的避风港，由此来看，美国版权局这份立法草案的范围要宽于谷歌版和解协议。但是它的适用也将更加狭窄，因为享受这个避风港的条件是，用户要逐本地对图书著作权所有人进行勤勉的搜寻，而这一义务对于像谷歌这样的大规模数字化计划而言是不切实际的。不过，立法的优点还是高于私人主体之间匆忙达成的妥协，其证据就是，不仅作家协会与出版社，而且连谷歌公司本身，再加上主要的图书馆协会，都在早期就向美国版权局施加压力，推动提出有关"孤儿作品"的立法。国会参众两院的委员会都在2008年分别报告了相关法案，并且法案在参议院已获通过，但是，在宣布推出谷歌图书馆和解协议之后不久，该项立法却在众议院最终遭到搁置。

2012年10月，出版社作为原告与谷歌达成和解（与作者起诉的案件有所不同，出版社起诉的案件并非集体诉讼，因此，该案当事人之间达成的和解无须经过法院批准）。但是，由于作者仍然留在该案之中，故陈法官采取的第一个程序性步骤是作出裁定，证明提出和解方案的这些作者——亦即受到他关于该案裁判约束的作者——是否"均居住在美国，并且对于谷歌图书馆项目所复制的一本或者多本图书享有美国著作权的权益"。只有在完成这一步之后，陈法官才必须面对关于合理使用的这个头号大问题。

陈法官裁定对这批作者予以证明，但是，在他准备讨论合理使用问题之前，谷歌公司就该证明裁定而向第二巡回上诉法院提起上诉，后者撤销了证明裁定，将案件发回重审，并且提出程序性建议，即假如陈法官想要先来解决有关合理使用的问题，并且认定谷歌图书馆项目符合合理使用抗辩的话，那么，本案就无需进一步处理关于集体证明（class certification）的问题。第二巡回法院作出撤销证明裁定的合议庭的三名成员中,包括了皮埃尔·勒瓦尔法官,也就是美国最高法院在"Pretty Woman"案中所倚重的那篇提出转换性使用的开创性论文的作者。合议庭所作的裁定简明扼要,但最后一句话颇不寻常,被赋予特定的征兆:"考虑到司法节约,今后对该地区法院所作裁决而提起的进一步上诉,均应由本合议庭受理。"

陈卓光法官本人在此期间已经升任第二巡回上诉法院法官,但他受到特别指定而继续负责该案在地区法院的审理。2013年11月,陈法官作出判决,认定谷歌公司的复制是转换性的,并因此构成合理使用。两年之后,上诉法院维持了该判决。"这起著作权纠纷案是对合理使用界线的检验",上诉法院这样写道,但无论如何,它认为谷歌公司对"数百万书籍"进行数字化是为了建立一个"公众可及的搜索功能",以使网络用户能够看到包含了被搜索用语的文本的"片段",因而落在合理使用的边界范围之内。上诉法院草草驳回了一般被法院认为是认定某一使用是否合理的最重要因素:该使用行为对于著作权作品的潜在市场的影响。(在"Pretty Woman"案中,美国最高法院认定滑稽模仿可以 [could] 构成合理使用,但它还是将该案发回初审法院重审,以确定被告的嘻哈歌曲是否损害了罗伊·奥比逊许可他人将其歌曲改编为嘻哈风格作品的可能性)。由于关注的焦点集中在这些推定属于转换性的片段上,上诉法院并没有重点考察这样的事实,即谷歌公司未经授权复制的是整个作品,并且将全部复制件发给与之合作的图书馆,这就损害了出版社通过向图书馆许可其自身的数字版图书而获利的能力。实际上,在这个重要的市场中,出版社现在不得不与免费进行竞争。第二巡回法院的这份一致同意的判决,执笔者正是皮埃尔·勒瓦尔法官。2016年4月18日，美国最高法院对该判决的上诉拒绝受理。

谷歌图书馆诉讼案表明，合理使用作为著作权政策的工具存在着一个重大缺陷。一旦合理使用抗辩失败，该规则就迫使即便最符合公共精神的使用人也要支付全部的费用，而一旦抗辩成功，则逼着著作权所有人与免费进行竞争。合理使用规则没有提供任何的中间解决方案，而谷歌图书馆案中关于当事人意图和解的这一历史表明，对于如此规模的项目而言，通过谈判达成妥协何其困难。其他国家的著作权法提供了中间解决方案，一般是通过支付法定费用的方式，或者甚至更为常见的是借助集体管理协会来达成交易。美国由于它根深蒂固地不喜欢集体的东西，因此只存在少量的集体管理协会，并且主要是在涉及音乐作品表演权的狭小范围之内，反观其他国家，则有数十个集体管理组织，涉及每一种可能想到的著作权使用的许可。在著作权集体管理的发源地法国，现今有不少于26个集体管理组织，代表着五花八门的成员，包括文字作者、戏剧作家、图片艺术家、电影导演、电子游戏设计师，等等。为了解决拒绝合作者的问题，北欧国家还发明了延伸性集体许可（extended collective license）的概念，集体管理组织据此而获得合法授权，在与使用人谈判时，不仅代表该组织成员，而且可以代表那些不属于该组织成员的著作权人。

著作权人一直在与免费竞争。著作权的保护期虽然可能较长，但从某一时间点开始，著作权所有人就必须与处于公共领域的早期古典作品发生竞争。无论在现实还是想象的层面上，互联网带来的免费产品之多，都是无与伦比的：就现实而论，由于摆脱了以往的须将作品体现在纸张、黑胶唱片、电影胶片等载体上的约束,并且无需承担仓储、运输、偷盗损失等成本,因此,信息和娱乐产品的边际成本就降到了微不足道的程度,无非是为网络传输所必需的电费和带宽的成本;在想象的层面,无论作品的创作成本有多高,但使用人往往认为,那些体现为电子形式的内容就如同电子本身那样便宜,这也是非常可以理解的。

从著作权政策的角度看,盗版产品就是最无可争议的免费形式。但是,盗版对于著作权收入的影响究竟如何,却被证明是难以计算的。2010年,美国政府问责局(U.S. Government Accountability Office,简称"GAO")就盗版产品对产业所造成的经济影响作过一项评估,它提出的质疑可以说已经算是很轻的了。例如,问责局考察了由电影产业团体即美国电影协会所赞助的一份研究报告,该报告的结论是,美国的电影制片公司在2005年因盗版而遭受的损失高达61亿美元。但在问责局看来,"根据该研究报告所提供的信息,很难确定该报告的作者是如何处理诸如替代率(substitution rates)之类的关键性假设"——其迷惑之处在于,将每一份盗版产品计算为按照正版标明价格的一次销售损失——"以及从调查样本向更广泛的人口所进行的推断"。

就方法论而言,独立的实证研究相比于产业自身的研究,可以就盗版影响问题而提供更加透明的分析,然而其结论同样不够明确。2011年,美国政策研究会(American Assembly)[1]在一项研究

---

[1] 美国哥伦比亚大学的一家智库,创立于1950年,专门整理和出版分析美国政策特别是外交事务政策的材料。

中比较了美国和德国的"复制文化",针对的是免费进行复制、分享或者下载音乐、电影和电视节目的人口,其中发现,为内容付费的用户与那些享用盗版产品的用户之间,并不存在截然划分的市场。该研究还发现,"有过复制或者文件共享行为的人跟未从事过此类行为的其他人员之间,他们的购买习惯并不存在任何的显著差异",而且,P2P文件共享者"也在购买许多合法正版的DVD、CD,以及订阅传媒服务,在数量上与那些使用互联网而未从事文件分享者是同样多的。在美国,他们购买的数字音乐大约多出30%。他们也显示出略微更高的付费意愿"。随着定价相对更低的流媒体服务的增长,预示着会出现更多的付费使用的结果。

一位唱片业经理在世纪之交时观察到,美国人在互联网上交换音乐——截至2006年,该数字上升至超过3亿个文件——这就可以合理地得出结论,由于音乐文件分享,导致了同一时期CD销售数量发生25%的下降。2007年的一项被广泛引用的研究报告,首次检验了音乐文件的实际下载数据,不过,针对音乐文件分享所导致的经济影响问题,它认为用户进行文件分享对于他们购买普通CD并没有发生统计学意义上的显著效果,并且推断"绝大部分用户其实是这样的人群,他们就算不存在文件分享,本来也不会去购买他们所下载的音乐"。另一位研究人员所收集的数据显示,不仅"文件分享并没有减少新的畅销歌曲的创作",而且"即使假定它导致了唱片销售的下降",但文件分享"总的说来,导致创作出更多的畅销歌曲"。当然,这些研究涉及的政策相关性也不应被夸大,因为它们的注意力集中在CD的制作与销售上,但著作权的关注重点则是在于音乐的制作与销售,而后者有着一个更大的收入基础,除CD之外通常还包括其他的实质性收入来源——体育馆的演唱会、视频配音、电台和电视台的播放、互联网流媒体播放，等等。

综上所述，独立研究报告的结论通常表明，付费与不付费使用之间并不是二选一的关系，而且，对盗版内容的每一次下载或者流媒体使用，并不必然是一次对于合法销售的替代。其中的一个原因是，由于相比于非法资源，合法的娱乐资源可以更加开放地推销他们的产品，因此，合法产品更易于为用户所发现。它们也往往具有更高的技术品质。搜索引擎可能帮助用户找到盗版网站，但是，搜索引擎的所有人也知道，如果他们过于积极地引导用户，就可能将自己暴露在构成引诱侵犯著作权的危险之中。还有，那些曾经专属于盗版网站的诱人特征，例如设备之间的可携带性、无线移动性、选择的广泛性以及进行混音的可能性，现在都被获得许可提供合法资源的网站采纳了，这样一来，合法网站与盗版网站之间在提供便利性上的差距就缩小了（根据2017年的一项调查，在美国使用非法的文件分享服务以进行流媒体播放或者下载视频内容的人当中，63%的人这么做是因为它是免费的，48%的人是因为它可以提供更多的内容，30%的人是因为它更加便利，而23%的人则是因为它提供了更好的画面品质）。

当国会于2012年将涉及反盗版行动倡议的SOPA与PIPA搁置立法时，产业团体转而想要通过制定行为准则，来保护它们的内容免受盗版之苦。著作权所有人说服广告主与广告行业协会采用最佳实践指南，阻止在盗版网站上投放广告位置。主要的信用卡公司安装了相关协议，以此，它们可以根据著作权所有人的通知而终止向流氓网站付款。电影公司与音乐公司联合5家主要的网络服务提供商，共同开发了一套著作权报警系统（Copyright Alert System），寻求通过教育手段，改变P2P文件分享者之间的行为规范。根据某一著作权所有人的投诉，网络服务提供者就会向侵权用户发出一份通知，向其解释著作权法以及确定用于获得著作权内容的合法手段；第二次被投诉的，就会触发第二份教育信息；第三份和第四份教育通知，则要求用户承认其已经收到相关信息；而到了第五份或者第六份通知，用户就会在互联网上受到类似于关禁闭的处罚，通常是在接收内容时发生息速。

甚至在SOPA-PIPA引发战火之前，网络服务者出于规避政府监管的顾虑，就已经联合主要的电影和视频公司采纳一套行为指南——它被称为《用户生成内容原则》（*User Generated Content Principles*，简称《UGC原则》）——据此，互联网公司通过实施内容识别技术，将侵权的视听内容从它们的网站过滤出去。它们所使用的"参考资料"——本质上就是每一作品的独一无二的数字指纹——是由著作权人所提供，以供网络服务提供者进行筛选甄别。许多的网络服务提供者已经采用了筛选技术，而《UGC原则》的目标就是要让后来的加入者跟既有的服务提供者一样，设立一套最佳实践标准。这些原则完全是自愿性的，但是，其中有一项原则特别诱使网络服务提供者愿意为之签字："若UGC服务提供者善意遵守上述全部原则，则即便该内容尽管遵守这些原则而仍可能保留在UGC服务当中，著作权所有人亦不得就侵权用户上传的内容而针对该UGC服务提起侵犯著作权之主张。"

谷歌公司并没有在《UGC原则》上签字。一年之前，也就是在2006年，该公司宣布将以股票形式支付16.5亿美元为代价收购优兔

（YouTube），因为在优兔服务器上有跳舞猫视频和来自美国喜剧中心频道（Comedy Central）①的视频片断，其增长速度快于任何其他的网络服务提供者，包括谷歌搜索本身。在收购过程中，优兔上传服务所带来的著作权责任显然是谷歌公司所考虑的问题，当此次收购完成一个月之后，媒体报道曾透露，"在交易中已发行以及可发行的股权中，12.5%受到1年提存的约束，以保证履行某些瑕疵担保赔偿义务（indemnification obligations）"——这个法律术语表明，这是一项金额超过2亿美元的资金储备，以覆盖因优兔行为而导致谷歌承担潜在的侵犯著作权责任。

律师预先注意到这一点，对于谷歌公司殊为有利。果然在2007年3月，维亚康姆国际公司（Viacom International）对谷歌公司和优兔提起诉讼，指控后者"大规模地故意侵犯著作权"，并寻求超过10亿美元的损害赔偿金，而维亚康姆本身就是意图收购优兔但最后没有成功的一位竞标者，其手上握有喜剧中心频道、全球音乐电视台（MTV）、黑人娱乐电视台（BET）和派拉蒙电影公司（Paramount Pictures）等视听资源。根据维亚康姆的起诉状，它已经"确认在优兔平台上有超过15万个未经授权的视频片断来自于其享有著作权的节目，被观看的次数高达惊人的15亿次"。维亚康姆公司观察到，"优兔是凭借其网站上可获得这些流行的侵权作品而直接获利的"，因此它诉称，该项网络服务"导致了监测优兔网站的负

---

① 简称CC频道，主要播放各种幽默喜剧节目，包括脱口秀、幽默动画片、喜剧短片集等，很多节目以滑稽模仿和讽刺为主调，但大多数喜剧节目在幽默表演的同时，也注重严肃时事的深刻讨论。

担完全转由著作权所有人来承担，后者必须每天或者每小时去发现侵权视频，并且向优兔发送通知，要求其'删除'侵权作品"。

但是，将监测负担从网络服务提供者那里转向著作权所有人，正是1998年的DMCA避风港规则的立法意图。事实上，维亚康姆公司在提起诉讼之前正是遵循避风港程序，向优兔提交通知，要求删除成千上万个具体的包含著作权内容的视频片断。优兔则根据"通知—删除"程序，立即删除侵权的视频片断。维亚康姆真正反对的是DMCA强制要求的程序本身。该公司的董事会主席萨姆纳·雷德斯通（Sumner Redstone）与首席执行官菲利普·多曼（Phillipe Daumann）对于为监测优兔网站所承受的费用感到愤愤不平，按他们的说法，这笔费用每个月高达10万美元，特别是，公司虽然付出如此巨大的人力、财力，但结果却几乎像是一场令人沮丧的打地鼠游戏。正如维亚康姆公司在诉状中所述，即便在网络服务提供者收到删除通知后，"在许多情况下，还是有十分相似的视频仍然留在优兔网站上，因为它是由至少另外一位用户上传的，或者是在被移除之后的数小时之内又重新出现在优兔网站的"。

著作权所有人如果能够证明，网络服务提供者事实上知道网络用户是在侵权性使用作品，就能够打破网络服务提供者所享有的避风港免责，从而获得著作权的法律救济。在维亚康姆公司看来，优兔对于其网站被用作侵权性内容的网络服务器，是有着一般性认识（general awareness）的，这就足以剥夺它享受避风港免责，因为优兔怎么可能不知道在其网站上每天发生成千上万的侵权行为呢？但是，一审法院在2010年6月作出判决，反对维亚康姆公司就DMCA所作的解释，而是认定，优兔对于在其网站发生的侵权行为具有一般性认识,但并不因此而足以排除其享有避风港免责;若想要排除避风港,则优兔必须具体知道(specific knowledge)某一特定的视频片断存在侵权。该案提起上诉之后,巡回上诉法院虽然对一审判决的这个观点表示同意,但它还是判决,基于记录在案的证据——公司雇员之间的电子邮件往来——表明,至少在某些情形中,优兔对于侵权性视频片断可能存在必要的知道(requisite knowledge)。上诉法院遂将该案发回一审法院重审,以就必要的事实作出认定。如果说对于像维亚康姆公司这样的著作权所有人而言,监测网站并且发送删除内容的通知是成本高昂的,那么,对于像优兔这样的网站而言,遵照这些通知进行处理同样代价不菲。当然,作为一家以科技起家的公司,优兔也在寻求一种技术解决方案,以此而来安抚著作权人。就在维亚康姆对其提起侵权诉讼之前的数周,优兔已经与听觉魔法公司(Audible Magic)达成一项协议,由后者提供一套自动系统,以监控那些在优兔网站上的侵权内容,而这家听觉魔法公司在早先就曾经为时运不济的纳普斯特公司设计过一套电子著作权过滤系统。不过,由于听觉魔法公司的过滤技术只能识别音频内容,因此,这顶多只能算是一项临时应急措施,直到优兔后来开发出自身的内容身份识别系统(Content ID),才有能力来监测在视听作品中的侵权内容。

内容身份识别系统于2007年下半年启动,尽管它在数年间经过多次修改,但仍保持其重要特征。该系统的核心是一个巨大的独一无二的数字指纹库,每个数字指纹对应着由著作权人所提供的某一作品,而根据数字指纹,该系统就能以电子方式跟用户上传的视频内容进行比对。如果上传的视频片断与该数据库中的某一指纹相符，则内容身份识别系统就会自动执行由著作权人预先设定的选项：移除该视频片断；允许该视频片断保留在优兔网站，但由此运营的广告收入的一定份额将支付给著作权人；或者，允许该视频保留，且不作收入分享，但优兔将其使用的统计数据报告给著作权人。

在优兔的第一个十年运营期结束之际，它的内容身份识别数据库已经包含了超过5000万份活跃的参考文件，横跨全部的著作权产业，而且该系统处理了98%以上的著作权权利主张。在音乐产业，这些数据甚至更高，99.5%的录音制品的著作权主张是通过内容身份识别系统而自动处理的，其中95%的这些权利主张以支付费用的方式了结（这或许也并非出于偶然，内容身份识别系统使得谷歌公司积累起一个独一无二且价值极高的著作权所有权数据库，专供其自身使用）。就在同一时期，优兔还设法让这个系统中的一些较为粗糙的边缘部分变得更加平稳流畅。它的识别与对比算法就保持经常性升级，以确定那些为规避该系统而实施的人为操纵。同时，优兔还设立了争议解决机制，这一机制不同于制定法上的避风港规则所考虑的那些做法，从而使得上传者可以对著作权主张提出异议，其中最常见的抗辩理由就是合理使用。

一审法院在重审该案之后最终作出有利于优兔的判决，但就在维亚康姆公司计划提起上诉的一周之前，案件各当事方达成了和解。维亚康姆公司在数年前即已在《UGC原则》上签字，此时又与众多的著作权所有人一起，订购了优兔的内容身份识别系统。那么，维亚康姆在当时为什么还要耗时费力，坚持推进这个案件呢？如果说它是为了寻求得到一份高达十几亿美元赔偿的判决，这很难构成一个理由，因为前面那份上诉法院判决中的措辞，已经显著降低了获得损害赔偿的任何可能。更有可能的原因在于，维亚康姆的诉讼斗争是为了确立这样的原则，即尽管有避风港，但优兔无视在其网站发生的明目张胆的侵权行为，它就要承担著作权责任，而这样一项原则将产生巨大的后果，因为假如没有这个原则，那么著作权所有人从网络服务提供者的广告收入中分享的份额，可能就得任由优兔公司随心所欲地确定。

优兔公司宣布，在它作为网络服务提供者运行的最初十年当中，已经向权利人分发了20亿美元。抽象地看，这个数字的确是一笔巨款，但考虑到在此期间有几百万上千万的著作权作品在这个网络平台上如洪水般地流过，它们都要从中来分一杯羹，何况再拿它跟诸如苹果音乐、Spotify、Deezer等音乐流媒体在规模上远未及优兔的流媒体所支付的使用费相比，那么，这笔钱的数额就暗示着，优兔拥有某种程度的市场控制力，只有像它这样的量级才能操控（这一点本来也不可能逃过维亚康姆公司的注意，因为优兔已经成长为全世界最大的视频库和公众访问的视频来源）。2014年优兔占有52%的全球份额，而它的付费却只占流媒体音乐收入的13.5%。甚至当优兔在2017年下半年推动与唱片公司单独进行谈判以达成许可协议时，著作权所有人尽管可能同意迪士尼公司首席执行官鲍勃·伊格尔（Bob Iger）自夸的"内容为王"（content is king），但他们也不得不承认，在王宫里面还有一位王后，而她才是定价者。

盗版制品以及其他未经著作权人授权的复制件，诸如谷歌图书馆的基于合理使用而产生的作品片段，也只是代表了在互联网上可以被人免费获取的一小部分内容。企图获得爆款回报的公司，不亚于努力维持生计的作家、音乐家与摄影师，它们也必须争取社会大众的注意力，而与之竞争的业余小喜剧、实用技巧类视频、迷你剧、Instagram 上的照片以及推特上发布的个人信息，这些内容完全是合法的——并且还免费。这些不求经济回报的内容大量涌现，是出于什么动机呢？如果有动机的话，那么它与著作权是否存在什么关联？法律学者杰西卡·西尔贝（Jessica Silbey）对作家、艺术家、发明人以及他们的律师进行了广泛的采访，她在综合这些采访之后认为，创作者"之所以发动、投身其中并且建设一种围绕着创新与创造性活动的生活或者业务，是具有多重动机的"。西尔贝的结论是，著作权并不是激励；"这个激励叙事，其实是对某种非常复杂的事情进行的一种简化处理。"

在线百科全书维基百科（Wikipedia）运行到 2017 年时，已经在互联网上位列访问量最高网站的第五名，它采用了超过 250 种语言的版本，从高加索的阿布哈兹语（Abkhazian）到南非的祖鲁语（Zulu）一应俱全，仅就英语版本而言，它包含超过 500 万篇文章，每个月有将近 75 亿页的浏览数量。3 万名编辑在匿名劳动，对于每个词条进行创设、编辑与更新，却不求任何报酬。是什么在激励所有的这些努力？社区精神当然起着一定的作用。一位采访者曾经向维基百科的创始人吉米·威尔士（Jimmy Wales）问及，为何人们无偿从事这些工作，他的回答是，因为他们认为这是一个值得付出的项目，但他接着补充道，"如果你认为人们是自愿免费工作的，那你就真是没有搞清楚。相反，人们之所以免费工作，那是因为他们免费获得了快乐。这既可以是智力性的娱乐活动，也可以是一种为了社区以及与朋友们呆在一起的温暖的感觉。还有许许多多的事情，人们都是免费在做"。

尽管他们是在无偿贡献自己的努力，但是很显然，维基百科的作者仍然尊重他人的著作权。伯克利商学院教授阿比舍克·纳加拉杰（Abhishek Nagaraj）将谷歌图书馆自2008年以来所公开的《棒球文摘》(Baseball Digest)历年过刊的每一页（而不仅仅是片段），与维基百科词条作者对《棒球文摘》各期所引用的内容进行比较，包括引用的仍受著作权保护的《棒球文摘》近刊和在1964年之前出版且未对著作权登记续期从而已经落入公共领域的早期杂志，结果发现，谷歌的"数字化项目非常鼓励对于在维基百科上的《棒球文摘》信息加以再使用，而对于来自该杂志仍受著作权保护的各期的信息，则显然不太可能对它们进行再使用"。

吉米·威尔士将维基百科早期的成功归于这样的事实，即它是从林纳斯·托瓦兹（Linus Torvalds）的开源软件运动中逐步形成起来的。创始于1991年的Linux操作系统，强调的是社区与志愿服务，这与后来的维基百科相似。来自全世界的Linux程序员持续地对托瓦兹最初开发的代码以及其他人后来发布的代码进行查看、编辑、修复和改进，所有这些行为均无须从该操作系统的原创者那里获得同意。今天，Linux系统实际上已经成为互联网各方面的基础，无论是为谷歌智能手机提供驱动的安卓操作系统，还是像推特和脸谱这样的应用程序。甚至是苹果公司，它从历史上看虽然是在封闭、自主的操作系统上创建业务的，但是，对于较新的程序开发语言还是采用了开源模式，以确保它可以在任何其他供应商的平台上运行。基于同样的原因，财务公司、零售商和服务类企业也都坚持采用开源模式。

开源基础设施的扩展，必然需要实质性投资并因此能够获得收入，但是，这并不像通常那样与著作权相关联。红帽（Red Hat）[1]的成立，就是为了开拓 Linux 操作系统，它也成为一家标普 500 指数（S&P 500）的公司，而它的营收来源则是向那些既想要使用开源软件但又决定不发展其内部必要研发能力的公司提供技术支持和定制服务。一家行业领先的公司可以在某项公共许可（public license）当中包含一个条件，要求对于其软件所作的任何改进都必须向包括该公司本身在内的任何人免费开放，从而支撑其现有的领先地位；至少，现任者可以利用该条件，依靠他人对软件所作的修改而降低自己的开发成本。对于谷歌而言，把安卓系统变成开源方式，就使得该公司可以与足够数量的智能手机制造商和应用程序开发者进行合作，以吸引用户离开彼时处于主导地位的黑莓手机和微软手机的操作系统。

开源模式的巨大矛盾之处在于，它要依靠著作权来保持免费。林纳斯·托瓦兹最初拒绝用著作权来保护其开发的操作系统，他的理论就是，著作权与他所期望的免费及开放使用是相互对立的。但是，他很快放弃了这个理论，转而承认只有通过确保其代码的著作权，才能针对代码的使用设定条件，包括在软件许可条件上阻止用户就其对该代码的改进而主张所有权。托瓦兹明白，如果没有著

---

[1] 一家开源解决方案供应商，总部位于美国北卡罗来纳州罗利市，为重要的 IT 技术，如操作系统、存储、中间件、虚拟化和云计算等提供关键任务的软件与服务，2018 年以 340 亿美元被 IBM 收购。

作权,整个的合作架构就会坍塌,因此在今天,开源程序的发行常常借助于某种公共许可,例如 GNU 通用公共许可（General Public License）,其中具体规定可以使用软件的条件,包括要求对原始代码的任何修改均需加以突出标注,并且后续的复制和修改均应接受与原始代码相同的条款和限制。

以创作共享（Creative Commons）而为人所知的大型内容社区,同样建立在著作权基础之上。创作共享的想法来源于劳伦斯·莱西格、麻省理工学院计算机科学教授哈尔·埃布尔森（Hal Abelson）以及埃里克·埃尔德雷德他们三人在2001年的一次会面,当时埃尔德雷德提起诉讼,抨击美国国会有关延长著作权保护期的立法,而莱西格正是其案件的代理人。他们的想法就是,将著作权苛刻的专有性规则（所有权利保留）转换为另一种机制,从而无须通过谈判达成某种许可,而是以双方同意的方式分享著作权内容（一些权利保留）。具体来说,两年之后当莱西格加入斯坦福大学法学院从而将该想法带到斯坦福时,创作共享的观念就被明确为"帮助艺术家和作者给予他人以利用其创作内容进行再创作的自由——而无须先给律师打电话求教",并且要以做企业的方式,将各种表达以及全部的用户社区都囊括其中。

与 Linux 相似,在创作共享许可的头顶上的,实际上还是标准的著作权实践,只是把对于著作权作品的免费使用确立为规则而不是例外。自2002年首次发布以来,创作共享许可的菜单已有扩充,截至2017年,著作权所有人可以从6种组合匹配的选项中作出选择,其中包括:"署名"许可（"Attribution" license,这是应用范围最为广泛的许可,允许他人对作品进行商业性或者非商业性的复制、发行或者修改，只要为作者保留署名）；"署名—相同方式共享"（"Attribution-Share Alike"，允许他人修改作品，但其负有以相同条件发布修改后的内容并且给予许可的义务）；以及"署名—非商业性使用"（"Attribution-Noncommercial"，它与"署名"许可相同，但是只限于对作品的非商业性使用）。

创作共享的第7个选项还允许著作权所有人完全放弃著作权，从而将作品置于公共领域。这个选项是在该制度受到更加刺耳的批评之后作出的一个让步；这是学术共同体的怀疑论者针对著作权原则而采取的一项措施，因为即使是莱西格设计的这套慷慨之举，都能从著作权悲观主义者当中找到规则的破坏者。这些批评者主张，创作共享通过稳定许可的方式，加固了在创造性作品上的某种暗示性财产权主张，从而传递"这样一种消息，即信息是专有的，它总归存在着一个所有人"。他们抱怨道，这些许可强化了"这样的概念，即许可总是必需的，除非经过授权，否则禁止分享"。

创作共享设计了一套自主的三层架构，以实施其公共许可（communal license）。该许可的第一层是"法律文本"（Legal Code），从其用语来看，它与律师起草的在传统著作权产业通行的许可协议文本并无差别。第二层是"共享协议"（Commons Deed），这是用非法律用语而就许可协议的最重要条款所作的一份摘要。第三层包括了该许可协议条款的机器可读版本，它用搜索引擎和其他软件系统可以理解的语言编写，实际上就是对许可协议的自动化处理。通过数字方式为每个作品附上使用条款，创作共享许可就减少了这些作品成为"孤儿作品"的可能性，而它相比于谷歌图书馆和解协议所提出的方案，甚至比美国版权局起草的"孤儿作品"立法建议操作起来更加流畅。

创作共享项目的成功，充分证明了其创始人的信念，即创作者将自身视作某一社区的一部分，其中每个人的努力建立在其他人努力的成果之上，并且基于同样的原因，乐于将其自己的努力成果捐献给共享的联合体。2003年是该项目运行一整年，那时已经达成了100万份许可，由此开始截至2018年，创作共享的有效许可数量高达14亿份，而这些许可涵盖的对象不仅有印刷出版的文字内容，还包括其他各种不同的内容，例如教育资源、数据汇编、博物馆收藏、音乐、视频、照片等。该项目涉及的范围是全球性的。2007年，创作共享开始与来自世界各地的著作权专家一起工作，以便让许可协议3.0版适应当地实践的特点，等到2013年发布4.0版时，这些许可根据不少于35个国家的著作权法与合同法的特点又进行了适应性修改。2012年，优兔公司开始引入创作共享的署名保留许可；到2016年，适用该许可的视频数量已经达到3000万。值得注意的是，在创作共享项目的早期，署名只是许可人可以选择的若干许可选项中的一个。而后来的事实清楚地表明，许可协议的每个使用人几乎都选择了该选项，这就变成了所有许可协议的一个默认特征。

在作品上署名以及带来个人声望的前景，这或许是刺激某些创作者投入其努力所必需的唯一激励，但是，对于无数的创作者而言，他们的生计依赖于作品的销售或者许可，那么他们的激励又是什么呢？在谷歌图书馆案中，打响第一枪的并不是出版社而是作者，这一事实标志着：作者自治（authorial autonomy）是数字时代的希望；创作者手中握有著作权武器，就可以将自身与出版社、唱片公司、电影制片厂进行分离；并且，创意经济学将以自助出版（self-publishing）为中心，从而预示着有望在作者与读者或听众之间形成直接的经济回报关系。2001年，美国最高法院在一起案件中判决《纽约时报》败诉，[①]而一群自由专栏作家在全国作家联盟（National Writers Union）的支持之下，赢回了他们在《纽约时报》所刊登文章的电子版权利。有人就此认为，这是作者拥有更大独立性的一个标志。

自助出版其实不算什么新鲜事，但是，当亚马逊公司在2007年启动Kindle直接出版项目（Kindle Direct Publishing）时，却收到了惊人的效果。十年之后，在亚马逊网站上可以获取的电子书当中，40%属于自助出版，其收入在该公司从电子书所获得全部收入的23亿美元中占25%。自助出版并没有消除传统出版社的功能，只是把这些功能分解了。通过在线服务，为作者提供图书的编辑、设计、发行、营销与宣传推广等服务，就能够提供比标准的出版社结算单而更加丰富和更易于获取的销售数据。作者可以通过在社交网络上贴出图书的免费章节，作为自助出版向读者的贡献，并以此发展粉丝圈；而更具野心的作家则可以参照众筹的例子，先贴出故事创意以及包含数页的创作样章，以供读者预订图书，从而为最终完成其作品进行融资。

图书出版之外也存在着作者自治的机会。数字技术大大减少了制作出具有专业品质的视频和录音制品的费用，而数字流媒体使得人人都可能成为音乐明星。众筹平台既可为演艺人员提供机会

---

① *New York Times Co. v. Tasini*, 533 U.S. 483 (2001).

筹集资金,以发行一张音乐专辑和举办一场巡回演出,也可以搭建一个粉丝社区,用于购买流量、音乐会门票和周边产品。自助出版在电子游戏产业上同样得到了蓬勃发展,部分原因在于,相比于其他的著作权产业,游戏产业的公司制度还比较新,没有那么根深蒂固,而游戏编写工具不仅价格在下降,并且变得越来越好用。正如某款采用众筹方式的电子游戏的开发者所评论的,他发起筹款运动的一大好处是,"我们与15000位粉丝建立了某种直接的关系"。自助出版的软件则采用可下载的应用程序形式——不仅有电子游戏类应用,还包括购物、教育和社交媒体类应用——它们大大提高了个人创业者从中获得利润的可能性;根据报道,各类应用程序的开发者在2017年从苹果操作系统iOS平台上就赚取了265亿美元。但是,在作者自治的道路上,故事片长度的电影制作至今仍然发展缓慢,其部分原因在于,制作一部电影的资本投入远远高于其他所有的著作权产业,能够与之投资相当的,只有最具劳动密集型的电子游戏产业;因此,即便视频流媒体带来的各种频道激增,但是相比于图书和音乐发行,可用于电影发行的频道仍然非常有限。

在创造性较低的领域,自助出版尤其繁荣,例如,失意的作曲家利用他人所创作歌曲而制作歌曲集锦,粉丝小说的创作者将其故事置于其他作家已经虚构出来的世界中。至少从20世纪30年代起,就已经有人在创作粉丝小说,但是直到互联网平台让粉丝俱乐部突然变得全球流行之后,它才爆发起来(截至2018年,粉丝小说网站[fanfiction.net]上的哈利波特故事已经暴涨到超过75万部)。最初,出版社对此分为两类:一类出版社挥舞着著作权大棒,要将粉丝小说赶出互联网;另一类出版社则持容忍态度,或许还希望以此增加原创图书的销量。但最近以来，甚至连传统出版社也在寻求深挖粉丝小说的宝贵特点，亚马逊公司在2013年启动的"Kindle世界"（Kindle Worlds）项目，更是引发了粉丝小说市场的革命。亚马逊公司与原创作品的著作权人达成范围广泛的许可协议，用户可以利用这个平台，免费创作粉丝小说并且上传至该平台。"Kindle世界"项目结合了自助出版和类似于ASCAP空白许可的要素，为粉丝和著作权人各自的创作而同样地向他们付费。著作权并不保证作品一定能够在市场上获得利润，而只是保证如果有利润的话，该利润应当属于著作权所有人。尽管也有例外，但对于今天采用自助出版的绝大多数图书而言，之所以采用这种方式，是因为基本都是出自同样的原因：商业出版社无法从它们的销售中看到任何获利的前景。极少有采取自助出版的作者会像小说《五十度灰》（*Fifty Shades of Grey*）的作者与自助出版人E.L.詹姆斯（E.L.James）那样，能够合理期待售出超过1.25亿册的图书。绝大多数的自助出版作者所拥有的，是某种堪比小说处女作的作者的经历：在社交媒体上花两个月为其图书作推广，支付三校三审的费用（924美元），提交申报文学奖项的费用（228美元），以及自掏腰包去参加三场书店活动，这样一通操作下来，总共售出167本电子书和118本纸质书，合计得款803.9美元（其他可用于抵消其费用的收入，还包括由61位粉丝支持者所贡献的6909美元，而给予他们的交换条件则是在18个月内，每周可获得该小说的两章初稿）。

不过，考虑到互联网连接着几十亿个家庭，低成本以及电子小额支付技术还是起到了补充生计的作用。2016年，来自斯坦福大学计算机系的5位本科生与该校法学院的4位学生联手，设计了一套自动许可系统的原型,摄影师只需承担很低的费用,就能够直接将其照片许可博主使用。与创作共享许可相似,斯坦福的这套原型系统给予摄影师若干的非财产性选项(是否必须保留署名;是否同意裁切);但是,与创作共享许可不同的是,它提供不同的定价选项以供摄影师选择,并根据拟使用的规模作价格调节。在确定中意的图片之后,博主就会表明其计划使用的规模,如果图片摄影师事先列明的价格是可接受的,那么只要在线点击即完成交易,并通过一个指定的、低成本运行的在线支付服务系统,直接将费用支付给图片摄影师。

斯坦福项目是作为跟美国版权局的一个学术合作计划而运行的,也是身处象牙塔的著作权乐观主义理论与市场的严峻现实之间相互调和的一种操作。例如,学生们从中看到,尽管此举可能违反了美国法律,但网络平台共同的做法是,将摄影师在其图片中嵌入的用以向潜在被许可人显示他们身份的元数据加以剥离。令学生们感到惊讶的还有,居然有那么多的博主相信,只要标明了作品的作者,那么这一简单权宜之举就足以让他们避免构成侵犯著作权,而这一思维习惯或许来自于他们在创作共享协议中得到的经验。同时学生们也了解到,对著作权许可制度保持信任具有重要意义:假如某一被许可人为使用一张图片而向摄影师甲付费,那么,他其实就想得到某种保证,不会在后来碰到另一位摄影师乙来主张其拥有该图片而不是甲,进而对他提起诉讼。

斯坦福图片许可的原型系统是在一个学年的时间里搭建起来的,可谓是小本经营,它也只是在电子许可的可能性上小试牛刀。教科书的出版社通常在侵犯著作权案件中面临高达数百万美元的判决，因为它们并不能做到随时保持警觉，监测到在某本教科书中出现的成百上千个有关图片使用的许可在什么时候已经到期了。但是，如果每一份许可都采用了含有该许可到期日的电子方式——即所谓的智能合约（smart contract），那么，它在许可届满之际，就能够自动向出版社发出警告，提醒其应当重新谈判以延续许可，或者将该图片从下一版教材的课文中予以删除。

区块链技术带有完全分布但又私密的分类记账，它通过保留某一作品的全部交易的一份完整记录，或许就能自动地逐个许可（one-by-one licensing）而提供接下来的步骤，与此同时，通过分散式通证（dispensed tokens），新的许可得以在预先规定的条款上继续。2017年发布的报告显示，ASCAP正与在法国和英国的集体管理组织同行展开合作，构建一个区块链系统，而根据ASCAP发布的新闻稿，该系统的目标是"怎样让音乐产业可以创造并且采用一个分享式、去中心化的数据库，其中包含音乐作品的元数据，并具有实时更新与追踪能力"（这里正好想象一下，1913年ASCAP的创始人在卢乔餐厅共进晚宴时，他们试图消化那些丰富的设想！）。

193 著作权的立法僵局延续如此之久，原因之一是交战各方的动机被深深地掩藏起来了。随着分发著作权作品的某种新技术的出现，在作为著作权所有人的各公司之间就会激起前所未有的贪婪与恐慌：谓之贪婪，是因为它们相信该技术将为它们打开大门，通向巨大的、尚未被开发的市场；而恐慌，则是缘于该技术带来的不受管制的复制，将不仅破坏这些新兴市场，而且还将破坏它们赖以获取收入的既有市场。贪婪与恐慌同样也在驱动着互联网公司：贪婪，是因为它们的平台将会聚集数百万甚至上亿的更多用户，而恐慌则是因为担心著作权收费会让其平台规模发生收缩。然而，或许是由于著作权公司在1998年为延长著作权保护期所采取的行动，使得著作权在社会大众的眼里，变成了非常负面的形象，因此，导致政策冲突的主要因素还是在于著作权所有人的欲望，而并不在平台所有人。

一旦著作权再次被搬到立法的台面上，新近受命应战的立法者将面临一个难题：尽管著作权公司对于盗版问题哀叹不已，但它们在今天毕竟还在继续生产和发行图书、音乐与电影——有些甚至要花费数千万甚至上亿美元——其数量和种类远超读者或观众的消费意愿。立法者究竟应当听从著作权悲观派的看法，还是应当遵从著作权乐观派的意见？著作权悲观派引用杰里米·边沁的功利主义，主张著作权应当扩大至不超过为吸引投资用于创造性作品的生产所必须的范围；而著作权乐观派则召唤约翰·洛克的自然权利哲学，支持作为一个原则问题而扩张权利。

功利主义原则除了以最不牢靠和最为肤浅的方式，从来就没有为著作权的演变提供过指导，这一事实可能让熟悉英美著作权历史的少数学生大吃一惊。1774年，英国上议院在驳回托马斯·贝克特请求为其诗作《四季》提供永久保护的主张时，赞同著作权功利主义的观点虽与反对自然权利主张的观点旗鼓相当，但自然权利主张已经在11位投票的普通法法官中赢得了至少5票，并且还可能是多数票。如果以实际结果而不是以修辞话语来衡量，美国在以往两个多世纪的立法，所遵循的正是与欧洲大陆的著作权传统相同的方法，也在不断地扩大著作权而无拘其经济正当性的细节。美国著作权的船头可能飘扬着悲观主义的旗帜，但是，驾船前行的却是著作权的乐观主义者。

这种持续性的立法冲动，至少部分来自于作者在道德想象中的位置（不出意外的是，在赋予国会以著作权立法权时，《美国宪法》所说的是"作者"［Authors］而不是"出版者"［Publishers］）。加州大学伯克利分校法学教授罗伯特·P. 莫杰思（Robert P. Merges）引用一份研究报告，其中指出，幼年儿童对于一团泥巴的所有权，并不认为属于最先占有泥巴的人，而是归属于把泥巴做成一个像模像样雕塑的人，他由此认为，"矛盾就在于，虽然在谈到道德问题时，存在着经验证据（empirical evidence），但是，人们在根本上却不是以经验为依据的。他们依赖于一组道德判断（moral judgments），它们非常常见，且无处不在，以至于近乎具有普适性。无论它们是其他的什么东西，都不能简单地说它们就是粗糙的、无法检验的、易变的信仰。它们似乎呈现为一种条理清晰的形态和模式。换言之，它们不是某种盲目的信仰，而是基于它们自身的某种理性"。

对此提出质询的立法者又是如何看待这个问题的呢？60年前，当国会就美国专利法提出相同的问题时，经济学家弗里茨·马克卢普（Fritz Machlup）在对专利制度进行一番彻底的回顾与总结之后，得出结论认为："如果我们没有专利制度，那么基于我们现有的关于其后果的经济学知识，推荐设立这样一种制度就将是不负责任的。但是，既然我们在那么长的时间里，已经拥有了某种专利制度，那么，基于我们现有的知识，推荐废除该制度，也将是不负责任的。"

同样这个"药方"也适用于著作权，因为相比于无法以经验证据加以验证的功利主义或者可能无边无际的自然权利主张，著作权法的历史倒是为立法道路提供了一个更加确定无疑、更加实用主义的指南。实用主义的历史教训就在于，著作权制度确实发挥了作用，即便只是在适度的水平上，因为在过去的很长时间里，著作权从来没有阻碍社会以不断降低的成本而获取范围不断扩大的创造性产品。

著作权历史为著作权的立法提供了两副具体的"药方"。其一，随着新类型技术对象的出现，立法者对于任何关于著作权保护的呼吁，应当根据著作权法的历史标准而作出判断，同时拒绝诱惑，不能仅仅因为著作权法是知识产权法中最具包容空间的规则而默认著作权的扩张。关于计算机软件著作权的经历，就是一个值得警醒的例子。其二，随着著作权作品出现新的技术性用途，立法者应当迅速扩大著作权以涵盖这些用途，即便是那些只发生在私人场所的使用，只要这样做没有不可克服的执法成本的阻碍。正如国会在作品私人使用的问题上犹豫不定从而呈现的后果那样，迟来的权利通常就是否定了权利。

何种对象应当受到著作权的保护抑或不受保护？现在，随着计算机程序的著作权保护尘埃落定，下一个可能受到著作权保护的候选对象，将是由计算机完成的产品。今天，计算机程序可以从大量的数据中，制作出由若干段落构成的体育和财经报道，而其间很少并且越来越不需要人工的干预；在未来，类似自动化的虚拟现实和增强现实环境，也在向人们招手。这些产物，与任何出自人类之手的著作权作品同样具有独创性和表达性，但是，这个事实并不意味着，它们就属于著作权的范畴。立法者如果以严格的功利主义衡量方法来判断是否需要激励，将不得不提出这样一个问题：机器制造的作品（machine-made works）只需以显著降低的成本即可制作完成，那么，相比于给予它们长达95年的著作权而言，是否改为采用某种特别立法可能效果会更好。而在有着作者权传统的大陆法系国家，想要获得著作权保护的标志性要件是，作品必须具有"作者人格的印记"，因此看来，它们同样倾向于反对为这些机器制造的产物提供著作权保护。

餐厅大厨、喜剧演员、魔术师和时装设计师也在从事创造性活动，对他们所作的观察研究表明，即便没有著作权，在这些领域的创新依然可以蓬勃发展。但是，经济学家米凯拉·焦尔切利（Michela Giorcelli）与佩特拉·莫泽（Petra Moser）针对歌剧进行的一项调查，却提供了一个引人注目的反例。他们巧妙地设计了一项针对2598部歌剧的研究，这些歌剧于1770年至1900年间在意大利的8个区展开首演，而这项研究正是肇始于如下事实：直到1826之前，在意大利的各区当中，只有伦巴第（Lombardy）和威尼托（Venetia）拥有著作权法，因为这两个区随着拿破仑的意大利运动而附属于法国，从而在1801年将法国著作权法采纳为自己的法律。根据该项研究，意大利的歌剧作曲家在以前都是把家搬到法国或者奥地利去的，这样可以享受在那里的著作权保护的好处，但是自从1801年之后，他们就搬到伦巴第和威尼托去了。那么，著作权的影响具体究竟如何呢？"1801年之后，具备著作权保护的区相比于意大利其他没有著作权的区，每年多产生2.1部歌剧。"

对于21世纪的立法者，他们可以从这项比较研究中吸取的教训就是，著作权法始终在作品保护的深度与作者投入产出的表达数量之间形成某种比例关系。著作权法为歌剧之类的高水平表达作品所提供的保护，不仅针对在字面和音乐上的照抄挪用，而且反对借用其中的情节、故事与角色。相反，对于相对的低水平表达作品，例如菜谱、小笑话、魔术戏法，即便它们最终能够得到著作权保护，也只是保护针对它们的原文复制（此外，菜谱和魔术戏法可以根据商业秘密法受到更大的保护）。将有关意大利歌剧以及有关餐饮、喜剧、魔术的观察性研究放在一起对比，显然可以看到，假如著作权为表达丰富的创作投入而提供实质性保护，而针对那些不具有丰富表达的创作投入则提供较低的保护或者干脆不提供保护，那么，著作权法就会在这两类对象上都发挥正确的作用。

第二副政策"药方"——即构造各种权利以涵盖著作权使用的各个方面——是从这个前提出发的，创造性内容的生产与消费相互关联，对于消费者而言，除非通过他们在市场上所愿意支付的价格，没有其他更好的方法来显示他们所想要的东西，而对于这一点，即使最狂热的著作权悲观主义者也是无法反驳的。作品的无偿使用，包括不断增多的免费产品现象，就不可避免地冲淡了这些价格信号。不过，这副"药方"也因为其他一些因素而变得复杂化：交易成本可能使著作权的某些权利变得效率较低；基于在分配方面或者社会层面的顾虑，可能使它们显得较不公平。如果著作权想要恢复它在保护期延长之战中所丧失的道德光环，它就必须对这两种顾虑有所回应。

世界上每一部著作权法，针对法律规定的专有权都包含了有限的例外，以便让人们对作品实施某些有益的但一贯缺乏资金支持的使用，例如学术性复制、课堂展示、向视觉障碍者提供使用。当交易成本很高，从而通常无法达成私人许可时，著作权法也会将此情形创设为例外，但是，21世纪的立法者应当准备重新审视这些例外，因为数字技术已经降低了达成交易的成本。同样重要的是，立法者应当抗拒可能的改革者所发出的诱惑性呼吁，即把著作权责任限定在营利性使用上，而对于非营利性使用则予以免责。随着著作权的使用持续地从公共场所转向私人场合，著作权所有人如果想要获得付费，也必须追随这种变化。如果正像在政策讨论时很容易发生的那样，将"私人"与"非营利性"两者混为一谈，那么，著作权所有人就会发现，他们要想获得收入的机会将会严重缩水，以至于最终的结果可能是，著作权几近于被完全取消。

那些通过诸如创作共享之类庞大的社会和经济事业而流通的产品之所以得以维持其免费，关键核心就在于著作权，这一事实无非是强调了著作权法的性能，因其灵活性而成为了一个持久性工具，从而将娱乐和信息市场组织起来。这部法律还使得著作权所有人有可能与免费进行竞争，因为他们可以在其作品价格、呈现格式和投放时机上采取差别化方法。假如没有著作权，电影制片公司将会发现其很难作出如下安排：即它们可以把最新的大片最先交给影院放映，并且只有当定价较高的票房停止出售电影票之后，才转移至数字下载，此后或者同时投放到流媒体平台，这样，订户及其家庭成员以低于单张电影票价的按月支付价格，即可观看该平台提供的成千上万部电影。对电影作品的时间超前、定价较高的使用，这可能超出了某些用户的舒适区范围；但是，假如电影制片公司不能从这些差别化市场中获得累积收入，那么，这些电影最终就可能不会被生产出来。

在著作权保护期的这个方面，著作权的专有权利几乎肯定不会被扩张，并且完全应当如此。1998年，当国会通过立法将著作权保护期延长20年时，该法案的反对者曾经信誓旦旦地预测，到2018年底，新的著作权保护期又即将到期，届时著作权人肯定要再回来寻求另一轮的保护期延长。但是，现在2018年已经过去了，人们并没有看到任何关于延长著作权保护期的法案。通常认为的一个原因是，这是由于国会在著作权上形成了立法僵局，但是，正是由于1998年的保护期延长，将人们的憎恶感引到了著作权的门口，从而助长了这种僵局，而针对漫长的著作权保护期所产生的令人可疑的经济学，包括国际贸易经济学，又预示着在将来不确定的很长时期内，立法日程中都将避开有关进一步延长著作权保护期的这个话题。著作权的国内经济学与国际经济学相类似，这就意味着给国内开出的"药方"——即谨慎选择著作权的对象，但应当将权利扩展至每一个具有经济价值的方面——同样适用于国际领域。随着著作权所有人越来越将目标瞄准全球市场，这个"药方"就将以最佳方式确保价格机制在全球范围内提供准确的信号。它还会刺激那些成本昂贵的专业性作品的生产，因为这些作品虽然缺乏足够的国内市场的支持，但是，它们可以通过全球读者或者观众而得到充分的补偿。一部关于苏格兰冰壶的纪录片，可能在美国甚至在苏格兰只能吸引很少的人，因而就没有道理投资制作该片，但是，如果把全世界潜在的客户都加起来，可能就会有足够的收入，来支持制作一部高质量的纪录片。

假如世界上有不同的地方在明显地背离著作权规范，则可能严重损害数字时代的未来。在一次有关数字贸易的会议上，其时纳普斯特公司正处于发展鼎盛时期，有一位与会者开玩笑地向该公司的代理CEO汉克·巴里提问，问他是否考虑将受到围攻抨击的海外业务转移到某个较不尊重著作权的国家去。巴里回答说并没有这样的考虑，因为他已经承诺要将纳普斯特公司转型为合法经营，音乐服务平台要完全获得许可，然而，可能也并非出于巧合的是，此后纳普斯特公司的文件分享服务平台注册地或者它们的服务器就搬到了像瓦鲁阿图之类的偏远地区，远离美国和欧洲的著作权人所及的范围。当然，随着互联网上的广告缩减，刺激网络公司努力推动以著作权为基础的营收模式，它们的利益现在已经跟著作权人的利益形成了更加紧密的结盟关系，因此，这些公司采取更加严厉的行动来关停盗版网站的链接，也就不足为奇了。

198　　我们说著作权法应当将著作权使用的各个方面都包含其中，无论国内的还是外国的使用，但是，这并不是主张，著作权的执法就应当将法律落实到那些本质上属于私人性质的场合，此类执法行动由于成本高昂而终将失败。相反，在这些情形中，著作权的最有效的角色就是成为一个自我执行的规范（norm for self-enforcement）。关于不动产的禁止侵入法（trespass law）的行为规范可用来解释，为什么尽管不会面临任何关于刑事或者民事制裁的真实威胁，而仍然只有极少数的人会抄近路横穿某一陌生人家的草地。行为规范定义了哪些行为是允许的，哪些是被禁止的，这就解释了为什么人们几乎无需考虑就立马决定为了躲避被一辆失控的汽车撞击而横穿陌生人家的草地。在21世纪，著作权的一个主要目标是，建立以禁止与允许的原则作为某种行为规范，使得该行为规范就像在不动产上的规范那样，在道德上是令人信服的。

查尔斯·克拉克在阿姆斯特丹会议上提出，针对机器的答案就在机器上，而就在同一场会议中，"感恩至死"乐队（Grateful Dead）[1]的词作者约翰·佩里·巴洛将目光投向更远的将来，建议对创造性产品的保护，必须依靠道德与技术，而且这两种保护远比法律保护来得重要。想让一个规范在社会扎根，最重要的是它必须是合理的，或者至少看起来是合理的。下面这样的行动就无助于改进著作权的形象。美国的唱片公司从2003年起直到2008年最终放弃时为止，一直在寻求通过起诉成千上万的音乐粉丝而来阻止音乐文件分享，起诉的理由是他们在家中或者大学宿舍的私下场合，下载了这些唱片公司所录制的音乐表演（唱片公司赢得的第一份由陪审团作出的裁决，是针对一位在明尼苏达州的四个孩子的母亲，她因为在网上分享了24首歌曲而被判赔22.2万美元）。美国女童子军因为队员们在篝火旁边伴唱歌曲而被美国作曲家、作家与出版商协会（ASCAP）要求付费，新闻界随即对这一事件作出急切报道；《华尔街日报》的一篇文章则发现，野外露营的小队员们只得用无音乐伴奏的方式跳《玛卡莲娜》（Macarena）舞蹈。[2]

合理性是引导民众忠诚的一个必要条件，但它并不是充分条件。无论如何，从一般层面上谈到著作权保护，在直觉上都是令人信服的，但是，在特定情况下，这一诉求可能很快就被消解。假如

---

[1] 组建于1964年的一支美国摇滚乐队，初名"Warlocks"，1995年解散。
[2] 西班牙"河边人二重唱"（*Los Del Rio*）在同名拉丁音乐专辑中的一首歌曲，1996年打进美国公告牌排行榜后，创下连续14周榜首记录。由此掀起的舞曲热更是席卷美国和欧洲，成为婚礼、俱乐部和舞会必不可少的曲目。

从商店里偷窃了一台DVD，这跟直接从店主的口袋里掏钱没啥区别，因此，仅凭这一事实就可以基于店主的道德感而提出某种自然的主张。但是，假如是在互联网上复制一部电影，这并没有从任何人手里拿走任何看得见的财富，因此，尽管这样做可能会减少今后在新电影制作上的投资，但如果不能激起某种强烈的道德感的话，这个涉及将来投资减少的观念还是远远不及人们所能期待的复制者的一般想法。

为了让著作权保护深得人心，必须要有某种持久性规范，这就必须让在它背后的作为自然人创作者的面貌显露出来。极少有粉丝会特别关注玛丽·希金斯·克拉克（Mary Higgins Clark）的出版社是谁，或者由哪家唱片公司在销售布鲁斯·斯普林斯廷（Bruce Springsteen）的音乐，或者什么电影制片公司在发行斯蒂芬·斯皮尔伯格（Stephen Spielberg）的电影。但是，读者却会排起几千人的队伍，只是为了让他们喜欢的作者在图书上签名，而他们本可以更方便地从亚马逊网上书店以半价买到这本书。

确保作为一种自然权利而提出著作权主张的，正是作者而不是著作权所有人。英国出版商在1710年就理解了这一点，尽管说来也许有点儿愤世嫉俗，他们是打着作者的旗号来发动著作权战争。随着创作者进入自助出版领域的数量不断增多，这将扩大著作权的人性的一面。问题依然在于，是否用作者取代作为著作权所有人的法人而来担当著作权的形象，而这个问题不仅存在于市场之中，也留给了国会。1976年《著作权法》从有利于作者的角度，重置了作者与出版者之间的经济关系，这一点非常重要。对国会而言，下一个重大挑战是重置作者与公众之间的关系（在工业化国家当中，美国依然是没有尊重《伯尔尼公约》关于保护作者著作人身权义务的唯一国家）。在今天的互联网上，以及在明天的甚至更多的其他方面，竞争者抛出免费产品的诱饵，每个用户自己都成了出版者，而每家的客厅也都变成了自家的影院，那么，当著作权法不能凭借其被公众广泛接受从而得以自发实施时，它就变成了一部无法被实施的法律。

注　释

本书所参考之大部分案例来源于西方出版公司的"全国判例报道系统"(National Reporter System), 美国各县法律图书馆以及法学院图书馆和诸多律师事务所均可索得。联邦地区法院的判决参见《联邦补卷》(Federal Supplement, 简称"F. Supp."), 巡回法院的判决参见《联邦判例报道》(Federal Reporter, 简称"Fed""F. 2d"或者"F. 3d", 具体所属系列, 取决于该判决的日期)。最高法院的判决, 尽可能引用的是官方版的《美国判例报道》(United States Reports, 简称"U. S.")。联邦立法参见《美国法典》(United States Code, 简称"U. S. C")。

第1章

詹姆斯·汤姆森的《四季》见于18世纪英国的两份标志性判决：米勒诉泰勒案与唐纳森诉贝克特案；该两起案件的讨论见第2章。"Literary Larceny"(文学之窃)一语出自奥古斯汀·比勒尔(Augustine Birrell), 《书籍著作权的法律与历史》(The Law and History of Copyright in Books), 第167页(1899年)。

阿卡罗夫斯音乐发行公司诉坎贝尔案(Acuff-Rose Music Inc. v. Campbell)的地区法院判决报道见于：754 F. Supp. 1150 (M. D. Tenn. 1991); 奥斯卡·布兰德的陈述被引用于巡回法院的判决中(972 F. 2d 1429, 1433 [6th Cir. 1992])。塞林格诉讼案(Salinger v. Random House, Inc.)判决报道见：811 F. 2d 90 (2d Cir. 1987), 巨蟒喜剧团诉讼案(Gilliam v. American

Broadcasting Cos.）见于：538 F. 2d 14 (2d Cir. 1976)。斯托里大法官对于"法律形而上学"的思考，见于：*Folsom v. Marsh, 9 Federal Cases* 342, 344 (C. C. D. Mass. 1841)。

艾伦·莱特曼关于在著作权、专利与商标之间发生混淆的评论，系其在1970年8月1日的一次对话中所作，这是在密苏里州圣路易斯市向美国律师协会专利、商标与著作权部（American Bar Association Section on Patents, Trademarks, and Copyrights）所作的一次演讲；演讲稿重印于《商标报道》（*Trademark Reporter*）第60卷，第506页（1970年）。美国《专利法》的法典化见于《美国法典》第35编第1条及以下各条（35 U. S. C §§1 et seq.）。著作权法与专利法的宪法渊源是《美国宪法》第1条第8款第8项（Art.1, §8 cl.8）；联邦商标法的法典化形式是在《美国法典》第15编第1051条及以下各条（15 U. S. C §§1051 et seq.）；其宪法渊源则是"商业条款"（Commerce Clause），即《美国宪法》第1条第8款第3项（Art.1, §8 cl.3）。试以一起迪士尼诉讼案件为例，该案争讼是基于在迪士尼电影《木偶奇遇记》（*Pinocchio*）中所出现的角色形象上发生的著作权与商标主张的重叠，参见*Walt Disney Productions v. Filmation Assocs.*, 628 F. Supp. 871 (C. D. Cla. 1986)。

约翰尼·卡森案（*Carson v. Here's Johnny Portable Toilets, Inc.*）判决报道见：698 F. 2d 831 (6th Cir. 1983)，美联社案（*International News Service v. Associated Press*）判决见：248 U. S. 215 (1918)。著作权保护期限扩张案是指：*Eldred v. Ashcroft*, 123 S. Ct. 769 (2003)。有关非洲国家对于民间文学保护运动的作用的描写，见玛丽·涅杰尔斯卡（Marie Niedzielska），"民间文学保护的知识产权方面"（The Intellectual Property Aspects of Folklore Protection），载《著作权》（*Copyright*），1980年11月，第339页。

《斯嘉丽》一书的版税预付金是494万美元，该报道见"头条新闻：

作家笔会"(Headliners: by the Pen),载《纽约时报》(New York Times)1988年5月1日第4版,第7页。《飘》案是指:Suntrust Bank v. Houghton Mifflin Co., 252 F. 3d 1165 (11th Cir. 2001)。乔恩·佩雷利斯的评论见"饶舌歌手上法庭是由于滑稽模仿,不是因为脏话,但这仍是一个艰难的决定"(Rappers in Court Over Parody, Not Smut, and It's Still a Hard Call),载《纽约时报》1993年11月13日艺术版,第3、18页,而爱德华·墨菲致该报编辑的信,见于《纽约时报》1993年12月3日A版第32页。

2 Live Crew案(Acuff-Rose Music, Inc. v. Campbell)的上诉法院判决报道见:972 F. 2d 1429 (6th Cir. 1992)。海明威案(Hemingway v. Random House, Inc.)见:244 Northeastern Reporter 2d 250 (1968)。美国《著作权法》见于《美国法典》第17编第101条及以下条文(17 U. S. C. §§101 et seq.),它在1989年3月1日起生效的相关规定中,取消了所有现存的、作为保护条件的形式要求。关于提交创意的法律责任的讨论,有一个虽已过时但仍然具有说服力的讨论,见哈里·奥尔森(Harry Olsson),"出售梦想"(Dreams for Sale),载《法律与当代问题》(Law and Contemporary Problems),第23卷,第34页(1958年)。

对老奥利弗·温德尔·霍姆斯的引用,见于氏著"思想与道德的机制"(Mechanism in Thought and Morals),载《旧书拾页:1857—1881年文集》(Pages from an Old Volume of Life: A Collection of Essays, 1857-1881),第288页(1883年)。《著作权法》关于合理使用抗辩的规定,见:17 U. S. C. § 107。霍华德·休斯案是指:Rosemont Enterprises v. Random House, Inc., 366 F. 2d 303 (2d Cir. 1966);扎普鲁德胶片案是指:Time, Inc. v. Bernard Geis Assocs., 293 F. Supp. 130 (S. D. N.Y. 1968);《国家》杂志案是指:Haper & Row Publishers v. National Enterprises, 471 U. S. 539 (1985);格劳乔·马克斯案是指:Marx v. The United States, 96 F. 2d 204 (9th Cir. 1938)。

《著作权法》第506(a)条对于侵犯著作权行为规定了刑事责任，若该行为"故意并且出于获取商业优势或者私人经济利益之目的"；1992年的修订对此行为施以重罪处罚（felony sanction），见于：18 U. S. C. § 2319(b)。

斯蒂芬·布雷耶的论文"著作权的难题：一项关于图书、照相复印与计算机程序的著作权的研究"（The Uneasy Case for Copyright: A Study of Copyright in Books, Photocopies, and Computer Programs），载《哈佛法律评论》第84卷，第281页（1978年）；巴里·泰尔曼的回应文章"已出版图书的著作权保护的经济学理由"（The Economic Rationale for Copyright Protection for Published Books: A Reply to Professor Breyer），载《加州洛杉矶分校法律评论》（UCLA Law Review）第18卷，第1100页（1971年）；布雷耶对泰尔曼的回答，见"著作权：一个反驳意见"（Copyright: A Rejoinder），载《加州洛杉矶分校法律评论》，第20卷，第75页（1972年）。布雷耶撰写了多数派意见的最高法院案件是指：American Broadcasting Cos., Inc. v. Aero, Inc., 134 S. Ct. 2498 (2014)。

美国著作权法与其他国家的著作权，以及与试图把它们联合起来的条约协定之间的区别——以及相同之处——在第5章中有详细的考察。关于对阿加莎·克里斯蒂的推理小说以及《飘》续集的盗版，参见格列布·乌斯潘斯基（Gleb Uspensky）与彼得·B.考夫曼（Peter B. Kaufman），"5000万的阿加莎·克里斯蒂可能都是盗版"（50 Million Agatha Christies Can Be Wrong），载《出版社周报》（Publishers Weekly），1992年11月9日，第60页。

有关当代书籍出版增长的数字，引自查尔斯·巴伯（Charles Barber），"数说图书"（Books by the Number），载《传媒研究杂志》（Media Studies Journal）第6卷，第15页（1992年夏）。本书第2、3、4、6章讲

述了著作权在面临新技术——从照相式复印到计算机程序——时，在国会和法院所发生的故事。《著作权法》第106（4）条将著作权责任限定为那些"公开"的表演行为；该法第101条中对"公开表演"作出定义。

世界知识产权组织（WIPO）总干事阿帕德·鲍格胥于1991年3月25—27日在斯坦福大学举行的一次WIPO研讨会上，提出了这样的问题"何谓作品而谁又是作者？"（Who is the author of what work?）；笔者在这次研讨会上担任总报告人。会议记录出版于世界知识产权组织《人工智能知识产权问题全球研讨会》（*WIPO Worldwide Symposium on the Intellectual Property Aspects of Artificial Intelligence*）（1991年）。

对"舆论的铁律"的讨论，见托马斯·奥尔森（Thomas Olson），"舆论的铁律：国会对1909年《著作权法》以来的著作权改革提案的反应"（The Iron Law of Consensus: Congressional Response to Proposed Copyright Reforms Since the 1909 Act），载《版权协会杂志》（*Journal of the Copyright Society*）第36卷，第109页（1989年）。有关"切到技术边沿"的评论，由海恩斯·加夫尼（Haines Gaffner）所作，参见《国会著作权与技术研讨会会议记录（佛罗里达州劳德代尔堡，1984年2月4—5日）》（*Proceedings of the Congressional Copyright and Technology Symposium, Fort Lauderdale, Florida, February 4–5, 1984*），这是应参议院司法委员会专利、著作权与商标小组委员会的要求而准备的，第99届国会第1次会议（S. Print 99-71，1985年7月）。笔者在此次研讨会上担任总报告人。小组委员会主席罗伯特·卡斯滕迈耶在下面这篇由他和首席法律顾问迈克尔·雷明顿联合署名的文章中，支持了这个观点，"1984年《半导体芯片保护法》：一片沼泽还是坚实地面？"（The Semiconductor Chip Protection Act of 1984: A Swamp or Firm Ground?），载《明尼苏达法律评论》（*Minnesota Law Review*），第70卷，第417页（1985年）。

小奥利弗·温德尔·霍姆斯大法官对著作权法的贡献,相关讨论见第 2 章。最高法院关于"2 Live Crew"案的判决报道见《最高法院判例报道》(Supreme Court Reporter)第 114 卷,第 1164 页(1994 年)。约翰·马特森的引用文字,由笔者的同事伦纳德·拉特纳(Leonard Ratner)所翻译,原文见约翰·马特森,《完美的乐团大师:这是详尽指示》(Der Vollkommene Kapellmeister: Das ist Gründliche Anzeige)(1739 年)。

第 2 章

弥尔顿、伯克、哥德史密斯、曼斯菲尔德、霍姆斯的引文出处将在本章后部展开说明;赫西的引文出处是他对"新技术应用著作权作品全国委员会"的反对意见,《最终报告》[Final Report 27 (1978)]。马提雅尔的引文出处见布鲁斯·巴格比(Bruce Bugbee),《美国专利与著作权法的起源》(Genesis of American Patent and Copyright Law),第 13 页(1967 年),迪尔米德国王的引文见于奥古斯汀·比勒尔,《书籍著作权的法律与历史》,第 42 页(1899 年)。

关于王室专利与特许证、出版商公会的运作以及《安妮法》制订过程的描述,主要引自雷·帕特森(L. Ray Patterson),《历史视角下的著作权》(Copyright in Historical Perspective)(1968 年),以及布鲁斯·巴格比,《美国专利与著作权法的起源》(1967 年);托马斯·斯克鲁顿(Thomas Scrutton),《著作权法》(The Law of Copyright)(第 4 版,1903 年),以及哈里·兰森(Harry Ranson),《第一部著作权法》(The First Copyright Statute)(1956 年)。约翰·弥尔顿同意出版《失乐园》,见大卫·马森(David Masson),《约翰·弥尔顿传》(The Life of John Milton),第 6 卷,第 509—511 页(1956 年)。《安妮法》援引为:8 Anne, c. 19 (1710)。

从汤森诉柯林斯案到唐纳森诉贝克特案,英国出版商公会都为诉讼付出诸多努力,相关讨论主要引自雷·帕特森,《历史视角下的著作权》(1968年),以及马克·罗斯(Mark Rose),"作为所有权人的作者:唐纳森诉贝克特案与近代作者身份的谱系"(The Author as Proprietor: *Donaldson v. Becket* and the Genealogy of Modern Authorship),载《再现》(*Representations*)第23卷,第51页(1988年),该文后经大幅扩展而成书,见马克·罗斯,《作者与所有人:著作权的发明》(*Authors and Owners: The Invention of Copyright* [1993年]),复见于霍华德·艾布拉姆斯(Howard Abrams),"美国著作权法的历史基础:普通法著作权之谜的探索"(The Historic Foundation of American Copyright law: Exploding the Myth of Common Law Copyright),载《韦恩法律评论》(*Wayne Law Review*)第29卷,第1119页(1983年);本杰明·卡普兰(Benjamin Kaplan),《一种从容不迫的著作权观》(*An Unhurried View of Copyright* [1967年]),以及奥古斯汀·比勒尔,《书籍著作权的法律与历史》(1899年)。关于伯克、哥德史密斯与加里克出席听审的参考资料,引自马克·罗斯,"作为所有权人的作者:唐纳森诉贝克特案与近代作者身份的谱系",载《再现》第23卷,第51—52页(1988年),而关于在唐纳森诉贝克特案中对法官投票的错误点算的推测,见于霍华德·艾布拉姆斯,"美国著作权法的历史基础:普通法著作权之谜的探索",载《韦恩法律评论》第29卷,第1156—1171页(1983年)。

该等判例的援引出处:*Millar v. Taylor*, 4 Burr. 2303, 98 Eng. Rep. 201 (K. B. 1769); *Donaldson v. Becket*, 4 Burr. 2408, 98 Eng. Rep. 257 (1774)。曼斯菲尔德大法官就著作权发表的最新评论,见于:*Sayre v. Moore* (1785),引自"*Cary v. Longman and Rees*"(1 East 180, 102 Eng. Rep. 138 [K. B. 1801])案的一个注释。

注　释

关于美国著作权早期的讨论，一般性参见于布鲁斯·巴格比，《美国专利与著作权法的起源》(1967年)；巴巴拉·林格(Barbara Ringer)，"美国著作权法两百年"(Two Hundred Years of American Copyright Law)，载美国律师协会(American Bar Association)编，《英美专利、商标与著作权法律两百年》(Two Hundred Years of English and American Patent, Trademark and Copyright Law)，第117页(1977年)；以及沃尔特·福兹海默(Walter Pforzheimer)，"历史视角下的著作权法与合理使用"(Historical Perspective on Copyright Law and Fair Use)，载洛厄尔·哈特利(Lowell Hattery)与乔治·布什(George Bush)编，《复印与著作权法》(Reprography and Copyright Law)，第18页(1964年)。

有关诺厄·韦伯斯特的作用，补充背景资料参见哈里·沃菲尔(Harry Warfel)，《诺厄·韦伯斯特：美国校长》(Noah Webster: Schoolmaster to America)，第4章(1936年)。詹姆斯·麦迪逊关于在文学财产法律上缺乏一致性的评论，见于《联邦党人文集》(Federalist Paper)，第43篇[现代文库版(Modern Library ed.)，1941年]，而在制宪会议上的商议，重印于马克斯·法兰德(Max Farrand)编，《1787年联邦制宪会议记录》(Records of the Federal Convention of 1787)，第2卷，第509页(1911年)。美国第一部著作权法的援引出处是：Act of May 31, 1790, ch. 15, 1 Stat. 124。

关于引发惠顿诉彼得斯案的人物与事件的描写，引自克雷格·乔伊斯(Craig Joyce)，"最高法院判例报道的兴起：关于马歇尔法院优势的一个制度性视解"(The Rise of the Supreme Court Reporter: An Institutional Perspective on Marshall Court Ascendancy)，载《密西根法律评论》(Michigan Law Review)第83卷，第1291页(1985年)。该案的援引出处是：Wheaton v. Peters, 29 Federal Cases 862 (C. C. E. D. Pa. 1832); Wheaton v.

Peters, 33 U. S. 590 (1834)。1870 年《著作权法》的援引出处是：Act of July 8, 1870, ch.230 §§86-111, 16 Stat. 198, 212-216。关于国会图书馆与美国版权局的历史，引自约翰·科尔（John Cole），"一座国家图书馆与著作权的其人其事"（Of Copyright, Men, and a National Library），载《国会图书馆杂志季刊》（Quarterly Journal of the Library of Congress），第 28 卷，第 114 页（1971 年）。

《汤姆叔叔的小屋》案的援引出处是：Stowe v. Thomas, 23 Federal Cases 201 (C. C. E. D. Pa. 1853)；1865 年著作权法修正的援引出处是：Act of March 3, 1865, ch. 126, 13 Stat. 540-41；奥斯卡·王尔德照片案的援引出处是：Burrow-Giles Lithographic Co. v. Sarony, 111 U. S. 53 (1884)；"Trade-Mark"案的援引出处是：100 U. S. 82 (1879)。

涉及《早餐桌边的独裁者》的案件是指：Holmes v. Hurst, 174 U. S. 82 (1899)。本章所讨论霍姆斯所做的 4 份著作权案判决意见，其援引出处分别为：Bleistein v. Donaldson Lithographing Co., 188 U. S. 239 (1903)（马戏团海报案）；Kalem Co. v. Haprer Bros., 222 U. S. 55 (1911)（《宾虚传》案）；White-Smith Music Publishing Co. v. Apollo Co., 209 U. S. 1 (1908)（钢琴纸卷案）；Herbert v. Shanley Co., 242 U. S. 591 (1917)（营利性表演案）。霍姆斯对于热门戏剧品味的描述，见彼得·吉比安（Peter Gibian），"对话的开启与结束：霍姆斯父子在风格与立场上的传承"（Opening and Closing the Conversation: Style and Stance from Holmes Senior to Holmes Junior），载罗伯特·W. 戈登（Robert W. Gordon）编，《奥利弗·温德尔·霍姆斯的遗产》（The Legacy of Oliver Wendell Holmes），第 190 页（1992 年）。

爱迪生电影案的一审判决是：Edison v. Lubin, 119 F. 993 (E. D. Pa. 1903)；上诉审判决是：Edison v. Lubin, 122 F. 240 (3d Cir. 1903)。修改《著作权法》将电影作品纳入其中的是：Act of Aug. 24, 1912, ch. 356,

Pub. L. No. 62-303, 37 Stat. (part 1) 488-90。

关于埃罗利安公司意图获取垄断地位的描述,见如下听证会记录: S. 6330 与 H. R. 19853, 59th Cong., 1st Sess., 23-26, 94-97, 139-48, 166, 185-98, 202-6（1906 年 6 月 6-9 日）; H. Rep. No. 2222, 60th Cong., 2d Sess., pp. 7-8 (1909 年)。1909 年《著作权法》的援引出处是: Act of March 4, 1909, Pub. L. No. 60-349, 35 Stat. (part 1) 1075。

赫伯特与苏泽的作证,见于他们向参议院与众议院的专利委员会就"修订与合并著作权相关法律"（to Amend and Consolidate the Acts Respecting Copyright）的参议院 S. 6330 号法案与众议院 H. R. 19853 号法案而联合提出的主张（1906 年 6 月 6—9 日）。1897 年修订案对音乐作曲提供了一种公共表演权,援引出处为: Act of Jan. 6, 1897, ch. 4, 29 Stat. 481-2。有关"法国作词者、作曲家与音乐发行人协会"（SACEM）的建立,引自大卫·西纳科尔-吉恩（David Sinacore-Guinn）,《著作权与邻接权的集体管理》（*Collective Administration of Copyright and Neighboring Rights*）,第 1.01 节 (1993 年)。

"美国作曲家、作家出版商协会"（ASCAP）的故事,主要引自伦纳德·艾伦（Leonard Allen）,"叮砰巷之战"（The Battle of Tin Pan Alley）,载《哈泼斯杂志》（*Harper's*）, 1940 年 10 月,第 514 页; 雷蒙德·哈贝尔（Raymond Hubbell）,《ASCAP 的故事》（未标注日期,也未出版; 仅作为 ASCAP 的资料）; 露西亚·舒尔茨（Lucia Schultz）,"美国的表演权协会"（Performing-Right Societies in the United States）,载《音乐图书馆协会记录》（*Music Library Association Notes*）,第 511 页 (1979 年)。

希利亚德饭店案的援引出处是: *John Church Co. v. Hilliard Hotel Co.*, 221 F. 229 (2d Cir. 1915), 尚利餐馆案的援引出处是: *Herbert v. Shanley Co.*, 222 F. 344 (S. D. N. Y. 1915), affirmed,

229 F. 340 (2d Cir. 1916)。最高法院的判决报道见于：242 U. S. 591 (1917)。班伯格百货商店案是指：*M. Witmark & Sons v. L. Bamberger & Co.*, 291 F. 776 (D. N. J. 1923)。反托拉斯案的双方同意判决书是指：*United States v. Broadcast Music, Inc.*, 1940-43 Trade Cases (CCH) §56096 (1941年2月3日)，以及：*United States v. American Society of Composers, Authors and Publishers*, 1940-43 Trade Cases (CCH) §56104 (1941年3月4日)。有关 ASCAP 收入与会员数，引自 ASCAP《2016年度报告》(*2016 Annual Report*)。

第3章

本章主要有三个来源：与以下人士的访谈——老威廉·帕西诺（1986年12月18日，马里兰州巴尔的摩市）、马丁·卡明斯［1991年5月20日，马里兰州切萨皮克海滩（Chesapeake Beach）市］以及阿瑟·格林鲍姆（1988年3月7日，纽约州纽约市）；由纽约市科文莱博维兹&莱特曼律师事务所（Cowan, Liebowitz & Latman, P. C.）所拥有的威廉斯·威尔金斯案诉讼通信档案；威廉斯·威尔金斯诉美利坚合众国案在初审法院与最高法院涉及当事人辩论的法庭记录。

补充和确认的事实，来自同以下人士的访谈：托马斯·伯恩斯（1990年6月26日，哥伦比亚特区华盛顿，简称"华盛顿"）；詹姆斯·戴维斯（1990年6月26日，华盛顿）；查尔斯·利布（1988年3月7日，纽约市）；小威廉·帕西诺（1986年12月18日，马里兰州巴尔的摩市）；巴巴拉·林格（1990年6月29日，华盛顿）；多萝西·施拉德（Dorothy Schrader）（1991年1月3日，华盛顿）；卡罗尔·西姆金（1988年3月8日，纽约市）。罗伯特·伯克在1994年3月10日的来信中提供了进一步的信息。

约瑟夫·达·帕西诺的画像是根据帕西诺家族的历史而复制的，威廉·穆尔·帕西诺（William Moore Passano），《我是疯狂的帕西诺》（*A Mad Passano Am I*）(1978年)。《华盛顿邮报》(Washington Post)关于威廉斯·威尔金斯案的引文见于约翰·麦肯齐（John MacKenzie），"复印案位列最高法院商业类案件榜首"（Photocopying Case Tops Supreme Court Business List），载《华盛顿邮报》1974年10月13日，第K1页。关于国家医学图书馆以及马丁·卡明斯的背景信息，引自温德尔·迈尔斯（Wyndham Miles），《国家医学图书馆史：医学知识的国家宝库》（*A History of the National Library of Medicine: The Nation's Treasury of Medical Knowledge*）(1982年)。

莱特曼对合理使用的研究，是指艾伦·莱特曼，"著作权作品的合理使用"（Fair Use of Copyrighted Works），载《参议院司法委员会专利、商标与著作权小组委员会研究文集》（[*Studies Prepared for the Subcomm. on Patents, Trademarks, and Copyrights of the Senate Comm. on the Judiciary*]，86th Cong., 2d Sess. Copyright Law Revision [Comm. Print 1960]）。《司法法》（*Judicial Code*）关于允许对美国政府提起侵犯著作权之诉的条款是指：28 U.S.C §1498。有关20世纪60年代复印数量的研究概要，见于美国版权局，《关于美国处理复印问题及其对著作权影响的三份主要研究报告摘要》（*Summary of the Three Leading Studies That Deal With Photocopying in the United States and Its Copyright Implications*）(1968年)。

双周刊案的援引出处是：*Fortnightly Corp. v. United Artists Television, Inc.*, 392 U.S. 390 (1968)；戴维斯法官的判决见：*Williams & Wilkins v. The United States*, 172 United States Patents Quarterly (BNA) 670 (Ct. Cl. 1972)；索赔法院的判决见：*Williams & Wilkins v. The United States*, 487 F. 2d

1345 (Ct. Cl. 1973)。《煤气灯下》案判决的援引出处是：*Benny v. Loew's Inc.*, 239 F. 2d 532 (9th Cir. 1956), *affirmed by an equally divided Court sub. Nom. Columbia Broadcasting System v. Loew's Inc.*, 356 U. S. 43 (1958)。

霍华德·休斯案是指：*Rosemont Enterprises, Inc. v. Random House, Inc.*, 366 F. 2d 303 (2d Cir. 1966)；合唱教师案的援引出处是：*Wihtol v. Crow*, 309 F. 2d 777 (8th Cir. 1962)；提词器案则指：*Teleprompter Corp. v. Columbia Broadcasting System, Inc.*, 415 U. S. 394 (1974)。最高法院在威廉斯·威尔金斯案中的裁定见：420 U. S. 376 (1975)。布朗尼斯教授的论文是，罗伯特·布朗尼斯，"滑稽模仿、影印、回避和替代著作权历史：两个陷入僵局的最高法院合理使用案件"（*Parodies, Photocopies, Recusals, and Alternate Copyright Histories: The Two Deadlocked Supreme Court Fair Use Cases*），载《锡拉丘兹法律评论》（*Syracuse Law Review*），第68卷，第7页（2018年）。

第4章

本章取材于纽约市科文莱博维兹&莱特曼律师事务所拥有的威廉斯·威尔金斯案诉讼通信档案，以及同如下人士的访谈：托马斯·布伦南（1990年6月29日，华盛顿）、马丁·卡明斯（1991年5月20日，马里兰州切萨皮克海滩）、理查德·埃利奥特（Richard Elliott）（1993年6月17日，华盛顿）、罗伯特·卡斯滕迈耶与迈克尔·雷明顿（1992年10月20日，华盛顿）、戴维·莱博维茨（David Leibowitz）（1993年6月18日，华盛顿）、阿瑟·莱文（Arthur Levine）（1990年6月20日，华盛顿）、查尔斯·马赛厄斯（1990年2月7日，华盛顿）、巴巴拉·林格（1990年6月29日，华盛顿）、哈罗德·斯库尔曼（1994年3月9日，电话采访）、多萝西·施拉德（1991年1月3日，华盛顿）、加里·夏皮罗（Gary Shapiro）（1993年8月16日，华盛顿）以及罗伯特·韦奇沃思（1993年7月12日，华盛顿）。

关于盒式磁带录像机与盒式磁带录音机拥有量的统计数据，引自吉利恩·戴维斯（Gillian Davies）与米歇尔·洪（Michèle Hung），《音乐与视频的私人复制：一项关于法律问题的国际调查》（*Music and Video Private Copying: An International Survey of the Problem in the Law*），第28—29页（1993年）。OTA调查是指技术评估局，《著作权与家庭复制：技术对法律的挑战》（*Copyright and Home Copying: Technology Challenges the Law*），第3卷，第145—146页（1989年）。

有关为修订1909年《著作权法》所付出努力的过程的讨论，部分引自杰西卡·利特曼，"著作权立法与技术变化"（Copyright Legislation and Technological Change），载《俄勒冈法律评论》（*Oregon Law Review*），第68卷，第275页（1989年）。国会参众两院关于1976年《著作权法》报告的援引出处，分别是：H. R. Rep. No. 94-1476, 94th Cong. 2d Sess. 65, 71-72 (1976); S. Rep. No. 94-473, 94th Cong. 2d Sess. 66 (1976)。有关卡曾-卡斯滕迈耶之间的对话录，见于：117 Congressional Record 334, 748-49 (1971)。莱特曼对合理使用的研究，是指艾伦·莱特曼，"著作权作品的合理使用"，载《参议院司法委员会专利、商标与著作权小组委员会研究文集》（86th Cong., 2d Sess. Copyright Law Revision [Comm. Print 1960]）。

版权局长卡明斯坦的引用文字，见于第89届国会第1次会议众议院司法委员会（House Comm. on the Judiciary, 89th Cong., 1st Sess.），著作权法修订，第6部分（Copyright Law Revision, Part 6），载《版权局长关于美国著作权法总修订的补充报告：1965年修订法案》（*Supple-*

mentary Report of the Register of Copyrights on the General Revision of the U. S. Copyright Law: 1965 Revision Bill），第26、28页（委员会印制，1965年）。巴巴拉·林格起诉国会图书馆馆长案的判决，见于：Ringer v. Mumford, 355 F. Supp. 749 (D. D. C. 1973)。CONTU报告是指新技术应用著作权作品全国委员会（National Commission on New Technological Uses of Copyrighted Works），《最终报告》（Final Report）（1978年）。

本书作者曾经担任"Betamax"案原告方律师的顾问。有关"Betamax"诉讼案以及相关立法策略的描述，部分引自詹姆斯·拉德纳（James Lardner），《快进》（Fast Forward）（1987年）。联邦地区法院对环球电影诉索尼公司案（Universal City Studio, Inc. v. Sony Corp. of America）的判决报道见：480 F. Supp. 429 (C. D. Cal. 1979)；上诉法院对该案的判决报道见：659 F. 2d 963 (9th Cir. 1981)；最高法院的判决则是在：464 U. S. 417 (1984)。

1979—1982年间的录像机销量统计，来自电子工业协会（Electronic Industries Association），《美国消费电子工业回顾》（The U. S. Consumer Electronic Industry in Review），1992年版。有关国会议员"正在变成现实主义者"的评论，是由詹姆斯·拉德纳所作，见氏著《快进》，第240页（1987年）。大法官们在"Betamax"案中的备忘录以及判决意见草稿，均引自瑟古德·马歇尔大法官主持期间的最高法院文件，现保存于国会图书馆。关于拥有录像机的美国家庭数量，出自吉利恩·戴维斯与米歇尔·洪，《音乐与视频的私人复制：一项关于法律问题的国际调查》(1993年）。

关于数字音频录制的背景资料，部分引自：技术评估局，《著作权与家庭复制：技术挑战法律》（Copyright and Home Copying: Technology Challenges the Law）（1989年）。弗格森法官关于一个装置"用来干扰这个对干扰装置进行反干扰的装置"的评论，由詹姆斯·拉德纳所报道，见詹姆斯·拉德纳,《快进》,第119—120页(1987年)。《家庭录音法》的援引出处是:Pub. L. No. 102-563, 106 Stat. 4237 (1992)。有关公共借阅权的讨论,引自约翰·科尔(John Cole),"公共借阅权"(Public Lending Right),载《国会图书馆信息公告》(Library of Congress Information Bulletin),第42卷,第427页(1983年12月12日),以及约翰·萨姆欣(John Sumsion),《关于创建公共借阅权的报告》(Setting Up Public Lending Right: A Report)(1984年)。

第5章

有关特德·特纳收购米高梅公司的交易的描述,引自莫兰·克里斯托夫(Maurine Christopher),"追踪TBS-MGM交易,任务殊非容易"(Tracking the TBS-MGM Deal No Easy Task),载《广告年代》(Advertising Age),1986年2月10日,第54页;斯特拉特福德·P. 谢尔曼(Stratford P. Sherman)与威尔顿·伍兹(Wilton Woods),"特德·特纳:从边缘回归"(Ted Turner: Back from the Brink),载《财富》(Fortune),1986年7月7日,第24页;"特德·特纳可能出售资产以用于收购MGM/UA"(Ted Turner May Sell Assets to Pay for MGM/UA),载《洛杉矶时报》(Los Angeles Times),1986年5月7日商业版,第2页。关于著作人身权确保了"亲密的纽带关系"的评论,见于雷蒙德·萨罗特(Raymond Sarraute),"当前关于法国法中作者与艺术家著作人身权的理论"(Current Theory on the Moral Right of Authors and Artists Under French Law),载《美国比较法杂志》(American Journal of Comparative Law)第16卷,第465页(1968年)。

亨利·卢梭案是指1973年3月13日判决:*Bernard-Rousseau v. Soc. des*

Galeries Lafayette（Tribunal de la grand instance, Paris 3e），对该案的描述，见于约翰·亨利·梅利曼（John Henry Merryman），"贝尔纳·布菲的冰箱"（The Refrigerator of Bernard Buffet），载《黑斯廷法律杂志》（Hastings Law Journal），第27卷，第1023页（1976年）。格普哈德著作人身权法案（Gephardt moral right bill）是指：H.R. 2400, 100th Cong., 1st Sess. (1987)。特纳的评论"我认为电影变成彩色的更好看……"，引自斯蒂芬·法伯（Stephen Farbe），"好莱坞爱到恨的男人"（The Man Hollywood Loves to Hate），载《洛杉矶时报杂志》（Los Angeles Times Magazine），1989年4月30日，第9页。

法国电视五台案的案例报道是1991年5月28日判决：Cass. Civ. 1re, 1991 la Semaine Juridique（Juris-Classeur Pèriodique），而对该案的描述引自保罗·盖勒（Paul Geller），"法国高等法院撤销休斯顿电影彩色化案"（French High Court Remands Huston Colorization Case），载《新事物》（New Matter），第1页（加州律师协会知识产权部），1991—1992年冬季卷，以及简·金斯伯格（Jane Ginsburg）与皮埃尔·西里内利（Pierre Sirinelli），"作者以及在国际私法上的利用：法国最高法院与休斯顿电影彩色化争议案"（Authors and Exploitations in International Private Law: The French Supreme Court and the Huston Film Colorization Controversy），载《哥伦比亚法律与艺术杂志》（Colum.-VLA J. L. & Arts），第15卷，第135页（1991年）。该案判决书的英译本，见金斯伯格与西里内利论文的附录。

对西德的家庭录制案的描述，见尤尔根·韦曼（Juergen Weimann），"根据1965年《德国著作权法》第53（5）条的私人家庭录制"（Private Home Taping Under Sec. 53 [5] of the German Copyright Act of 1965），载《版权协会杂志》，第30卷，第153页（1982年）。有关著作人身权

的评论,见皮埃尔·雷希特(Pierre Recht),《作者权,一种新的财产形式:历史与理论》(*Le Droit d'Auteur, Une Nouvelle Form de Propriete: Histoire et Théorie*),第281页(1969年),其英译本见拉塞尔·达席尔瓦(Russell DaSilva),"著作人身权与无关人身的著作权:法国与美国的艺术家权利比较"(Droit Moral and the Amoral Copyright: A Comparison of Artists' Rights in France and the United States),载《版权协会公告》(*Bulletin of the Copyright Society*)第28卷,第1页、第7页(1980年)。简·金斯伯格的研究见其论文,"著作权两国记:大革命时期法国与美国的文学财产"(A Tale of Two Copyright: Literary Property in Revolutionary France and America),载《杜兰法律评论》(*Tulane Law Review*)第64卷,第991页(1990年)。

关于著作权的经济思想史,主要引自吉利恩·哈德菲尔德(Gillian Hadfield),"著作权经济学:一个历史视角"(The Economics of Copyright: An Historical Perspective),载《著作权法研讨会文集》(*Copyright Law Symposium*),第38卷,第1页(ASCAP)(1992年)。斯密的分析,见亚当·斯密,《法理学讲义》(*Lectures on Jurisprudence*),第83页(1762年)(米克[R. Meek]、拉斐尔[D. Raphael]与斯坦[P. Stein]编,1978年);边沁的分析,见杰里米·边沁,"政治经济学手册"(A Manual of Political Economy),载《边沁作品集》(*Works of Jeremy Bentham*),第3卷,第31页、第71页(1839年)(杰伊·鲍林[Jay Bowring]编,1962年)。麦考利的演说,见托马斯·巴宾顿·麦考利,《诗文集》(*Prose and Poetry*),第731页、第733—737页(G. M. 扬[G. M. Young]编,1967年)。阿罗的文章是指肯尼思·阿罗,"发明的经济福利与资源分配"(Economic Welfare and the Allocation of Resources for Invention),载国家经济研究局(National Bureau of Economic Research),《发明活

动的速度与方向：经济与社会的要素》(*The Rate and Direction of Inventive Activity: Economic and Social Factors*)，第609页（1962年）。德姆塞茨的文章是指哈罗德·德姆塞茨，"信息与效率：另一种观点"（Information and Efficiency: Another Viewpoint），载《法与经济学杂志》(*Journal of Law and Economics*)，第12卷，第1页（1969年）。关于著作权经济学的一篇具有启发性的当代论文，参见威廉·兰德斯（William Landes）与理查德·波斯纳（Richard Posner），"著作权法的经济分析"（An Economic Analysis of Copyright Law），载《法学研究杂志》(*Journal of Legal Studies*)，第18卷，第325页（1989年）。

关于法国与比利时著作权关系的历史考察，引自斯蒂芬·拉德斯（Stephen Ladas），《文学艺术财产的国际保护》(*The International Protection of Literary and Artistic Property*)，第1卷，第25—26页（1938年），以及山姆·里基森（Sam Ricketson），《保护文学艺术作品伯尔尼公约：1886—1986》(*The Berne Convention for the Protection of Literary and Artistic Works: 1886–1986*)，第17—22页（1987年）。美国就国际著作权发生论争的历史，引自詹姆斯·巴恩斯（James Barnes），《作者、出版商与政治家：寻求达成一份英美著作权协议》(*Authors, Publishers and Politicians: The Quest for an Anglo-American Copyright Agreement*)，第1815—1854页（1974年）。有关《伯尔尼公约》起源的描述，引自山姆·里基森，《保护文学艺术作品伯尔尼公约：1886—1986》，第一编。《蔡斯法》的援引出处是：Act of March 3, 1891, ch. 565, 26 Stat. 1106。

鲍德里奇部长的证词，见《美国遵守伯尔尼公约》(*U. S. Adherence to the Berne Convention*)，在第100届国会第1次会议众议院司法委员会法院、公民自由与司法管理专门委员会就H. R. 1623号法案举行的听证（Hearings on H. R. 1623 Before the Subcomm. on Courts, Civil Liberties, and the Administration of Justice of the House Comm. on the Judiciary, 100th cong., 1st sess.），第 117 页（1987 年）。鲍格胥博士的证词，见《美国遵守保护文学艺术作品伯尔尼公约的国内与国际意义》（*The Implications, Both Domestic and International, of U. S. Adherence to the International Union for the Protection of Literary and Artistic Works*），在第 99 届国会第 1 次会议参议院司法委员会专利、著作权与商标专门委员会举行的听证（Hearings before the Subcomm.. on Patents, Copyrights, and Trademarks of the Senate Comm. on the Judiciary, 99th Cong., 1st sess.），第 8 页（1985 年）。

围绕《斯德哥尔摩议定书》相关事件的描述，引自以下来源：诺拉·托卡普斯（Nora Tocups），"为发展中国家利益而在国际著作权法特殊条款上的发展"（The Development of Special Provisions in International Copyright Law for the Benefit of Developing Countries），载《版权协会杂志》，第 29 卷，第 402 页、第 406—407 页（1982 年）；查尔斯·约翰逊（Charles Johnson），"斯德哥尔摩议定书的起源"（The Origins of the Stockholm Protocol），载《版权协会公告》，第 18 卷，第 91 页、第 92—93 页（1970 年）；小欧文·A. 奥利安（Irwin A. Olian, Jr.），"国际著作权与发展中国家的需求：在斯德哥尔摩和巴黎的觉醒"（International Copyright and the Need of Developing Countries: The Awakening at Stockholm and Paris），载《康奈尔国际法杂志》（*Cornell International Law Journal*），第 7 卷，第 81 页、第 95 页（1974 年）；罗伯特·哈德尔（Robert Hadl），"国际著作权修订刍议：关于在巴黎与日内瓦会议的报告（1970 年 9 月）"（Toward International Copyright Revision: Report on the Meetings in Paris and Geneva, September 1970），载《版权协会公告》，第 18 卷，第 183 页（1970 年）。布拉柴维尔大会的前言重印于罗伊斯·弗雷德里克·惠尔（Royce Frederick Whale），《关于发展中国家的

212

议定书》(Protocol Regarding the Developing Countries),第10页(1968年)。

菲彻尔博士的证词,见《就伯尔尼公约一项可能的议定书而涉及的国民待遇问题》(Questions Concerning National Treatment in Respect of a Possible Protocol to the Berne Convention),在第103届国会第1次会议众议院司法委员会知识产权与司法管理专门委员会举行的听证(Hearings Before the Subcomm. on Intellectual Property and Judicial Administration of the House Comm. on the Judiciary, 103d Cong., 1st sess.) (1993)。罗伯特·哈德尔的证词,见《伯尔尼公约的一项可能的议定书(国民待遇)》(A Possible Protocol to the Berne Convention [National Treatment]),在第103届国会第1次会议众议院司法委员会知识产权与司法管理专门委员会举行的听证(Hearings Before the Subcomm. on Intellectual Property and Judicial Administration of the House Comm. on the Judiciary, 103d Cong., 1st sess.) (1993)。有关法国的家庭录制法的描述,引自安德烈·卢卡斯(André Lucas)与罗伯特·普莱桑特(Robert Plaisant),"法国"部分,载保罗·盖勒(Paul Geller),《国际著作权法律与实践》([International Copyright Law and Practice],§9[2][b])。

TRIPS协定(形式上它是《修改〈关税与贸易总协定〉以及建立世界贸易组织协定》(Agreement Amending the General Agreement on Tariffs and Trade and Creating the World Trade Organization)的一个组成部分,由GATT各成员于1994年4月15日在墨西哥马拉喀什签字),见于:33 I. L. M. 81 (1994)。由爱尔兰音乐出版商投诉导致的专家组裁决,是指:United States--Section 110(5) of the U. S. Copyright Act,世界贸易组织专家组报告是:WT/DS 160/ R(2000年6月15日)。

第6章

本章部分引自同下列人士的访谈：爱德华·费尔顿（2002 年 4 月 17、22 日，加州斯坦福）、乔纳森·班德（Jonathan Band）（2002 年 10 月 22 日，华盛顿）、布鲁斯·莱曼（2002 年 10 月 23 日，华盛顿）、马修·奥本海姆（Matthew Oppenheim）（2002 年 10 月 22 日，华盛顿）、卡里·谢尔曼（2002 年 10 月 22 日，华盛顿）。

有关美国互联网使用的数据，来自美国商务部，《落网：走向数字包容》（*Falling Through the Net: Toward Digital Inclusion*）（2000 年 10 月）。关于肖恩·范宁的背景以及纳普斯特的发明，引自查克·菲利浦斯（Chuck Philips），"在纳普斯特哼唱充满希望的曲调"（Humming a Hopeful Tune at Napster），载《洛杉矶时报》，2000 年 7 月 19 日。有关纳普斯特系统运行的描述，引自玛里琳·帕特尔法官的第一份初步禁制令判决：*A & M Records, Inc. v. Napster, Inc.*, 2000 WL 1009483 (N. D. Cal.)。第九巡回法院的裁定见于：2000 WL 1055915，而该法院后来的判决是在：239 F. 3d 1004 (2001)。帕特尔法官后来的裁定见于：2001 WL227083；第九巡回法院的维持判决是在：284 F. 3d 1091 (2002)；而帕特尔法官关于权利滥用的证据开示裁定是在：191 F. Supp. 2d 896 (1087)。希拉里·罗森的"解决诉讼"声明，引自马特·里希特尔（Matt Richtel），"法官批准对纳普斯特中止诉讼"（Judge Grants A Suspension of Lawsuit on Napster），载《纽约时报》，2002 年 1 月 23 日。

在 1995 年 7 月阿姆斯特丹大会上提交的论文，结集出版于《数字背景下著作权的未来：皇家荷兰科学院研讨会文集》（*The Future of Copyright in a Digital Environment: Proceedings of the Royal Academy Colloquium*）（伯恩特·胡根霍尔茨 [P. Bernt Hugenholtz] 编，1996 年）。《知识产权白皮书》是指《知识产权与信息基础设施之知识产权工作小组报告》（*Report of the*

Working Group on Intellectual Property Rights, Intellectual Property and the National Information Infrastructure）（1995年）。体现《白皮书》提议的克林顿政府法案分别是S.1284号法案（1995年9月28日）与H.R.2441号法案（1995年9月29日）。奥克利教授向参议院司法委员会的作证是在1996年5月7日，其证词见《1995年NII著作权保护法》（*NII Copyright Protection Act of 1995*），在第104届国会第2次会议参议院司法委员会举行的听证（Hearing on S. 1284 before Sen. Comm. on Judiciary, 104th Cong., 2d Sess.），第48页。

关于在WIPO外交会议上所作提议的讨论，引自米哈伊·菲彻尔，《著作权法与互联网：1996年WIPO条约及其解释与实施》（*The Law of Copyright and the Internet: The 1996 WIPO Treaties, Their Interpretation and Implementation*）（2002年），以及帕梅拉·萨缪尔森（Pamela Samuelson），"世界知识产权组织数字议程"（The Digital Agenda of the World Intellectual Property Organization），载《弗吉尼亚国际法杂志》（*Virginia Journal of International Law*），第37卷，第369页（1997年）。

有关不必为实施《WIPO版权条约》的反规避措施而进行实施性立法的建议，参见"克林顿政府尚未就WIPO条约的实施步骤作出决定"（Clinton Administration Is Undecided on Implementing Steps for WIPO Treaties），载《专利、商标与著作权杂志》（*Patent, Trademark & Copyright Journal*）（BNA），第53卷，第241页（1997年）。布利莱议员就《数字千年著作权法》（DMCA）所发表的评论，其报道见：144 Cong. Rec. H 7094（1998年8月4日）。DMCA的反技术规避条文，见于《美国法典》第17编第1201条及以下（17 U.S.C. §§ 1201 et. seq.）（2002年）。《数字千年著作权法》是指：Pub. L. No. 105-304, 112 Stat. 2860（1998年10月28日）。

注　释

"自愿、开放的安全说明"一语出自希拉里·罗森,见"全球唱片业宣布创设先例的行动计划以解决新的数字音乐机会"(Worldwide Recording Industry Announces Precedent-Setting Initiative to Address New Digital Music Opportunities),载商业资讯网(Business Wire),1995年12月15日。马修·奥本海姆致埃德·费尔顿的信,报道于约翰·马科夫(John Markoff),"唱片业专家组威胁对研究人员提起诉讼"(Record Panel Threatens Researcher with Lawsuit),载《纽约时报》,2001年4月24日。布朗法官对费尔顿案判决的副本见于:Case No.01CV 2669, 2001年11月28日。辛迪·科恩关于"EFF就会站出来"的声明,见2002年2月6日《电子前线基金会新闻简报》(Electronic Frontier Foundation Media Release)。

联邦地区法院对环球电影诉雷梅德斯(Universal City Studios, Inc. v. Reimerdes)案的判决,见:111 F. Supp. 2d. 294, 346 (S. D. N.Y. 2000),联邦巡回法院对环球电影诉科利案(Universal City Studios, Inc. v. Corley)的判决,见:273 F. 3d 429 (2d Cir. 2001)。霍林斯法案(Hollings bill)是指:S. 2048, 107th Cong., 2d Sess.(2002年3月21日)。技术私力救济法案(technological self-help bill)是指:H. R. 5211, 107th Cong., 2d Sess.(2002年7月25日)。有关斯克里亚罗夫遭到刑事指控的事件背景,引自埃米·哈蒙(Amy Harmon),"Adobe反对在黑客案件中提起指控"(Adobe Opposes Prosecution in Hacking Case),载《纽约时报》,2001年7月24日。"减速带"一语出自费尔顿,见"'减速带'vs.音乐复制"(A 'Speed Bump' vs. Music Copying),载商业周刊在线网(Business Week Online),2002年1月9日。

第7章

卡里局长关于计算机程序著作权登记的评论，引自乔治·卡里，"著作权登记与计算机程序"（Copyright Registration and Computer Programs），载《版权协会公告》第11卷，第362页、第363页（1964年）。1879年最高法院的判决是指：Baker v. Selden, 101 U.S. 99 (1879)。1986年就计算机程序的著作权保护所作的判决是指：Whelan Associates, Inc. v. Jaslow Dental Laboratory, Inc., 797 F. 2d 1222 (3d Cir. 1986)。埃弗龙的引文，见《斯坦福大学计算机报告》（Stanford University Campus Report），1984年5月2日，第5—6页。第二巡回法院就保护范围所作的判决是指：Computer Associates International, Inc. v. Altai, Inc., 982 F. 2d 693 (2d Cir. 1992)。有关"软件战争"的参考资料，是指安东尼·克拉普斯（Anthony Clapes），《软件战争：控制全球软件产业的法律之战》（Softwars: The Legal Battle for Control of the Global Software Industry）（1993年）。苹果案判决是指：Apple Computer, Inc. v. Microsoft Corp., 799 F. Supp. 1006 (N.D. Cal. 1992)，维持原判：35 F. 3d 1435 (9th Cir. 1994)，世嘉案判决是指：Sega Enterprises, Ltd. V. Accolade, Inc., 977 F. 2d 1510 (9th Cir. 1992)（本书作者担任美国可交互系统委员会［American Committee for Interoperable Systems］的联合法律顾问，该委员会对此案提交了一份支持崇盛公司的法庭之友意见书）。

"Feist"案在联邦地区法院的判决见：Rural Telephone Service Co., Inc. v. Feist Publications, Inc., 663 F. Supp. 214 (D. Kan. 1987)；该案的最高法院判决是：Feist Publications, Inc. v. Rural Telephone Service Co., Inc., 499 U.S. 340 (1991)。《专利法》用于保护植物品种与外观设计的"特别"条款，分别见《美国法典》第35编第161—164条（35 U.S.C.§§161-164）与第171—173条（§§171-173）。《半导体芯片保护法》见《美国法典》第17编第901—914条（17 U.S.C.§§901-914）。1969年关于对计算机

程序给予特别法保护的提议,见埃尔默·加尔比(Elmer Galbi),"为保护计算机程序进行新立法的提议"(Proposal for New Legislation to Protect Computer Programming),载《版权协会公告》第 17 卷,第 280 页(1969 年)。欧盟《数据库指令》是指 1996 年 3 月 11 日欧洲议会和欧盟理事会关于数据库法律保护的第 96/9/EC 号指令。

关于著作权结算中心的起源与运作的描述,部分引自与以下人士的访谈:查尔斯·埃利斯(Charles Ellis)与理查德·拉迪克(Richard Rudick)(1988 年 3 月 8 日,纽约市)、亚历山大·霍夫曼(1988 年 3 月 8 日,纽约市)、查尔斯·利布(1988 年 3 月 7 日,纽约市)、本·韦尔(Ben Weil)(1988 年 3 月 8 日,纽约市)。

纽约大学案的和解协议,重印于乔恩·鲍姆加滕(Jon Baumgarten)与艾伦·莱特曼(Alan Latman)编,《公司著作权与信息实务》(*Corporate Copyright and Information Practice*),第 167 页(1983 年)。金考案是指:*Basic Books, Inc. v. Kinko's Graphics Corp.*, 758 F. Supp. 1522 (S. D. N.Y. 1991),该案的和解条件见克劳迪娅·麦克拉克伦(Claudia MacLachlan),"新闻与图书出版商意图进行著作权打击"(Newsletter and Book Publishers Attempt Copyright Crackdown),载《全国法律杂志》(*National Law Journal*),1991 年 11 月 18 日,第 10 页。德士古案是指:*American Geophysical Union v. Texaco, Inc.*, 802 F. Supp. 1 (S. D. N.Y. 1992),维持原判:60 F. 3d 913 (2d Cir. 1994)。

《数字千年著作权法》指:Pub. L. No. 105-304, 112 Stat. 2860(1998 年 10 月 28 日)。在参、众两院举行的关于著作权保护期限延长的听证会,是指由众议院司法委员会法院与知识产权小组委员会(Subcomm. on Courts and Intellectual Property of the Comm. on Judiciary)进行的听证会,第 105 届国会第 1 次会议(1997 年 1 月 27 日),以及由参议院司法委员会（Comm. on the Judiciary）召开的听证会，第 104 届国会第 1 次会议关于 S. 483 号法案（1995 年 9 月 20 日）。欧盟《著作权保护期限指令》（E. U. Term Directive）是指 2006 年 12 月 12 日欧洲议会和欧盟理事会关于著作权和相关权利保护期限的第 2006/116/EC 号指令。鲍勃·迪伦的声明，见参议院听证会记录第 55—56 页。美国词作家协会主席大卫·韦斯的声明，见众议院听证会记录第 40 页；贾西教授的回答，见参议院听证会记录第 71 页。

《波士顿环球报》的文章是指约翰·所罗门（John Solomn），"绿色狂想曲"（Rhapsody in Green），载《波士顿环球报》，1999 年 1 月 3 日；《国会旬报》的文章是指艾克·K. 奥塔所撰，发表在该报 1998 年 8 月 8 日；美联社文章，"迪士尼游说延长著作权，没有米老鼠的努力"（Disney Lobbying for Copyright Extension No Mickey Mouse Effort），发表在 1998 年 10 月 17 日《芝加哥论坛报》（Chicago Tribune）。CTEA 修订案是指：Pub. L. No. 105-298, 112 Stat. 2827（1998 年 10 月 27 日）。

关于埃里克·埃尔德雷德的背景以及他的案件是如何开始的，见达伦·方达（Daren Fonda），"著作权十字军"（Copyright's Crusader），载《波士顿环球报杂志》（Boston Globe Magazine），1999 年 8 月 29 日。该案的司法判决分别是：Eldred v. Reno, 74 F. Supp. 2d 1 (D. D. C. 1999); Eldred v. Reno, 239 F. 3d 372 (D. C. Cir. 2001); Eldred v. Ashcroft, 537 U. S. 186 (2003)。《纽约时报》的社论见该报 2003 年 1 月 16 日，A28 页。

第 8 章

关于为突破立法僵局而付出的努力，初次听证是在 2013 年 3 月，"版权局长呼吁更新美国著作权法"（The Register's Call for Updates to

U. S. Copyright Law），系列编号为113-20，第113届国会第1次会议（2013年3月20日）。SOPA与PIPA分别指众议院H. R. 3261号法案（2011年10月26日）与参议院S. 968号法案（2011年5月12日）。谷歌公司发起的"停止审查网络！"倡议，相关报道见迈克尔·卡瓦纳（Michael Cavna），"谷歌熄灯：'Censored'标志变黑以反对SOPA/PIPA立法"（Google Blacks Out: 'Censored' Logo Goes Dark to Oppose SOPA/PIPA Legislation），载《华盛顿邮报》2012年1月18日。关于欧洲接受ACTA的相关描述，见邓肯·马修斯（Duncan Matthews）与佩特拉·齐科夫斯卡（Petra Zikovska），"反假冒商品贸易协议（ACTA）的兴起与衰落：对欧盟的教训"（The Rise and Fall of the Anti-Counterfeiting Trade Agreement [ACTA]: Lessons for the European Union），载《国际知识产权与竞争法评论》（*International Review of Intellectual Property and Competition Law*）第47卷，第626页（2013年）。杰克·瓦伦蒂是在天主教美利坚大学哥伦布法学院（Catholic University of America, Columbus School of Law）的一次演讲上发表对于盗版的指控。他把录像带与波士顿扼杀者相类比，是在参议院司法委员会的法院、民权与司法行政小组委员会（Subcomm. on Courts, Civil Liberties, and the Administration）上所作，第97届国会第8次会议（1982年4月12日）。

关于谷歌图书馆项目的起源与发展的描述，见肯·奥莱塔（Ken Auletta），《搜索谷歌》（*Googled*）（2009年），以及兰德尔·斯特罗斯（Randall Stross），《谷歌星球》（*Planet Google*）（2008年）；关于和解协议的原版及修订版的讨论，见乔纳森·班德（Jonathan Band），"通往谷歌图书馆和解之路漫长而曲折"（The Long and Winding Road to the Google Books Settlement），载《约翰·马歇尔知识产权法评论》（*John Marshall Review of Intellectual Property Law*），第9卷，第227页（2009年）；詹姆斯·格里梅

尔曼（James Grimmelman），"笨拙的谷歌图书馆和解方案"（The Elephantine Google Books Settlement），载《美国版权协会杂志》，第58卷，第497页（2011年）；帕梅拉·萨缪尔森，"谷歌图书馆和解方案与著作权改革"（The Google Book Settlement as Copyright Reform），载《威斯康星法律评论》（Wisconsin Law Review），2011年卷，第479页（2011年）。书中引用帕特里的著作权博客（Patry Copyright Blog），见其2005年9月15日的博客文章。关于谷歌向斯坦福互联网与社会中心提供捐赠的描述，见格伦·惠兰（Glen Whelan），"生而政治：谷歌与著作权的一个定性分析"（Born Political: A Dispositive Analysis of Google and Copyright），载《商业与社会》（Business & Society），第22页（2017年）。根据时间先后，作家协会诉谷歌案的司法判决分别见：770 F. Supp. 2d 666 (S. D. N.Y. 2011)；721 F. 3d 132 (2d Cir. 2013)；954 F. Supp. 2d 282 (S. D. N.Y. 2013)；804 F. 3d 202 (2d Cir. 2015)。在谷歌图书馆案中，本书作者担任出版社一方律师的顾问。关于法国的集体管理协会，见娜塔莉·皮亚斯科夫斯卡（Nathalie Piaskowska），"法国的集体管理"（Collective Management in France），载丹尼尔·格瓦斯（Daniel Gervais）编，《著作权与相关权利的集体管理》（Collective Management of Copyright and Related Rights），第169页（2010年第2版）。

GAO报告是指美国政府问责局，《向国会委员会提交的报告，知识产权：关于假冒与盗版产品的经济影响的定量分析工作的观察》（Report to Congressional Committee, Intellectual Property: Observations on Efforts to Quantify the Economic Effects of Counterfeit and Pirated Goods），第21—22页（2010年）。美国政策研究会的研究是指乔·卡拉加尼斯（Joe Karaganis）与伦纳特·伦凯马（Lennart Renkema），《美国和德国的复制文化》（Copy Culture in the US and Germany）（2013年）。关于文件共享的相关研究，按

照时间顺序分别为：费利克斯·奥伯霍尔泽-吉（Felix Oberholzer-Gee）与科勒曼·施特伦普夫（Koleman Strumpf），"文件共享对唱片销售的影响：一个实证分析"（The Effect of File Sharing on Record Sales: An Empirical Analysis），载《政治经济学杂志》（Journal of Political Economy），第115卷，第1页（2007年）；小格林·伦尼（Glynn S. Lunney Jr.），"实证著作权：文件共享与音乐输出的一项案例研究"（Empirical Copyright: A Case Study of File Sharing and Music Output），杜兰大学公法研究论文第14-2号（2014年）。针对个人为什么使用非法的文件共享服务而进行的原因调查，来自Statista公司，《美国与世界的媒体盗版》（Media Piracy in the U. S. and Worldwide）（2017年）。对于为减少盗版而实行的产业行为准则的讨论，引自娜塔莎·图西科夫（Natasha Tusikov），《堵塞点：互联网的全球私人管制》（Chokepoints: Global Private Regulation on the Internet），(2017年)；安妮玛丽·布里迪（Annemarie Bridy），"著作权的数字代表"（Copyright's Digital Deputies），载约翰·A. 罗斯柴尔德（John A. Rothchild）编，《电子商务法研究手册》（Research Handbook on Electronic Commerce Law）第185—208页（2016年）;《美国知识产权制度中自愿协议的作用》（Role of Voluntary Agreements in the U. S. Intellectual Property System），在众议院司法委员会法院、知识产权与互联网小组委员会（Subcomm. on Courts, Intellectual Property and the Internet, Comm. on the Judiciary）举行的听证会报告，第113届国会第1次会议（2013年9月18日）。UGC原则可见于：http://ugcprinciples.com。

关于谷歌收购优兔的描述，引自肯·奥莱塔，《搜索谷歌》（2009年），以及安德鲁·罗斯·索金（Andrew Ross Sorkin）与杰里米·W. 彼得斯（Jeremy W. Peters），"谷歌以16.5亿美元收购优兔"（Google to Acquire YouTube for $1.65 Billion），载《纽约时报》，2006年10月9日。关于

瑕疵担保赔偿义务，相关描述见美国证券交易委员会（SEC）就2006年11月13日的收购交易而在记者会发布的消息。雷德斯通与多曼反对为监测而承担费用，相关报道见肯·奥莱塔，《搜索谷歌》（2009年）。维亚康姆接入内容身份识别系统的相关报道，见梅格·詹姆斯（Meg James），"维亚康姆与谷歌就优兔著作权诉讼案达成和解"（Viacom and Google Settle YouTube Copyright Lawsuit），载《洛杉矶时报》，2014年3月19日。关于维亚康姆国际公司诉优兔公司案（Viacom Int'l Inc. v. YouTube, Inc.）的司法判决，见：718 F. Supp. 2d 514 (S. D. N.Y. 2010)，676 F. 3d 19 (2d Cir. 2012) 以及 940 F. Supp. 2d 110 (S. D. N.Y. 2013)。

关于内容身份识别系统起源的追溯，见彼得·德彻尼（Peter Decherney），《好莱坞的著作权战争》（Hollywood's Copyright Wars），第232—234页（2013年）。内容身份识别系统的运作与收入信息，可见：https://support.google.com/youtube/answer/2797370?hl=en#；约翰·保罗·蒂特洛（John Paul Titlow），"优兔如何修复其最具争议性的特征"（How YouTube Is Fixing Its Most Controversial Feature），载《快公司》（Fast Company），2016年9月13日；乔纳森·塔普林（Jonathan Taplin），《大干快上与破旧立新》（Move Fast and Break Things），第99页（2017年）。

有关西尔贝的引文，见杰西卡·西尔贝，《尤里卡神话》（The Eureka Myth），第15页、第80页（2015年）。关于维基百科的统计，来自https://stats.wikimedia.org/EN/SummaryEN.htm。吉米·威尔士的引言出自"维基百科创始人谈该网站的设立与推广"（Wikipedia's Founder on How the Site Was Built & Promoted），见网络访谈平台"Mixergy"，2017年8月17日。纳加拉杰的研究是指阿比舍克·纳加拉杰，"著作权影响再使用吗？来自谷歌图书馆与维基百科的证据"（Does Copyright Affect Reuse? Evidence from Google Books and Wikipedia），载《管理科

学》(Management Science), 2017年7月26日, 第2页。关于开源软件的讨论, 资料来源如下: 凯德·梅兹 (Cade Metz), "开源软件在今年竞争激烈" (Open Source Software Went Nuclear This Year), 载《连线》杂志 (Wired), 2015年10月27日; 彼得·韦恩 (Peter Wayner), "贪心为善: 挣钱的9大开源秘密" (Greed Is Good: 9 Open Source Secrets to Making Money), 载《信息世界》(InfoWorld), 2013年10月14日; 伊戈尔·法莱茨基 (Igor Faletski), "开源或许值得冒险" (Open Sourcing May Be Worth the Risk), 载《哈佛商业评论》(Harvard Business Review), 2012年10月12日; 萨尔瓦多·罗德里格斯 (Salvador Rodriguez), "在'Heartbleed'漏洞之后, 科技巨头联手资助开源项目" (After Heartbleed, Tech Giants Team Up to Fund Open Source Projects), 载《洛杉矶时报》, 2014年4月24日; 林纳斯·托瓦兹作出依靠著作权的决定, 相关报道见林纳斯·托瓦兹与大卫·戴蒙德 (David Diamond),《只是为了好玩: 一场意外革命的故事》(Just for Fun: The Story of an Accidental Revolutionary), 第94—96页 (2001年)。

关于创作共享的早期历史, 见艾米莉·哈伍德 (Emily Harwood), "著作权批评家推动替代保护" (Copyright Critics Push Alternative Protections), 载《新媒体与法律》(The News Media and the Law), 2003年夏季卷, 第44页, 以及阿丽亚娜·查 (Ariana Cha), "创作共享正在重写著作权规则" (Creative Commons Is Rewriting Rules of Copyright), 载《华盛顿邮报》, 2005年3月15日, E01页。关于各种创作共享许可协议的描述, 见: https://creativecommons.org/licenses/。创作共享最近的以及当前运行状况的信息, 来源于其网站及其2017年的年度报告 (State of the Commons) (https://creativecommons.org/2018/05/08/state-of-the-commons-2017/)。创作共享传递的消息就是"信息是专有的", 见尼

瓦·埃尔金-科伦（Niva Elkin-Koren），"创作共享的探讨：对一项值得追求的事业的一个怀疑观点"（Exploring Creative Commons: A Skeptical View of a Worthy Pursuit），载伯恩特·胡根霍尔茨（P. Bernt Hugenholtz）与露西·吉博（Lucie Guibault）编，《公共领域的未来》（The Future of the Public Domain），第325—345页（2006年）。

2001年美国最高法院针对《纽约时报》作出判决的案件是：Tasini v. New York Times Co., 533 U. S. 483 (2001)。关于自助出版收入的数据来源，见詹妮弗·阿尔塞弗（Jennifer Alserver），"Kindle效应"（The Kindle Effect），载《财富》杂志（Fortune），2016年12月30日；以及亚历克斯·丹尼尔（Alex Daniel），"2017年自助出版：年度展望"（Self-Publishing in 2017: The Year in Preview），载《出版商周刊》（Publishers Weekly），2017年1月20日。众筹开发电子游戏的相关陈述出自查尔斯·塞西尔（Charles Cecil），被引用于丽贝卡·希斯科特（Rebecca Hiscott），"为什么独立游戏在没有大出版商的情况下蓬勃发展"（Why Indie Games Thrive Without Big Publishers），载Mashable网站，2014年3月8日。苹果操作系统iOS上的应用app的数量，来自于其官网统计（https://www.apple.com/newsroom/2018/01/app-store-kicks-off-2018-with-record-breaking-holiday-season/）。亚马逊公司涉足粉丝小说的相关报道，见"亚马逊为粉丝小说推出许可出版计划"（Amazon Debuts Licensed Publishing Program for Fan Fiction），载《出版商周刊》，2013年5月22日。关于首次采用自助出版的小说家的费用与收入数据，来源于以下这篇网络贴文：妮可·迪克（Nicole Dieker），"自助出版一部首版文学小说：行动、费用与结果"（Self-Publishing a Debut Literary Novel: The Actions, the Costs, the Results），2017年7月24日，网络可见：https://janefriedman.com。

关于斯坦福法学院许可项目的描述，见斯坦福法学院政策实验室（Stanford Law School, the Policy Lab），《著作权许可实习课，一个低成本的照片数字许可平台：原型系统材料》（Copyright Licensing Practicum, A Low-Cost Digital Licensing Platform for Photographs: Documentation for a Prototype）（2017年）。ASCAP的区块链新闻发布，见艾伦·威勒特（Alan Willaert），"即将推出：区块链著作权系统"（Coming Soon: A Blockchain Copyright System），《国际音乐家》（International Musician），2017年5月1日，网络可见：https://internationalmusician.org。

莫杰思的评论，见罗伯特·莫杰思，"反对功利主义基础论"（Against Utilitarian Fundamentalism），载《圣约翰法律评论》（St. John's Law Review），第90卷，第695—696页（2017年）。马克卢普的结论，见弗里茨·马克卢普，《专利制度的经济学评论》（An Economic Review of the Patent System），司法委员会专利、商标与著作权小组委员会第15号研究报告（Study No. 15 of the Subcomm. on Patents, Trademarks and Copyrights of the Comm. on the Judiciary），美国参议院第85届国会第2次会议，第80页（1958年）。关于低水平表达作品的研究，相关报道见卡尔·劳斯迪亚（Kal Raustiala）与克里斯托夫·斯普里格曼（Christopher Sprigman），《山寨经济》（The Knockoff Economy）（2012年），关于意大利歌剧的研究，参见米歇尔拉·吉尔切利与佩特拉·莫泽，《著作权与创造性：来自意大利歌剧的证据》（Copyright and Creativity: Evidence from Italian Operas），SSRN 2505776（2014年）。

唱片公司起诉家庭复制者的第一起案件是：Capitol Records, Inc. v. Thomas, 579 F. Supp. 2d 1210 (D. Minn. 2008)，而RIAA针对家庭复制采取行动的相关报道，见大卫·克拉维茨（David Kravets），"著作权诉讼在RIAA运动之后发生骤减"（Copyright Lawsuits Plummet in Aftermath of RIAA

Campaign），载《连线》杂志，2010年5月8日；马克·费歇尔（Marc Fisher），"下载风波：唱片业紧盯个人使用"（Download Uproar: Record Industry Goes After Personal Use），载《华盛顿邮报》，2007年12月30日；大卫·西尔弗曼（David Silverman），"为什么唱片业真的停止起诉其顾客"（Why the Recording Industry Really Stopped Suing Its Customers），载《哈佛商业评论》，2008年12月，第22页。ASCAP与女童子军的报道，见伊丽莎白·巴米勒（Elisabeth Bumiller），"ASCAP要求女童子军支付使用费并为此道歉"（ASCAP Asks Royalties from Girl Scouts and Regrets It），载《纽约时报》1996年12月17日，而《华尔街日报》的文章是指莉萨·班农（Lisa Bannon），"鸟儿可以唱歌，但营员们除非付钱否则不能唱歌"（The Birds May Sing, but Campers Can't Unless They Pay Up），载《华尔街日报》1996年8月21日，第A1版。

索 引

（本索引部分所涉页码，均为原书页码，即本书边码）

ABC (American Broadcasting Company), 美国广播公司 3
Abelson, Hal, 哈尔·埃布尔森 188
Accolade company, 崇盛公司 157–158
ACTA, 见: Anti-Counterfeiting Trade Agreement
Acuff-Rose Music, 阿库夫-罗斯音乐公司 1, 11, 20, 21–22
Adobe Systems, Adobe 系统 149
Aeolian Company, 埃罗利安公司 43–44, 49
African Study Meeting on Copyright, 非洲著作权研究会议 124
Agreement on Trade-Related Aspects of Intellectual Property Rights (TRIPS), 《与贸易有关的知识产权协定》(TRIPS) 130
AHRA, 见: Audio Home Recording Act
Amazon.com, 亚马逊公司 190, 191
American Assembly, 美国政策研究会 180

American Association of Law Libraries, 美国法律图书馆协会 69
American Library Association, 美国图书馆协会 56, 69, 91
American Society of Composers, Authors and Publishers (ASCAP), 美国作曲家、作家与出版商协会（ASCAP）45–50, 161, 163, 192, 198
American Society of Immunologists, 美国免疫学家协会 61, 63
Anti-Counterfeiting Trade Agreement (ACTA),《反假冒商品贸易协定》(ACTA) 171
AP, 见: Associated Press
Apollo Company, 阿波罗公司 43–44
Apple Computer, 苹果电脑 5, 155–156, 172, 187, 190
Apple v. Microsoft, 苹果诉微软案 156
Areopagitica (Milton),《论出版自由》

（弥尔顿）25, 27
Arrow, Kenneth, 肯尼思·阿罗 116-117
artificial intelligence, 人工智能 20
ASCAP, 见：American Society of Composers, Authors, and Publishers
Ashcroft, John, 约翰·阿什克罗夫特 146
Asphalt Jungle, The (movie),《夜阑人未静》（电影）109-111
Associated Press (AP), 美联社（AP）7-8
Association of American Publishers, 美国出版商协会 68-69, 73, 78
Association of Research Libraries, 研究型图书馆协会 56, 69
Audible Magic, 听觉魔法公司 184
Audio Home Recording Act (AHRA),《家庭录音法》(AHRA) 107-108
audio recordings 录音（作品）：application of copyright law, 著作权法的适用 14, 18, 42-44, 127; authors, 作者 127, 128; of broadcasts, ～的广播 87; compact discs, 激光唱片（即 CD）104, 132, 142-143, 181; digital, 数字～ 104-107, 132-137, 159-160, 190; online file sharing, 在线文件分享 19-20, 133-137, 180-182, 197, 198; private copies, 私人复制 86, 87, 88, 104-108, 125-126, 128-129; royalties, 使用费（版税）107, 108, 128-129; sampling, 取样 20; Secure Digital Music Initiative,《保护数字音乐行动计划》142-147, 149; streaming, 流媒体 181-182, 185, 190

authorial autonomy, 作者自治 189-192

Authors Guild, Inc. v. Google Inc., 作家协会诉谷歌公司案 174-179

Authors' League of America, 美国作家联盟 69

Author' rights: 作者权 copyright as, 作为著作权 24; electronic publishing, 电子出版 173, 189-190; in English law, 在英国法 29-33, 165; of foreign authors, 外国作者的～ 119-122, 125-127; in French law, 在法国法 109-111, 113, 119, 120; moral, 道德的 16, 25-26, 29, 199; in United States, 在美国 33-37

Autocrat of the Breakfast Table, The

(Holmes),《早餐桌边的独裁者》（霍姆斯）39-40

Baldridge, Malcolm, 马尔科姆·鲍德里奇 123
Bamberger department store, 班伯格百货商店 48
Barlow, Joel, 乔尔·巴洛 34
Barlow, John Perry, 约翰·佩里·巴洛 137, 198
Barry, Hank, 汉克·巴里 197
Baseball Digest,《棒球文摘》186
Basic Books v. Kinko's Graphics, 基础文库出版社诉金考快印案 163
Bathurst, Lord Chancellor, 巴瑟斯特大法官 32
Becket, Thomas, 托马斯·贝克特 32, 193
behavioral norms, 行为规范 198
Belgium, copyright treaty with France, 比利时与法国的著作权条约 119-120
Ben-Hur (Wallace),《宾虚传》（华莱士）41-42, 86-87, 95
Benjamin, Curtis, 柯蒂斯·本杰明 73, 74

Benny, Jack, 杰克·本尼 73
Bentham, Jeremy, 杰里米·边沁 115, 193
Berne Convention for the Protection of Literary and Artistic Works,《保护文学艺术作品伯尔尼公约》（简称《伯尔尼公约》）122, 123-127, 129-130, 139-140, 199
Bibliothèque National, （法国）国家图书馆 113
Birrell, Augustine, 奥古斯丁·比勒尔 2
Blackmun, Harry, 哈里·布莱克门 77, 80, 83-84, 98-100, 101-102, 103
Bleistein v. Donaldson Lithographing Co., 布莱斯坦诉唐纳森印刷公司案 40-41
Bliley, Thomas, 托马斯·布利莱 141-142
blockchain, 区块链 192
Blum, Robert, 罗伯特·布卢姆 65-66
BMI, 见：Broadcast Music, Inc.
Bogsch, Arpad, 阿帕德·鲍格胥 124
books 图书：digitizing, 数字化 173-179, 186; self-publishing, 自助出版 190-191 参见：author's rights;

libraries

Bork, Robert, 罗伯特·伯克 74, 79–82, 83

Boston Globe,《波士顿环球报》167

Brand, Oscar, 奥斯卡·布兰德 2

Brandeis, Louis, 路易斯·布兰代斯 8

Brauneis, Robert, 罗伯特·布朗尼斯 84

Brearly, David, 戴维·贝莱尔 34

Brennan, Thomas, 托马斯·布伦南 90, 92

Brennan, William, 威廉·布伦南 100–101, 103

Breyer, Stephen, 斯蒂芬·布雷耶 14–16, 169

Broadcast Music, Inc. (BMI), 广播音乐公司（BMI）49

Brown, Garrett E., 加勒特·E.布朗 146–147

Burger, Warren, 沃伦·伯格 74–75, 76, 77–78, 85, 102, 103

Burkan, Nathan, 内森·伯坎 44, 45, 46

Burke, Edmund, 埃德蒙·柏克 25, 32, 165

Burrow-Giles Lithographic Company, 伯罗-贾尔斯平版印刷公司 38–39

Bush, George H. W., 乔治·H. W.布什 107

Byrnes, Thomas, 托马斯·伯恩斯 62–65, 66–67, 68

cable television, 有线电视 59, 82–83

Canada, 加拿大 123

Carson, Johnny, 约翰尼·卡森 6–7

Cary, George, 乔治·卡里 90–91, 152

CBS Records, CBS 唱片公司 105

CCC, 见：Copyright Clearance Center

celebrities, right of publicity, 名人，公开权 6–7

censorship, 书报审查 27–28

Chace Act,《蔡斯法》122

Chiariglione, Leonardo, 莱奥纳尔多·基亚里廖内 143, 144

Chin, Denny, 陈卓光 176–177, 178, 179

China, copyright laws, 中国著作权法 170

"choice of law" rules, "法律选择" 规则 110–111

Christie, Agatha, 阿加莎·克里斯蒂 17

Cinq, La (French TV channel),（法国电视频道）电视五台 109-111

civil law tradition, 大陆法传统 110, 111, 195

Clark, Charles, 查尔斯·克拉克 137-138, 141, 149

Clinton administration, 克林顿政府 138-142, 149-150, 165, 167

Coalition for the Future of Music, 未来音乐联盟 144

Coca-Cola Company, 可口可乐公司 5, 6

Cohn, Cindy, 辛迪·科恩 147

collective licenses, 集体许可 180

Columba, 科伦巴 25

compact discs (CDs), CD 光盘 104, 132, 142-143, 181 参见：audio recordings

complementary goods, 互补产品 80-81

compulsory license, 强制许可 12-13, 44

computers 计算机: products created by, ～创作的产品 194-195; software, ～软件 152-159, 187; user interfaces, 用户界面 155-156 参见：digital technologies; internet

Congress, U.S. 美国国会: author's rights and, 作者权与～ 110; copyright issues, 著作权问题 21, 24, 87-88, 114; deference to Supreme Court, 对最高法院表示尊重 87-88; influence of copyright owners, 对著作权所有人的影响 166-167, 171; orphan works legislation, 孤儿作品立法 170, 177-178; private copies issue, 私人复制问题 97-98, 99-100, 104-108 参见：Copyright Act

Constitution, U.S. 美国宪法: copyright clause, 著作权条款 5, 13, 34-35, 168-169, 193-194; First Amendment, 第一修正案 13, 146-148

Content ID, 内容身份识别系统 184-185

Content Scramble System (CSS), 数据干扰系统（CSS）147-148

contributory infringement 帮助侵权: by audiotape recorders, 通过磁带录音机～ 105, 106; online file sharing companies, 在线文件共享公司 134-137; by videotape recorders, 通过磁带录像机～ 95, 96, 97,

100-101, 102, 103

CONTU, 见: National Commission on New Technological Uses of Copyrighted Works

Copyright Act, U.S.《美国著作权法》: of 1790, 1790 年 ～ 122; compliance with Berne treaty, 与《伯尔尼公约》相符合 124; compulsory license, 强制许可 12-13; early cases, 早期案例 36; fair use provision, 合理使用规定 55, 89-94, 158, 162-163; history, 历史 34, 36-37, 38; interpretations, 解释 24, 38, 41-42, 46; public performance rights, 公开表演权 44-45, 86, 130, 161; revisions (1909), （1909 年）修订 44-45, 85; revisions (1976), （1976 年）修订 8, 87, 88, 89-94, 99-100, 123, 152, 199; revisions for new technologies, 为新技术而修订 41, 53, 103, 159

Copyright Clearance Center (CCC), 著作权结算中心（CCC）162-164

copyright collecting societies, 著作权集体管理协会 45, 179-180, 192 参见: American Society of Composers, Authors, and Publishers; Broadcast Music, Inc.

copyright laws 著作权法: distinction from other intellectual property laws, 与其他知识产权法的区别 5-6, 12, 152; evolution, 演变 1, 22-23, 24, 130-131; future of, ～的将来 194-199; high and low protectionists, 高水平与低水平保护派 24, 25; influence, 影响 3; optimists and pessimists, 乐观主义与悲观主义 9-11, 12, 13-14, 19, 111-112, 193; scope, 范围 3, 5, 9-10, 11-12, 13, 17-18, 86, 153-154; self-enforcement, 自我实施 198-199; sui generis, 特别的 158-159, 195

Copyright Office, U.S. 美国版权局: Latman's fair use study, 莱特曼的合理使用研究报告 55, 88-89; library photocopying issue and, 图书馆复制问题与～92; new technology issues, 新技术问题 21; orphan works proposal, 孤儿作品提案 170, 177-178; photography licensing project, 摄影作品许可项目 192; procedures, 程序 11, 37; registers, 局

长 37, 74, 89, 90-91, 125; software copyrights, 软件著作权 152; Sound Recordings and Musical Works Funds, 录音与音乐作品基金 107

copyright owners 著作权所有人: competition with free online content, 与免费在线内容的竞争 171-179, 180, 186, 196; copyright collecting societies, 著作权集体管理协会 45, 179-180, 192; political influence, 政治影响 166-167, 171

copyrights 著作权: economic analysis, 经济分析 114-118; exceptions, 例外 196; justifications, 正当性 3-5, 9-11, 13-16, 114-115; meaning, 含义 1; public and private interests, 公共利益与私人利益 7, 19, 117-118; registration, 登记 11, 36-37, 58; terms, 期限 8, 115-116, 123, 165-169, 197

Copyright Term Extension Act (CTEA),《著作权保护期限延长法》(CTEA) 166-169, 197; terms of copyrights, 著作权的保护期限 8

Corley, Eric, 埃里克·科利 147-148

Cowan, Wilson, 威尔逊·考恩 72

Cox, Archibald, 阿奇博尔德·考克斯 79

Creative Commons licenses, 创作共享许可 188-189, 192

creative works, 创造性作品 39, 40-41, 50, 153-154, 162, 195. 参见: copyright owners; musical compositions

crowdfunding, 众筹 190, 191

CSS, 见: Content Scramble System

CTEA, 见: Copyright Term Extension Act

Cummings, Martin, 马丁·卡明斯 54-55, 56-57, 62, 71, 74, 78, 84, 93-94

Curtin, Rebecca Schoff, 丽贝卡·肖夫·柯廷 27

D'Amato, Alphonse, 阿方索·达马托 97

Daumann, Phillippe, 菲利普·多曼 183

David, Hal, 哈尔·戴维 50

Davis, James F., 詹姆斯·F.戴维斯 54, 60-62, 65-68, 69-70, 72, 73, 78, 83, 91

Davis, Oscar, 奥斯卡·戴维斯 70, 72

DeConcini, Dennis, 丹尼斯·德孔西尼 97-98, 106

DeCSS, 147-148

Dees, William, "Oh, Pretty Woman", 威廉·迪斯,《哦, 漂亮女人》1, 2, 9-10, 11, 12-13, 20, 21-22, 174

Demsetz, Harold, 哈罗德·德姆塞茨 117-118

Denmark, public lending rights, 丹麦, 公共借阅权 126

deposit requirements, 交存版本的要求 36-37

developing countries, 发展中国家 124-125, 129-130, 141

DFC, 见: Digital Future Coalition

Diarmid, King, 迪尔米德国王 25

Dickens, Charles, 查尔斯·狄更斯 121

Digital Future Coalition (DFC), 数字未来联盟（DFC）139

Digital Millennium Copyright Act (DMCA)《数字千年著作权法》(DMCA): anti-circumvention provisions, 反规避规定 141-142, 169; enactment, 立法 142, 170; enforcement, 实施 149; safe harbors, 避风港 142, 143, 165, 183-184; free speech issue, 言论自由问题 146-148; Hack SDMI challenge and, 黑客 SDMI 挑战与~ 144-148

digital technologies 数字技术: audio recordings, 录音 104-107, 132-137, 159-160, 190; blockchain, 区块链 192; book scanning, 图书扫描 173-179; copyright law and, 著作权法与~ 17-21, 137-142, 159-160; e-books, 电子书 190-191; in future, ~的将来 19, 20; potential use to enforce copyrights, ~的潜在用途以实施著作权 137-138, 140-149, 184-185; proliferation, 扩散 132-133, 151-152; sampling, 取样 20; video recordings, 录像 20, 132-133, 147-148, 190. 参见: computers; internet digital video discs (DVDs), 132-133, 147-148, 160

Disney, 见: Walt Disney Company

DMCA, 见: Digital Millennium Copyright Act

Donaldson, Alexander, 亚历山大·唐

纳森 32-33
Donaldson v. Becket, 唐纳森诉贝克特案 32-33, 165
Doubleday, 道布尔戴出版社 162
Douglas, William O., 威廉·O. 道格拉斯 77
Doyle Dane Bernbach, 恒美广告公司 95
dramatizations, 戏剧改编 37, 38, 41-42
Duncan, John, 约翰·邓肯 97
Dylan, Bob, 鲍勃·迪伦 166

e-books, 电子书 190-91
Edison, Thomas, 托马斯·爱迪生 41
Edwards, Don, 唐·爱德华兹 98
Efron, Bradley, 布拉德利·埃弗龙 154
Eisner, Michael, 迈克尔·艾斯纳 167
Eldred, Eric, 埃里克·埃尔德雷德 167-169, 188
Eldred v. Ashcroft, 埃尔德雷德诉阿什克罗夫特案 168-169
Electronic Frontier Foundation, 电子前线基金会 146-147, 149
Electronic Industries Association, 电子工业协会 98

England 英国: copyright collecting societies, 著作权集体管理协会 192; copyright law, 著作权法 26-33, 115-116, 165, 193; copyright treaties, 著作权条约 121; Licensing Acts,《许可法》27
European copyright culture, 欧洲的著作权文化 111-113, 127. 参见: France; Germany
European Union, 欧盟 129, 140, 166, 171

fair use 合理使用: application to software, 在软件上的适用 157-158; Copyright Act revisions (1976),（1976年）《著作权法》的修改 89-94; criteria, 判断标准 13, 64-65, 86, 89, 158; expansion, 扩张 172, 173-174; internet cases, 互联网案件 175-179; library copies and, 图书馆复制与~ 55-56, 60-61, 64-65, 69, 75-77, 89-90, 91; parodies, 滑稽模仿 13, 22, 73; pragmatism, 实用主义 108; private copies and, 私人复制与~ 88-89, 91-92, 96-97; private photocopies and, 私人复印与～ 54, 55, 69, 73, 162–164; Supreme Court cases, 最高法院案件 13, 73, 75–83

fan fiction, 粉丝小说 190–191

Fanning, Shawn, 肖恩·范宁 133–134, 136

Felten, Edward, 爱德华·费尔顿 143–147, 149

Ferguson, Warren J., 沃伦·J. 弗格森 96–97, 105

Ficsor, Mihály, 米哈伊·菲彻尔 126

films, 见: motion pictures

Finian, Abbot, 修道院院长菲尼安 25

First Amendment, 第一修正案 13, 146–148

folklore, 民间文学 8

Ford, Gerald, 杰拉德·福特 13, 94

Fortas, Abe, 阿贝·福塔斯 82

Fortnightly v. United Artists Television, 双周刊公司诉联合艺术家电视公司案 59, 82–83

France 法国: author's rights law, 作者权法 109–111, 113, 119, 120; La Cinq television channel, 电视频道电视五台 109–111; copyright collecting societies, 著作权集体管理协会 45, 179–180, 192; copyright law, 著作权法 109–111, 113, 127, 195; copyright treaties, 著作权条约 119–120; Court of Cassation, 法国最高法院 111; home-taping law, 家庭录音法 128–129

free speech, 自由言论 146–148

Fuld, Stanley, 斯坦利·富尔德 93

GAO, 见: Government Accountability Office

Gaslight (movie),《煤气灯下》(电影) 73

General Agreement on Tariffs and Trade (GATT), 关税与贸易总协定 (GATT) 129–130

General Electric, 通用电气公司 163

Gentlemen's Agreement, 君子协定 55–56, 58, 79–80, 86, 175

Gephardt, Richard, 理查德·格普哈德 110

Germany 德国: copyright law, 著作权法 112; levies for private copies, 对私人复制收费 108

Gershwin, George, 乔治·格什温 166

Gingrich, Newt, 纽特·金里奇 167

Ginsburg, Jane, 简·金斯伯格 113

Ginsburg, Ruth Bader, 鲁斯·巴德·金斯伯格 168

Giorcelli, Michela, 米凯拉·焦尔切利 195

Girl Scouts of America, 美国女童子军 198

Goldsmith, Oliver, 奥利弗·哥德史密斯 25, 32

Gone with the Wind (Mitchell),《飘》（米歇尔）9, 17, 166

Google, 谷歌 86, 165, 171, 175, 185, 187. 参见：YouTube

Google Books, 谷歌图书馆 173-179, 186

Gould, Morton, 莫顿·古尔德 50

Government Accountability Office (GAO), 美国政府问责局（GAO）180

Grammatical Institute of the English Language (Webster),《英语语法原理》（韦伯斯特）33-34

Greenbaum, Arthur, 阿瑟·戈林鲍姆 57, 58, 61, 70, 71, 74, 76, 77, 78, 83, 91-92

Grier, Robert, 罗伯特·格里尔 38

Griffiths, William, 威廉·格里菲思 95

Grokster, Grokster 公司 136-137

Hack SDMI challenge, 黑客 SDMI 挑战书 143-146, 149

Hadl, Robert, 罗伯特·哈德尔 126

Harbach, Otto, 奥托·哈马克 50

Harvard Law Review,《哈佛法律评论》14

Health, Education, and Welfare, U. S. Department of, 美国卫生教育与福利部 54

Hemingway, Ernest, 欧内斯特·海明威 11

Herbert, Victor, 维克托·赫伯特 44, 45, 46, 161

Hersey, John, 约翰·赫西 25

Hewlett-Packard, 惠普公司 155

Hilliard Hotel Company, 希利亚德饭店公司 46

Hoffman, Alexander, 亚历山大·霍夫曼 162, 163

Hollings, Fritz, 弗里茨·霍林斯 148

Holmes, Oliver Wendell, Jr. 小奥利弗·温德尔·霍姆斯：*Ben-Hur* case,《宾虚传》案 41-42, 86-87, 95;

copyright cases, 著作权案件 21, 25, 39-41, 44; *Herbert* case, 赫伯特案 46, 48, 161

Holmes, Oliver Wendell, Sr., 老奥利弗·温德尔·霍姆斯 12, 39-40, 53

Home Recording Rights Coalition, 家庭录制权联盟 98

Hotchner, A. E., A. E. 霍奇纳 11

House of Lords, 英国上议院 25, 29-30, 32-33, 165, 193

House of Representatives, U. S., Intellectual Property subcommittee, 美国众议院知识产权小组委员会 21, 87, 88, 90, 92-93, 105, 126, 148-149, 166-167, 170 参见: Congress

Hubbell, Raymond, 雷蒙德·哈贝尔 45

Hughes, Howard, 霍华德·休斯 13, 77

Hugo, Victor, 维克多·雨果 122

Huston, John, 约翰·休斯顿 109-111

IBM, IBM 公司 152, 156, 158-159

ideas, protection of, 对思想的保护 11-12

Iger, Bob, 鲍勃·伊格尔 185

image licensing, 图片许可 191-192

INS, 见: International News Service

intellectual property 知识产权: counterfeiting, 假冒 129-130, 171; laws, 法律 4-6, 154-155, 156-157, 171; misappropriation, 非法挪用 8; *sui generis* laws, 特别法 158-159; trademarks, 商标 5-6, 39; trade secrets, 商业秘密 6, 154-155, 156-157 参见: patent law

international copyright 国际著作权: of African folklore, 非洲民间文学的~ 8; author's rights issues, 作者权问题 119; Berne Convention,《伯尔尼公约》122, 123-127, 129-130, 139-140, 199; developing countries and, 发展中国家与~ 124-125, 129-130, 141; differences from American law, 与美国法的差异 16-17; future of, ~的将来 197; national treatment principle, 国民待遇原则 121-122, 123, 124, 126-127; neighboring rights, 邻接权 127-129; new technologies and, 新技术与~ 125-126, 139-141; treaties, 条约 17, 119-122; TRIPS Agreement, TRIPS 协定 130; UNESCO office, 联合国教科文组织

办公室 91; Universal Copyright Convention,《世界版权公约》123, 124, 125, 126, 129 参见: individual countries

International Court of Justice, 国际法院 124

International News Service (INS), 国际新闻社（INS）7-8

International Publishers Copyright Council, 国际出版商协会著作权理事会 137

Internet 互联网: application of copyright law, 著作权法的适用 138, 170-173; as celestial jukebox, 作为数字点播机 18-21, 149-150, 151, 161-162; copyright infringement, 侵犯著作权 133-137, 164-165, 170, 183-184, 185; downloads, 下载 86, 170; file sharing, 文件共享 19-20, 133-137, 180-182, 197, 198; free content, 免费内容 171-179, 180-183, 186-187, 196 参见: digital technologies

internet companies, 互联网公司 171-172 参见: Google

internet service providers, 网络服务提供者 138-139, 140, 164-165, 170, 182

Italian operas, 意大利歌剧 195

James, E. L., E. L. 詹姆斯 191
Jaszi, Peter, 彼得·贾西 166-167
Jaworski, Leon, 利昂·贾沃斯基 73-74
Johansen, Jon, 乔恩·约翰森 147
Johns, Jasper, 贾斯珀·约翰斯 4
Johnson, Samuel, 塞缪尔·约翰逊 116, 165, 172
Judicial Code, U. S., 美国《司法法》57
Justice Department 司法部: antitrust division, 反托拉斯部门 47, 48, 49, 177; Patent Section, 专利处 62; solicitor general, 副司法部长 74, 79-82

Kaminstein, Abraham, 亚伯拉罕·卡明斯坦 89, 90
Kaplan, Benjamin, 本杰明·卡普兰 55
Kaplan, Lewis A., 刘易斯·A. 卡普兰 147-148
Kastenmeier, Robert, 罗伯特·卡斯

滕迈耶 87, 88, 90, 92–93, 99

KaZaA, KaZaA 公司 136–137

Kazen, Abraham, Jr., 小亚伯拉罕·卡曾 87, 99

Kennedy, John F., 约翰·F. 肯尼迪 13

Kerkorian, Kirk, 柯克·柯克里安 109

Khudozhestvennaya Literatura, 文学艺术社 17

Kindle Direct, Kindle 直接出版 190

Kindle Worlds, Kindle 世界 191

Kinko's Graphics, 金考快印店 163

Latman, Alan 艾伦·莱特曼: arguments before Supreme Court, 参加最高法院辩论 74, 75–79, 80, 83–84; career, 职业 55; fair use study, 合理使用研究报告 55, 88–89; at NYU, 在纽约大学 163; Passano and, 与帕西诺 55, 56; speech, 言论 5 参见: *Williams & Wilkins v. The United States*

law and economics movement, 法与经济学运动 114

Lehman, Bruce, 布鲁斯·莱曼 138–140, 141

Leibowitz, David, 戴维·莱博维茨 149

Lessig, Lawrence, 劳伦斯·莱西格 168, 175, 188

Leval, Pierre, 皮埃尔·勒瓦尔 164, 174, 178–179

Libraries 图书馆: Gentlemen's Agreement, 君子协定 55–56, 58, 79–80, 86, 175; Google Books project, 谷歌图书馆项目 175–176; institutional subscription rates, 机构订阅价格 70–72; public lending fees, 公共借阅费 126–127, 172

libraries, photocopying by 图书馆复印: Copyright Act revision debates and, 《著作权法》修订争论与～ 89–90, 91–94; distinction from private copies, 与私人复制的区别 85; as fair use, 作为合理使用 55–56, 60–61, 64–65, 69, 75–77, 89–90, 91 参见: *Williams & Wilkins v. The United States*

Library of Congress, 国会图书馆 36–37, 76–78, 91 参见: Copyright Office

Lieb, Charles, 查尔斯·利布 78

Life magazine,《生活》杂志 13

Linux operating system, Linux 操作系统 187
Locke, John, 约翰·洛克 193
Lott, Trent, 特伦特·洛特 167
Luchow's Restaurant, 卢乔餐厅 45

Macaulay, Thomas Babington, 托马斯·巴宾顿·麦考利 115-116, 165
Machlup, Fritz, 弗里茨·马克卢普 194
Maddow, Ben, 本·马多 110
Madison, James, 詹姆斯·麦迪逊 34
Mansfield, Lord, 曼斯菲尔德勋爵 25, 30-31, 32, 33, 36
Marshall, Thurgood, 瑟古德·马歇尔 76, 79, 98, 101, 102-103
Martial, 马提雅尔 25
Marx, Groucho, 格劳乔·马克斯 13, 20
Mathias, Charles, 查尔斯·马赛厄斯 98
Mattheson, Johann, 约翰·马特森 22
Mayo Clinic, 梅奥医院 80, 84
MCA, 美国音乐公司 (MCA) 126
McCartney, Paul, 保罗·麦卡特尼 20
McClellan, John, 约翰·麦克莱伦 53, 90

McDonald's restaurants, 麦当劳餐厅 5-6
McLean, John, 约翰·麦克莱恩 36
medical journals, 见: libraries, photocopying by
Medical Library Association, 医学图书馆协会 69
medical publishers, 医学出版者, 见: Williams & Wilkins Company
Medicine (journal),《医学》(杂志) 58, 60, 63-64, 65
Merges, Robert P., 罗伯特·P. 莫杰思 194
Metro-Goldwyn-Mayer (MGM), 米高梅公司 (MGM) 109-111
Microsoft, 微软公司 155-156
Millar v. Taylor, 米勒诉泰勒案 30-32, 36
Miller, Samuel, 塞缪尔·米勒 39
Milton, John, 约翰·弥尔顿 25, 27
Mitchell, Margaret, 玛格丽特·米歇尔 9, 17, 166
Monty Python comedy troupe, 巨蟒喜剧演出团 3
moral rights doctrine 著作人身权规则: author's rights, 作者权 16; in Berne Convention, 在《伯尔尼公

约》199; in French law, 在法国法 110, 111, 113; history, 历史 25-26, 29; in TRIPS, 在 TRIP 协定 130

Morpheus, Morpheus 公司 136, 148

Moser, Petra, 佩特拉·莫泽 195

Motion Picture Association of America (MPAA), 美国电影协会（MPAA）98, 172, 180

motion pictures 电影: authors, 作者 128; *Ben-Hur* case,《宾虚传》案 41-42, 86-87; cable television retransmissions, 有线电视转播 59, 82-83; colorized, 彩色化 109-111; copyrights, 著作权 41; parodies, 滑稽模仿 73; private copies, 私人复制 86, 94-104, 172; revenues, 收入 196-197 参见: video recordings

MPAA, 见: Motion Picture Association of America

Mumford, Quincy, 昆西·芒福德 91

Murphy, Edward, 爱德华·墨菲 9-10

musical compositions 音乐作品: compulsory license, 强制许可 12-13, 44, 49; copyright cases, 著作权案件 1, 2, 9-10, 12-13, 20, 21-22; operas, 歌剧 195; parodies, 滑稽模仿 2, 9, 10, 11, 12-13, 22; private performances, 私人表演 19, 86, 198; public performances, 公开表演 44-48, 86, 130, 161; radio broadcasts, 电台广播 47-49; royalties, 使用费 45, 46-50; sheet music, 乐谱 9, 43, 48, 49 参见: audio recordings

MusicNet, 136

Nagaraj, Abhishek, 阿比舍克·纳加拉杰 186

Napster, 纳普斯特 19, 133-136, 197

Nation, The,《国家》(杂志) 13

National Association of Broadcasters, 全国广播组织协会 47-49

National Bureau of Standards, 国家标准局 105

National Commission on New Technological Uses of Copyrighted Works (CONTU), 新技术应用著作权作品全国委员会（CONTU）93, 94

National Institutes of Health (NIH), 国立卫生研究院（NIH）50, 54, 55

National Library of Medicine (NLM),

国家医学图书馆（NLM）50, 52, 54-55, 56-58, 71-72, 82, 84, 93-94 参见：libraries; *Williams & Wilkins v. The United States*

National Music Publishers' Association, 全国音乐出版商协会 9-10, 107

National Writers Union, 全国作家联盟 189-190

neighboring rights, 邻接权 127-129

Netflix, 奈飞 19

New York Hotel and Restaurant Association, 纽约饭店餐馆协会 45

New York Times,《纽约时报》9-10, 169, 189-190

New York University, 纽约大学 163

Nichols, Philip, 菲利普·尼科尔斯 72-73

NIH, 见：National Institutes of Health

Nintendo of America, 美国任天堂公司 157

Nixon, Richard M., 理查德·M. 尼克松 13, 73-74

NLM, 见：National Library of Medicine

Oakley, Robert, 罗伯特·奥克利 139

O'Connor, Sandra Day, 桑德拉·戴·奥康纳 13, 101-102, 103

Office of Technology Assessment (OTA), 技术评估局（OTA）87, 105-106

"Oh, Pretty Woman" (Orbison and Dees), "哦，漂亮女人"（奥比逊、迪斯词曲）1, 2, 9-10, 11, 12-13, 20, 21-22, 174

operas, 歌剧 195

Oppenheim, Matthew, 马特·奥本海姆 144-145

Orbison, Roy, "Oh, Pretty Woman", 罗伊·奥比逊《哦，漂亮女人》1, 2, 9-10, 11, 12-13, 20, 21-22, 174

orphan works, 孤儿作品 170, 173, 175, 177-178, 189

OTA, 见：Office of Technology Assessment

Ota, Alan K., 艾伦·K. 奥塔 167

Page, Larry, 拉里·佩奇 173, 175-176

Paine, Elijah, 伊莱贾·佩因 35-36

Paine, Thomas, 托马斯·潘恩 34

Paradise Lost (Milton),《失乐园》（弥

尔顿）27

Pareles, Jon, 乔恩·佩雷利斯 9

parodies 滑稽模仿: fair use and, 合理使用与～ 13, 22, 73; musical, 音乐的～ 2, 9, 10, 11, 12-13, 22

Parris, Stanford, 斯坦福·帕里斯 97

Passano, Joseph da, 约瑟夫·达·帕西诺 51

Passano, Mac, 麦克·帕西诺 51, 52

Passano, William Moore 威廉·穆尔·帕西诺: career, 职业 51, 52, 53; compromise effort on copyright law, 在著作权法上付出的妥协性努力 93-94; Copyright Clearance Center and, 与著作权结算中心 162; family history, 家族历史 51, 52; Latman and, 与莱特曼 55, 56, 74; testimony, 作证 61-64, 67-68 参见: *Williams & Wilkins v. The United States*

Patel, Marilyn Hall, 玛里琳·霍尔·帕特尔 134-136

Patent Act, U. S., 美国《专利法》5, 95, 158

Patent and Trademark Office, U. S., 美国专利商标局 6, 138, 152-153

patent law, 专利法 5, 12, 26, 34, 62, 95, 152-153, 194

Patry, William, 威廉·帕特里 174

Perkins, Eben, 埃本·珀京斯 56, 59

Peters, Richard, 理查德·彼得斯 35-36

photocopies 复印: application of copyright law, 著作权法的适用 14, 18, 53; as fair use, 作为合理使用 54, 69, 73, 162-164; royalties, 使用费 162-164; Xerox machines, 施乐复印机 51-52, 63 参见: libraries, photocopying by; private copies; *Williams & Wilkins v. The United States*

photography, 摄影 38-39, 41, 128, 191-192

piano rolls, 钢琴纸卷 42-44

PIPA, 见: Protect IP Act

Piracy 盗版: economic impact, 经济影响 180-182; efforts to reduce, 减少～的努力 182; of movies, 电影～ 172, 180; online, 在线～ 19, 171

Pitney, Mahlon, 马伦·皮特尼 7-8

plagiarism, 剽窃 7, 12, 25

political dissent, 政治异议者 27–28

Powell, Lewis, 刘易斯·鲍威尔 99, 101, 103

pressplay, pressplay 公司 136

Pretty Woman case, 见: "Oh, Pretty Woman"

printing press, 印刷机 17, 25–26

private copies 私人复制: of audio recordings, 录音的～ 86, 87, 88, 104–108, 125–126, 128–129; distinction from library photocopying, 与图书馆复印的区别 85; fair use doctrine and, 与合理使用规则 88–89, 91–92, 96–97; in French law, 法国法中的～ 113; in German law, 德国法中的～ 108, 112; harm assessments, 损失评估 85–86, 96–97, 101–103, 106, 180–182; of motion pictures, 电影的～ 86, 94–104, 172; new technologies, 新技术 81, 86, 87–88, 105, 132–134, 148–149; online file sharing, 在线文件共享 19–20, 133–137, 148, 197, 198; outside scope of copyright law, 著作权法范围之外 85–88, 96, 99–100; photocopies, 复印 54, 55, 69, 73, 162–164; regulating, 监管 86–87; technological fixes, 技术解决 105, 106–107; video recordings, 录像 86, 87, 88, 94–104, 128–129, 148, 172

private papers, 私人文件 3, 11

Protect IP Act (PIPA),《保护知识产权法》(PIPA) 171, 182

Protocol Regarding Developing Countries,《与发展中国家相关议定书》见: Stockholm Protocol

public domain, 公共领域 8, 166–168, 173, 188

Public Health Service Grants, 公共卫生署资助 59–60

publicity, right of, 公开权 6–7

radio broadcasts, 电台广播 47–49, 87

Recht, Pierre, 皮埃尔·雷希特 113

Recording Industry Association of America (RIAA), 美国唱片业协会 (RIAA) 105, 107, 134, 136, 142, 144–145, 146, 149

recordings, 见: audio recordings; video recordings

Red Hat, 红帽 187

Redstone, Sumner, 萨姆纳·雷德斯通 183

Registers of Copyrights, 版权局局长 37, 74, 89, 90–91, 125. 参见: Copyright Office

Rehnquist, William, 威廉·伦奎斯特 82, 101, 102, 103

Reinhardt, Stephen, 斯蒂芬·莱因哈特 158

Reville, Charles, 查尔斯·雷维洛 71, 93–94

RIAA, 见: Recording Industry Association of America

Ringer, Barbara, 巴巴拉·林格 74, 89, 90–91, 93–94

Roach, John, 约翰·罗奇 107

Rogers, Fred, 弗雷德·罗杰斯 95, 103

Rome Convention for the Protection of Performers, Producers of Phonograms and Broadcasting Organizations,《保护表演者、录音制作者和广播组织罗马公约》128–129

Rosemont v. Random House, 罗斯蒙特诉兰登书屋案 77

Rosen, Hilary B., 希拉里·B. 罗森 136, 142

Rousseau, Henri, 亨利·卢梭 110

Royal Netherlands Academy of Sciences, 皇家荷兰科学院 137

Russia, unauthorized copies, 俄罗斯, 未经授权的复制件 17

SACEM, 见: Société des Auteurs, Compositeurs et Editeurs de Musique

Salinger, J. D., J. D. 塞林格 3

Sarony, Napoleon, 拿破仑·萨罗尼 38–39

Schmidt, Eric, 埃里克·施密特 173

Schoolman, Harold, 哈罗德·斯库尔曼 74, 93–94

SCMS, 见: Serial Copy Management System

screenplays, 见: motion pictures

SDMI, 见: Secure Digital Music Initiative

Seasons, The (Thomson),《四季》(汤姆森) 1, 30–32, 193

"Secret Garden", "神秘园" 134, 135

Secure Digital Music Initiative (SDMI)《保护数字音乐行动计划》(SDMI) 142–147, 149

Sega Enterprises, 世嘉企业 157-158

Sega v. Accolade, 世嘉诉崇盛案 157-158

self-publishing, 自助出版 190-191

Semiconductor Chip Protection Act,《半导体芯片保护法》158-159

Senate, U. S. 美国参议院: Judiciary Committee, 司法委员会 79, 139; Patent, Trademark, and Copyright Subcommittee, 专利商标与著作权小组委员会 21, 53, 63, 90, 91-92, 105, 167. 参见: Congress

Serial Copy Management System (SCMS), 系列化复制管理系统 (SCMS) 106-107

Shakespeare, William, 威廉·莎士比亚 154

Shanley's Restaurant, 尚利餐馆 46, 161

Sherman, Cary, 卡里·谢尔曼 149

Sherman Antitrust Act,《谢尔曼反托拉斯法》49

Silbey, Jessica, 杰西卡·西尔贝 186

Simkin, Carol, 卡罗尔·西姆金 76, 83

Sklyarov, Dimitry, 迪米特里·斯克里亚罗夫 149

Smith, Adam, 亚当·斯密 114-115

Société des Auteurs, Compositeurs et Editeurs de Musique (SACEM), 作家、作曲家与音乐出版商协会 (SACEM) 45

Software 软件: apps, 应用程序 190; copyright debates, 著作权争论 152-159; open-source, 开源 187

Solberg, Thorvald, 托瓦尔德·索尔伯格 37

Sony Corporation of America, 美国索尼公司 95-97, 106

Sony v. Universal (Betamax case), 索尼诉环球案 95-97, 98-104, 105, 112, 135, 137, 148

SOPA, 见: Stop Online Piracy Act

sound recordings, 参见: audio recordings

Sousa, John Philip, 约翰·菲利普·苏泽 44, 46

Souter, David, 戴维·苏特 22

Spofford, Ainsworth Rand, 安斯沃思·兰德·斯波福德 37

Spoo, Robert, 罗伯特·斯普 121

Springsteen, Bruce, 布鲁斯·斯普林斯廷 134, 199

Stanford Center for Internet and Society, 斯坦福大学互联网与社会中心 175

Stanford University, 斯坦福大学 20, 191-192

state laws, 州法 6, 33-34, 154-155

Stationers' Company, 出版商公会 26-33, 199

Statute of Anne,《安妮法》28-33

Stevens, John Paul, 约翰·保罗·史蒂文斯 98-99, 100-101, 102, 103, 169

Stewart, Potter, 波特·斯图尔特 75

Stockholm Protocol,《斯德哥尔摩议定书》125

Stop Online Piracy Act (SOPA),《阻止网络盗版法》(SOPA) 171, 182

Story, Joseph, 约瑟夫·斯托里 5, 11, 55

Stowe, Harriet Beecher, *Uncle Tom's Cabin*, 哈丽雅特·比彻·斯托,《汤姆叔叔的小屋》1-2, 37-38, 41, 43

sui generis legislation, 特别立法 158-159, 195

Supreme Court, U. S. 美国最高法院: Ben-Hur case,《宾虚传》案 41-42, 86-87, 95; *Bleistein v. Donaldson Lithographing Co.*, 布莱斯坦诉唐纳森印刷公司案 40-41; copyright cases, 著作权案件 7-8, 10, 11, 16, 21-22; *Eldred v. Ashcroft*, 埃尔德雷德诉阿什克罗夫特案 168-169; on fair use doctrine, 关于合理使用规则 13, 73, 73-83; *Fortnightly v. United Artists Television*, 双周刊公司诉联合艺术家电视公司案 59, 82-83; Hilliard Hotel Company case, 希利亚德饭店公司案 46; *Oscar Wilde* case, 奥斯卡·王尔德案 38-39, 40; reporters of decisions, 判例报告人 35-36; *Rosemont v. Random House*, 罗斯蒙特诉兰登书屋案 77; *Sony v. Universal*, 索尼诉环球案 98-104, 105, 112, 137; *Tasini v. New York Times Co.*, 塔西尼诉纽约时报案 189-190; Trade-Mark Cases, Trade-Mark 案 39, 40; *Wheaton v. Peters*, 惠顿诉彼得斯案 35-36, 43; *White-Smith Music Publishing Co. v. Apollo Co.*, 怀特-史密斯音乐出版公司诉阿波罗公司案 43-44; *Williams & Wilkins Co. v. The United States*, 威廉斯·威尔金斯出版公司诉美利坚合

众国案 54, 73-84, 85, 87-88

Tandy Corporation, 坦迪公司 107
Tasini v. New York Times Co., 塔西尼诉纽约时报案 189-190
Taylor, Deems, 迪姆斯·泰勒 50
Taylor, Robert, 罗伯特·泰勒 见: *Millar v. Taylor*
technology 技术: new, 新～ 24, 41, 53, 82-83, 103, 159; photography, 摄影 38-39; videocassette recorders, 盒式磁带录像机 94-104 参见: digital technologies; internet; photocopies
Teleprompter Corp. v. Columbia Broadcasting System, Inc., 提词器公司诉哥伦比亚广播系统公司案 59, 82-83
television programs 电视节目: private recordings, 私人录制 87, 95; time-shifting, 时间转换 96, 100, 102-103, 135, 148
Texaco, 德士古公司 163-164
Thompson, Smith, 史密斯·汤普森 36
Thomson, James, 詹姆斯·汤姆森 1, 30-32, 193
Tonson v. Collins, 汤森诉柯林斯案 30

Torvalds, Linus, 林纳斯·托瓦兹 187
Trade-Mark Cases, Trade-Mark 案 39, 40
trademarks, 商标 5-6, 39
Trade-Related Aspects of Intellectual Property Rights (TRIPS), 与贸易有关的知识产权（TRIPS）130
trade secrets, 商业秘密 6, 154-155, 156-157
transaction costs, 交易成本 160-162, 164-165, 196
transformative use doctrine, 转换性使用规则 22, 174, 179
translations, 翻译 37-38, 41
TRIPS, 见: Trade-Related Aspects of Intellectual Property Rights
Turner, Ted, 特德·特纳 109-111
2 Live Crew, 2 Live Crew 乐队 1, 2, 10, 11, 12-13, 20, 21-22
Tyerman, Barry, 巴里·泰尔曼 15-16

UCC, 见: Universal Copyright Convention
UCLA Law School, 加州大学洛杉矶分校法学院 15
UGC, 见: User Generated Content Principles

Uncle Tom's Cabin (Stowe),《汤姆叔叔的小屋》(斯托夫人) 1-2, 37-38, 41, 43

"Uneasy Case for Copyright, The", (Breyer), "著作权的难题"(布雷耶) 14-16

UNESCO, 联合国教科文组织 91

Universal City Studios, 环球城市电影公司 95-97, 105, 148, 167 参见: Sony v. Universal

Universal City Studios, Inc. v. Corley, 环球电影公司诉科利案 147-148

Universal Copyright Convention (UCC),《世界版权公约》(UCC) 123, 124, 125, 126, 129

University of Amsterdam, 阿姆斯特丹大学 137

University of Michigan, 密西根大学 175-176

USENIX Association, USENIX 协会 146

User Generated Content Principles,《用户生成内容原则》182, 185

User's rights, 使用者的权利 24

Valenti, Jack, 杰克·瓦伦蒂 172

Verance Corporation, Verance 公司 145, 146, 149

Viacom International, 维亚康姆国际公司 183-184, 185

video games, 电子游戏 157-158, 190

video recordings 录像: application of copyright law, 著作权法的适用 14, 18; of broadcasts, ~的广播 87, 95; digital, 数字~ 20, 132-133, 147-148, 190; as fair use, 作为合理使用 96; online file sharing, 在线文件共享 148; piracy, 盗版 172, 180; prices, 价格 160; private copies, 私人复制 86, 87, 88, 94-104, 128-129, 148, 172 参见: motion pictures; YouTube

Wales, Jimmy, 吉米·威尔士 186-187

Walker, Vaughn, 沃恩·沃克 156

Wallace, Lew, *Ben-Hur*, 卢·华莱士,《宾虚传》41-42, 86-87, 95

Wall Street Journal,《华尔街日报》169, 198

Walt Disney Company, 华特迪士尼公司 6, 95-97, 148, 167, 185 参见: Sony v. Universal

Washington, George, 乔治·华盛顿 2, 11, 34

Waverly Press, 韦弗利出版社 61, 64

websites, 见：internet

Webster, Daniel, 丹尼尔·韦伯斯特 36

Webster, Noah, 诺厄·韦伯斯特 33–34

Wedgeworth, Robert, 罗伯特·韦奇沃思 91, 92, 93

Weiss, George David, 乔治·戴维·韦斯 166

welfare economics, 福利经济学 114, 117

Wheaton, Henry, 亨利·惠顿 35–36

Wheaton v. Peters, 惠顿诉彼得斯案 35–36, 43

White, Byron, 拜伦·怀特 100–101, 103

White-Smith Music Publishing Co. v. Apollo Co., 怀特-史密斯音乐出版公司诉阿波罗公司案 43–44

Wihtol v. Crow, 威尔托诉克罗案 77

Wikipedia, 维基百科 19, 186–187

Wilde, Oscar, 奥斯卡·王尔德 38–39, 40

Williams & Wilkins Company, 威廉斯·威尔金斯公司 50, 51–53, 61, 63–64, 71–72

Williams & Wilkins Co. v. The United States 威廉斯·威尔金斯出版公司诉美利坚合众国案：appeal to Supreme Court, 向最高法院的上诉 54, 73–84, 85, 87–88; background, 背景 52–57; challenges, 挑战 59–60; in court of claims, 在索赔法院 54, 60–70, 72–73, 92; defense, 辩护 62–66; effects, 效果 84, 92–93; settlement negotiations, 和解谈判 70–71; significance, 意义 69, 72–73, 174; strategy, 策略 57–59, 60–61

WIPO, 见：World Intellectual Property Organization

"work for hire" doctrine, "雇用作品"规则 111

Working Group on Intellectual Property Rights, White Paper, 知识产权工作小组,《白皮书》138–139, 140–141, 149–150, 164–165

World Intellectual Property Organization (WIPO), 世界知识产权组织（WIPO）20, 124, 126, 139–140, 141

World Trade Organization, 世界贸易组织 130

Xerox PARC, 施乐公司帕洛阿尔托研究中心 143-144

Xerox photocopiers, 施乐公司复印机 51-52, 63. 参见：photocopies

Yates, Joseph, 约瑟夫·耶茨 30, 31-32, 33, 36

YouTube, 优兔 165, 171, 182-185, 189

Zapruder, Abraham, 亚伯拉罕·扎普鲁德 13

译者后记

本书原著在 2019 年推出第二版，相应地，这是随之更新的中文译本。

第二版相较于上一版，有重大变化。其一，本书的副标题改为"从印刷机到数字云"，也可以看出本书与时俱进的特点，强调了当前数字技术对著作权制度的影响。其二，全书规模增扩为 8 章，其中，第 7 章增写了将近 1/3 的篇幅，第 8 章则为全新内容。增补的部分，主要涉及 20 世纪 90 年代后期至今的二十多年时间里，美国著作权领域的立法、司法判例与产业动态，以及由此引发的新的思考。正像作者在第 8 章的标题中所示，在数字与网络时代，著作权如何应对免费模式。

第二版保留了作者独特的写作风格。在第一版中译本中，译者曾提到，"这是一部既适于专业人员，也可供非专业的对著作权有兴趣者阅读的一部通俗作品。倘若有人拿它当纪实小说或者'报告文学'之类的文学作品来读，也不必感到意外"。这是本书作者独特的工作经验与人生经历使然。戈斯汀既是斯坦福大学法学院的讲席教授，也是蜚声国际的知识产权法权威学者，且又在著名的国际律师事务所担任法律顾问，同时还是畅销小说作家，因此，作者对理论知识与实务经验均了然于胸，法学家与小说家的两栖身份，就保证了本书的专业性与可读性。本书不仅能让读者对著作权领域的许多制度一窥堂奥，发现诸多经典案例背后的动人故事，而且作者以小说家的笔法，娓娓道来，给本书增加了不少阅读趣味。当然，在强调上述特点的同时也需要指出，作者在专业问题上保持了严肃性，不仅在制度考察上注重历史演变的时代背景，强调国际间的比较与借鉴，并且对于一些规则与做法提出批判性分析。

本书的注释体例与一般做法稍有不同，是在全书正文之后集中提供尾注。而且，由于正文当中没有一一加注，所以无法直接跳转找到注释。它的注释是按照每一章的正文顺序，提供相关法律规则与案例引证、学术文献出处、访谈记录等必要的说明。译者以为，这样做，"一来不破坏读者在阅读时的流畅感受，二来让专业人士能够知其凭借，正文当中的所有出处也交代得清清楚楚"。

鉴于原著采用的是尾注，故中译本的页下注均为"译者注"。译者添加的这些注释，主要针对正文提及的重要人物、专门机构以及个别法律术语的简要介绍，以期对中文读者有所助益。译者参考资料的来源主要有:《英汉大词典》(陆谷孙主编，上海译文出版社1989年版),《元照英美法词典》(薛波主编，潘汉典审订，北京大学出版社2013年版）。译者在写作这篇小记时，距上一版中译本的出版已逾十多年，其间陆谷孙、潘汉典两位先生在2016年、2019年先后逝世，但是，凝结了数代学人心血的这两部词典，仍是译者案头的必备工具书。谨以为纪念!

本次翻译工作于2019年底筹划，初请冯冰银、陈雨婕两位同学对照中译本第一版的纸质图书，将原存译稿电子版中的错漏之处加以订正。而后历时数月，集中增译第7章部分内容以及第8章全部内容，最后对照原书，对全书各章相应增删，重新校订。

2020年初新冠疫情暴发,孰料等到本书翻译出版在即而疫情尚未克尽,世事如此,殊可叹也。

中译本第二版现纳入本人在商务印书馆主编的"知识产权名著译丛"中出版。本套书的策划及具体出版,得到了商务印书馆相关领导及编辑的大力支持,在此谨致谢忱!

2022年端午

于京西蓝靛厂

图书在版编目（CIP）数据

著作权之道：从印刷机到数字云 /（美）保罗·戈斯汀著；金海军译. —北京：商务印书馆，2023
（2024.1重印）
（知识产权名著译丛）
ISBN 978-7-100-21959-4

Ⅰ.①著… Ⅱ.①保… ②金… Ⅲ.①著作权法—研究 Ⅳ.① D913.404

中国国家版本馆 CIP 数据核字（2023）第 057247 号

权利保留，侵权必究。

知识产权名著译丛
著作权之道
——从印刷机到数字云
〔美〕保罗·戈斯汀 著
金海军 译

商务印书馆出版
（北京王府井大街36号 邮政编码100710）
商务印书馆发行
北京通州皇家印刷厂印刷
ISBN 978-7-100-21959-4

2023年5月第1版　　开本 880×1230　1/32
2024年1月北京第2次印刷　印张 12
定价：85.00 元